北京大學《儒藏》編纂與研究中心 編

《儒藏》精華編選刊

春秋集傳

〔元〕趙 汸 撰
錢永生 校點

北京大学出版社
PEKING UNIVERSITY PRESS

圖書在版編目(CIP)數據

春秋集傳 /（元）趙汸撰；北京大學《儒藏》編纂與研究中心編. --北京：北京大學出版社，2025.5.（《儒藏》精華編選刊）. --ISBN 978-7-301-36201-3

Ⅰ. K225.04

中國國家版本館CIP數據核字第2025NE5132號

書　　名	春秋集傳 CHUNQIU JIZHUAN
著作責任者	〔元〕趙汸 撰 錢永生 校點 北京大學《儒藏》編纂與研究中心 編
策劃統籌	馬辛民
責任編輯	魏奕元
標準書號	ISBN 978-7-301-36201-3
出版發行	北京大學出版社
地　　址	北京市海淀區成府路205號　100871
網　　址	http://www.pup.cn　新浪微博：@北京大學出版社
電子郵箱	編輯部 dj@pup.cn　總編室 zpup@pup.cn
電　　話	郵購部 010-62752015　發行部 010-62750672 編輯部 010-62756449
印 刷 者	三河市北燕印裝有限公司
經 銷 者	新華書店
	650毫米×980毫米　16開本　23.75印張　260千字 2025年5月第1版　2025年5月第1次印刷
定　　價	96.00元

目録

校點説明

《春秋集傳》十五卷，元趙汸著。

趙汸，字子常，徽州休寧（今屬安徽）人。生於元延祐六年（一三一九），卒於明洪武二年（一三六九），年五十一。晚年屏居東山著述，學者稱「東山先生」。《明史·儒林傳》有傳。

趙汸淡泊名利，以學術終身。他一生以三十歲爲界，大致分前後兩個階段：前一階段遊學，後一階段隱居著述。

趙汸十九歲前，在家鄉研習。後至元三年（一三三七），離開家鄉到九江拜訪著名學者黄澤。前後六年，盡得黄氏經學精髓。至正四年（一三四四）趙汸前往江西臨川拜訪致仕家居的虞集，問學請益。至正六年、至正八年，黄澤、虞集相繼去世後，趙汸歸鄉隱居，開始《春秋集傳》的著述。至正十二年，紅巾軍進入休寧，趙汸一度協助抵禦。後紅巾軍鄧愈佔領徽州，趙汸躲避在外，直到至正二十二年，纔回到家鄉。洪武二年，明朝廷修撰《元史》，趙汸得入史局。同年十一月，史事既竣，趙汸力請回鄉，旋卒。

漢至唐初,《春秋》三傳並行,唐中葉有啖助、趙匡、陸淳或「考三家得失,彌縫漏闕」,或「排比科條,自發筆削之旨」,或「攻擊三傳,總舉大意」,但《春秋》三傳之間的解經張力仍然存在。黄澤祖籍四川,秉承蜀學傳統,謹守漢唐注疏,在《春秋》三傳中,特重《左傳》。處在理學佔統治地位的時代,他對理學化的《春秋》主旨存有内在認同感。趙汸更是來自朱子故里,從小浸潤於理學環境中。在這種學術背景下,黄澤、趙汸師徒二人竭盡心力,希望消除《春秋》三傳之間的一些觀點對立。

黄澤、趙汸二人入手之處,就是建立系統的義例之學。黄澤認爲諸經都是聖人所述,諸經文本有原初含義,而孔子删述又有其删述的旨意。不僅《春秋》如此,《周易》等其他經典也是如此。從這一區分出發,闡發其中涵義,構建出闡釋理論,是黄澤經學的主要特色。趙汸在老師解經思想的基礎上,吸取陳傅良的觀點,更發展出一套空前精密的《春秋》義例之學。《春秋屬辭》詳細闡述了這套義例,而《春秋集傳》則是它的運用。他認爲「策書之例十有五,而筆削之義有八」。策書之例大部分是書與不書的義例,少部分是用字的義例。筆削、變文、特筆、月日是「筆削之義」的核心。將大部分書與不書，以及部分用字不同歸於「史例」，而不是孔子筆削之旨，這就避免了以往義例之説中深文周納的弊病。趙氏的這套解釋系統不僅吸取《公》《穀》二傳義例，也綜合了陳傅良、吴澄等人許多觀點，體系嚴密，論説精詳，儘管很難證實，但將程朱義理很好地融入義例之學中。憑藉義例之學，趙汸又將《春秋》經的漢學與宋學鑄爲一爐，在《春秋》學史上，佔有重要地位。

《春秋集傳》的成書艱難曲折，大致經歷了三個階段：一、初稿階段，時間從至正八年到至正十七年。二、重寫階段，《春秋屬辭》撰成，趙汸以爲有不妥，遂從至正二十二年開始重寫。寫至昭公二十七年，「乃疾疢難危，閣筆未續，序文亦不及改」（倪尚誼《春秋集傳後序》）。直到洪武二年，趙汸去世，《春秋集傳》仍未完成。第三個階段是倪尚誼續寫。趙汸去世後，門人倪尚誼根據《春秋集傳》初稿和《屬辭》義例，從昭公二十八年開始續寫，至《春秋》獲麟終結爲止。在十五卷的篇幅中，約佔兩卷半。

明嘉靖十一年（一五三二），休寧縣主簿劉時濟令司訓夏鏜校訂《春秋集傳》，並捐俸刊刻。此爲《春秋集傳》之初刻本。此後《春秋集傳》又重新校訂和刊刻兩次。

夏鏜本半葉九行，行二十一字，卷端題「新安東山趙汸輯編，後學永豐夏鏜校正」，前有趙汸序，後有倪尚誼跋。

金曰鏞本半葉九行，行二十一字，趙汸序後有金曰鏞序，書末無倪尚誼跋。據金曰鏞所作序言，當時「《集傳》雖存而不傳，《屬辭》雖傳而不廣」，故將這兩部書一同刊刻。他説：「鏞舊嘗手校有劉少尹刻《集傳》本，已久失之，今欲復校，無從得善本，姑草模校刻，同《屬辭》並行，庶同志者有取焉。」此處「劉少尹」當指主持夏鏜校訂本的休寧縣主簿劉時濟，所謂「劉少尹刻《集傳》本」，即夏鏜校訂本。

康熙時，納蘭成德修《通志堂經解》，收入此書，卷首除趙汸序外，還有納蘭成德序。納蘭序言中説根據千頃堂藏本刊刻。但卷末首列金居敬跋，次汪玄錫跋，最後倪尚誼跋。汪跋爲夏鏜校訂本而作。故通志堂底本當爲夏鏜校訂本。

乾隆時，修《四庫全書》及《薈要》亦皆收此書，底本是通志堂本。而通志堂本又有乾隆補刊與同治鍾謙均重刻本。

三個刻本皆屬精校。相對而言，通志堂本後出，校訂最精，錯誤最少。夏鏜本誤，而通志堂本改正的例子極多；相反，夏鏜本不誤，通志堂本誤的例子極少。金曰鏞本對夏鏜本也有部分的刊正，但總體不如通志堂本。四庫所收《春秋》類書籍多經删削，爲人所詬。但抄録時多經大家精審校訂，其校勘水平，往往超過前人。因此此次校點，以康熙十九年刻通志堂本爲底本，校以夏鏜本、金曰鏞本和文淵閣四庫全書本（簡稱四庫本）。文後金居敬跋、倪尚誼跋原無標目，今新拟於後。

校點者　錢永生

趙氏春秋集傳序

東山趙子常先生元季師事九江黄楚望，傳《春秋》之學，著《屬辭》《補註》《師説》三書，爲三傳之學者尊稱之。先生復有《集傳》十五卷，則先《屬辭》而成者。自序言：「策書之例十有五，而筆削之義有八。」迨後《屬辭》成，以《集傳》義例微有未合，更須討論。至正壬寅，先生再著其書至昭公二十七年，以病輟筆。門人倪尚誼援先生之義續成之，即今書也。先生常謂《屬辭》特推筆削之權，而《集傳》大明經世之志，必二書相表裏，而後《春秋》之旨方完，則是書宜與《屬辭》并行也明矣。予得千頃堂藏本，因論次焉：竊觀宋、元之際，新安沐浴紫陽之澤，老師宿儒多出其閒，若雲峰、雙湖兩胡氏，定宇陳氏、仲弘倪氏、見心程氏，皆能著書推明朱子之學。其與先生同時，又有環谷、蓉峰兩汪氏，風林朱氏，與先生輔翊開代，脩明禮樂，爲世儒宗。其纂輯群言，羽翼往説，如環谷之《纂疏》者，亦有其人，然未有迥然特出，能得知我罪我之義如先生者。先生蚤見楚望，即告以窮經之要在乎致思，于是深悟夫魯史有一定之書法，聖經有筆削之大旨。魯史亡而聖人所書遂莫能辨，獨幸《左氏傳》尚存遺法。杜預注《左》，于史例推之頗詳。公、穀二氏多舉書、不書見義。其後止齋陳氏因公、穀所舉之書法，以考正《左傳》筆削大義，最爲有徵。故先生爲《集傳》，本之二家而兼采衆説，要使學者即策書之例，以求筆削之旨，則知聖經不可以虚詞立異，破碎牽合以爲説，而後聖人之經明矣。故朱風林一見其書，輒曰

「前無古人」，其推服之如此，豈同時諸儒所可及哉！先生卒後，門人輯成藏弆，故人不見。嘉靖中，東阿劉隅始得其書于先生鄉人汪元錫，而屬教諭夏鏜傳之。噫！後之學者知三傳之不可廢，不僅抱遺經以究終始者，豈必賴是書也夫！

康熙丁巳，納蘭成德容若序。

春秋集傳序

《春秋》，聖人經世之書也。昔者周之末世，明王不興，諸侯倍畔，蠻夷侵陵，而莫之治也。齊桓公出，糾之以會盟，齊之以征伐，上以尊天王，下以安中國，而天下復歸于正。晉文公承其遺烈，子孫繼主夏盟者百有餘年，王室賴之。故孔子稱其功曰：「一匡天下，民到于今受其賜。」及乎晉伯不競，諸侯復散，大夫專國，陪臣擅命，楚滅陳、蔡，宋滅曹，吴入盟諸夏，則天下之亂極矣。孔子生於斯時，道足以興周，而患夫當世諸侯莫能用之，蓋嘗歎曰：「苟有用我者，吾其爲東周乎！」「齊一變至於魯，魯一變至於道。」始蓋有意於齊，晚尤拳拳於魯也。又曰：「文王既没，文不在兹乎！」使仲尼得君，復周公之法，脩桓、文之業，率天下諸侯以事周，則文王之至德，吾無閒然矣！是夫子之志也。君君、臣臣、父父、子子，則六卿之晉、田氏之齊、三家之魯、出公之衛可正也。興滅國，繼絶世，舉逸民，謹權量，審法度，脩廢官，則文、武之政可舉也。足食、足兵而民信之，則戎狄可膺，荆舒可懲也。當是之時，以夫子而合諸侯、匡天下，猶運之掌也。既而道終不行，則又歎曰：「甚矣吾衰也！久矣吾不復夢見周公！鳳鳥不至，河不出圖，吾已矣夫！」此其心豈能一日而忘天下者。於是西狩獲麟，則夫子老矣。嘉瑞既應，而天下莫能宗予，雖聖人亦無以見其志矣。乃即魯史成文，斷自隱公，加之筆削，列伯者之功過，以明尊天王、内中國之義。貶諸侯，討大夫，誅其亂臣賊子，以正人心、示王法，蓋天之所命也。

是歲之夏，齊陳恒弑其君，孔子沐浴而朝，請討之。適當修書之際，夫豈欲托諸空言者哉？故曰「聖人經世之書」也。書成一歲而孔子卒。當時高第弟子，蓋僅有得其傳者。歷戰國、秦、漢以及近代，説者殆數十百家，其深知聖人制作之原者，鄒孟氏而已矣。蓋夫孟氏之言曰：「王者之迹熄而《詩》亡，《詩》亡然後《春秋》作。其事則齊桓、晉文，其文則史。孔子曰：『其義則丘竊取之矣。』」此孔門傳《春秋》學者之微言也。周雖失政，而先王《詩》《書》《禮》《樂》之教結于民心者未泯，故善有美而惡有刺，人情猶不能忘於其上也。迨其極也，三綱五常顛倒失序，而上下相忘，怨刺不作，則文、武、成、康治教之迹，始湮滅無餘矣。夫世變如此，而《春秋》不作，則人心將安所底止乎？故曰：「《詩》亡然後《春秋》作。」隱、桓之世，王室日卑，齊伯肇興，春秋之所由始也。定、哀之世，中國日衰，晉伯攸廢，春秋之所由終也。方天命在周未改，而上無天子，下無方伯，桓、文之事，不可誣也。是以聖人詳焉。故曰：「其事則齊桓、晉文。」古者列國皆有史官，掌記一國之事。《春秋》，魯史策書也。事之得書不得書，有周公遺法焉，太史氏掌之，非夫人之所得議也。吾魯司寇也，一旦取太史氏所職而修之，魯之君臣其能無惑志歟？然則將如之何？凡史所書，有筆有削，史所不書，吾不加益也，故曰：「其文則史。」史，主實録而已。《春秋》志存撥亂，筆則筆，削則削，游、夏不能贊一辭，非史氏所及也，故曰：「其義則丘竊取之矣。」此制作之原也。學者即是而求之，思過半矣。

然自孟氏以來，鮮有能推是説以論《春秋》者，蓋其失由三傳始。《左氏》有見於史，其所發皆史例也，故常主史以釋經，是不知筆削之有義也。《公羊》《穀梁》有見於經，其所傳者，猶有經之佚義焉，故據經以生義，是不知其文之則史也。後世學者舍三傳則無所師承，❶故主《左氏》則非《公》《穀》，主《公》《穀》則非《左氏》，二者莫能相一。其有兼取三傳者，則臆決無據，流遁失中。其厭於尋繹者，則欲盡舍三傳，直究遺經，分異乖離，莫知統紀。使聖人經世之道闇而不明，鬱而不發，則其來久矣。至永嘉陳君舉，始用二家之説，參之《左氏》，以其所不書實其所書，以其所書推見其所不書，爲得學《春秋》之要，在三傳後，卓然名家。然其所蔽，則遂以《左氏》所録爲魯史舊文，而不知策書有體，夫子所據以加筆削者，《左氏》亦未之見也。《左氏》書首所載不書之例，皆史法也，非筆削之旨。《公羊》《穀梁》每難疑，以不書發義，實與《左氏》異師。陳氏合而求之，失其本矣。故於《左氏》所録而經不書者，皆以爲夫子所削，則其不合於聖人者亦多矣。由不考於孟氏，而昧夫制作之原故也。

蓋嘗論而列之，策書之例十有五，而筆削之義有八。策書之例十有五：一曰君舉必書，非君命不書。二曰公即位，不行其禮不書。三曰納幣、逆夫人、夫人至、夫人歸皆書之。四曰君夫人薨，不成喪不書。葬不用夫人禮，則書「卒」。君見弑，則諱而書「薨」。五曰適子生則書之「公子」。大夫在位書「卒」。六曰公女嫁爲諸侯夫人，納幣、來逆、女歸、娣歸、來媵、致女、卒葬、來歸皆書。爲大夫妻，書「來逆」而已。七曰時祀時田，苟過時越禮則書之。軍賦、改作、踰制亦書于策。此史氏之録乎内者也。八曰諸侯有命，告則書，崩卒不赴則不書，禍福不告亦不書。雖及滅國，滅不告敗，勝不告克，不

❶「舍」，原脱，今據夏鏜本補。

書于策。九曰雖伯主之役，令不及魯亦不書。十曰凡諸侯之女行，惟王后書；適諸侯，雖告不書。十一曰諸侯之大夫奔，有玉帛之使則告，告則書。此史氏之録乎外者也。十二曰凡天子之命無不書。王臣有事，爲諸侯則以内辭書之。十三曰大夫已命書名氏，未命書名。微者名氏不書，書其事而已。外微者書人。十四曰將尊師少稱將，將卑師衆稱師，將尊師衆稱某帥師，君將不言帥師。十五曰凡天災物異無不書，外災告則書之。此史氏之通録乎内外者也。筆削之義有八：一曰存策書之大體。凡策書之大體，曰天道，曰王事，曰土功，曰公即位，曰逆夫人、夫人至、世子生，曰公夫人外如，曰薨葬，曰孫，曰夫人歸，曰内女卒葬，曰來歸，曰大夫公子卒，曰公大夫出疆，曰盟會，曰出師，曰國受兵，曰祭祀、蒐狩越禮，軍賦、改作踰制，外諸侯卒葬，曰兩君之好，曰玉帛之使。凡此之類，其書于策者，皆不削也。《春秋》，魯史也，策書之大體，吾不與易焉，以爲猶魯《春秋》也。二曰假筆削以行權。《春秋》撥亂經世，而國史有恒體，無辭可以寄文，於是有書有不書，以互顯其義。書者筆之，不書者削之。其筆削大凡有五：或略同以存異，公行不書致之類也；或略常以明變，釋不朝正、内女歸寧之類也；或略彼以見此，以來歸爲義則不書歸，以出奔爲義則殺之不書之類也；或略是以著非，諸侯有罪及勤王復辟不書之類也；或略輕以明重，非有關於天下之故，不悉書是也。三曰變文以示義。《春秋》雖有筆有削，而所書者皆從主人之辭。然有事同而文異者，有文同而事異者，則予奪無章，而是非不著，於是有變文之法焉。將使學者即其文之異同詳略以求之，則可別嫌疑、明是非矣。四曰辨名實之際，亦變文也。正必書王，諸侯稱爵，大夫稱名氏，四夷大者稱子，此春秋之名也。諸侯不王而伯者興，中國無伯而夷狄横，大夫專兵而諸侯散，此春秋之實也。春秋之名實如此，可無辨乎？於是有去名以全實者。征伐在諸侯，則大夫將不稱名氏。中國有伯，則楚君侵伐不稱君。又有去名以責實者。諸侯無王，則正不書王。中國無伯，則諸侯不序。君大夫將，略其恒稱，則稱人。五曰謹華夷之辨，亦變文也。楚至東周强於四夷，僭王猾夏，故伯者之興，以攘卻爲功。然則自晉伯中衰，楚益侵陵中國，俄而入陳、圍鄭、平宋、盟于蜀、盟于宋、會于申，甚至伐吴、滅陳、滅蔡，假討賊之義號於天下，天下知有楚而已。故《春秋》書楚事無不一致其嚴者，而書吴、越與徐，亦必與中國異辭，所以信大義於天下也。六曰特筆以正名。筆削不足以盡義，而後有變文。然禍亂既極，大分不明，事有非常，情有特異，雖變文猶不足以盡義，而後聖人特筆是正之，所以正其名分也。夫變文雖有損益，猶曰史氏恒辭。若特筆，則辭旨卓異，非復史氏恒辭矣。七曰因日月以明類。上下内外之無别，天道人事之反常，六者尚不能盡見，則又假日月之法區而别之。大抵以日爲詳，則以不日爲略。以月爲詳，則以不月爲略。其以日爲恒，則以不日爲變。以不日爲恒，則以日爲變，甚則以不月爲異。其以月爲恒，則以不月爲變。以不月爲恒，則以月爲變，甚則以日爲異。將使屬辭比事以求之，則筆削、變文、特筆既各以類明，而日月又相爲經緯，無微不顯矣。八曰辭從主人。主人謂魯君也。《春秋》本魯史成書，夫子作經，唯以筆削見義，自非有所是正，皆從史氏舊文，而所是正亦不多見，故曰「辭從主人」。此八者實制作之權衡也，然聖人議而弗辨。

是非之心，人皆有之。善而見録則爲褒，惡而見録則爲貶，其褒貶以千萬世人心之公而已，聖人何容心哉？辭足以明義，斯已矣。故曰：「知我者其惟《春秋》乎！罪我者其惟《春秋》乎！」是故知《春秋》存策書之大體，而治乎内者恒異乎外也，則謂之夫子法書者，不足以言《春秋》矣；知《春秋》假筆削以行權，而治乎外者恒異乎内也，則謂之實録者不足以言《春秋》矣。知一經之體要，議而弗辨，則凡謂《春秋》賞人之功、罰人之罪、去人之族、黜人之爵、褒而字之、貶而名之者，亦不足以論聖人矣。故學者必知策書之例，然後筆削之義可求。筆削之義既明，則凡以虚辭説經者，其刻深辯急之説，皆不攻而自破。苟知虚辭説經之無益，而刻深辯急果不足以論聖人也，然後《春秋》經世之道可得而明矣。雖然，使非孟氏之遺言尚在，則亦安能追求聖人之意於千數百年之上也哉。

汸自早歲獲聞資中黄楚望先生論五經旨要，於《春秋》以求書法爲先。謂有魯史書法，有聖人書法，而妙在學者自思而得之，乃爲善也。於是思之者十有餘載，卒有得於孟氏之言，因其説以考三傳及諸家、陳氏之書，而具知其得失異同之故。反覆推明又復數載，然後一經之義始完，屬辭比事，莫不燦然各有條理。洊經離亂，深恐失墜，乃輯録爲書，以謂後世學《春秋》稍知本末者，賴有《左氏》而已，故取《左氏傳》爲之補注，欲學者必以考事爲先。其文與義，則三傳而後諸家之説，苟得其本真者，皆傳以己意，暢而通之，名曰《春秋集傳》，凡十五卷。尚意學者溺於所聞，不能無惑，别撰《屬辭》八篇，發其隱蔽，傳諸同志，以俟君子或有取焉。新安趙汸序。

春秋集傳卷第一

新安東山趙汸輯

隱公

《春秋》曷爲始於隱公？春秋之初，諸侯無主，自相侵伐，中國大亂，夷狄乘之，天子不正，而後能伯者興焉。本其禍端所起，皆在隱公之世。《春秋》撥亂反正，必治其源，是故始於隱公也。孫明復曰：「東遷之後，周室微弱，平王莫能中興，迨隱而死。故《詩》自《黍離》而降，《書》自《文侯之命》而絶，《春秋》自隱公而始也。」

元年春，王正月。

元年者，公之始年也。春，周時也。王正月，周月也。王者受命，必改易正朔，以統一諸侯。《春秋》，侯國之史，故加「王」於「正」也。《春秋》編年以紀事，事以日決者繫日，淹日者繫月，踰月者繫時。此無事則何以書「正月」？公雖不以禮即位，猶朝廟告朔，與人更始，故史書其正月。《穀梁傳》曰：「謹始也。」公曷爲不言即位？《左氏傳》曰：「攝也。」惠公元妃孟子卒，繼室以聲子，生隱公。再娶仲子，生桓公。惠公薨，桓公幼。立桓爲太子，而己攝君位以俟桓長，然後授之，是隱之志也。史之所記，皆君事也。行其禮則書，不行則不書，策書之大體也。夫子作《春秋》，有筆焉，有削焉。策書之大體，義有無待於筆削者，吾無加損焉。《春秋》，魯史也。凡策書大體，天事一：曰時序，曰災祥。王事二：曰天子之命，曰天王崩葬。内事二十：曰公即位，曰逆夫人，曰夫人至，曰世子生，曰公夫人外如，曰薨葬，曰孫，曰夫人大歸，曰内女卒葬，曰來歸，曰大夫公子卒，曰公出疆，曰大夫出疆，曰會盟，曰出師，曰用民力，曰時田、時祀越禮，曰軍賦、改作踰制，曰取國邑，曰國受兵。外事八：曰諸侯來朝，曰大夫來，曰諸侯卒葬，曰相執，曰出奔，曰弑君，曰殺大夫，曰滅國。其書于策者，皆存而不削，而一國之本末具焉，以爲魯《春秋》也。

三月，公及邾儀父盟于蔑。

及者，暨也。《穀梁傳》曰：「及者，内爲志焉爾。」凡特相盟，内之志曰「及」，外之志曰「會」。儀父者，邾子克之字也。附庸之君，未王命，恒稱名。稱字者，貴之。蔑，魯地也。邾至儀父能自列於諸侯，於是隱攝位，求好於邾，而其君來盟，故魯人貴之。《春秋》名號從主人，不以正不正。内特相盟，日。雖及大夫，日。據六年艾，莊十二年防之類。及微者，日。據八年浮來。及夷狄，日。據二年于唐。此何以不日？隱能以大下小，異於離盟之非義者，故不日以别之。以日爲恒，則不日以見義也。

夏五月，鄭伯克段于鄢。鄢音偃。

此鄭伯之弟段出奔共也。據秦伯之弟鍼出奔晉。其曰「鄭伯克段」何？外伐叛邑，史不志。修《春秋》之特筆也。《春秋》筆削不足以盡義，而後有變文。變文不足以盡義，而後有特筆。凡特筆，必有正於君臣、父子之閒者也。段，姜氏愛子也，嘗欲立之，武公弗許。莊公立，使居京。祭仲曰：「都城過百雉，國之害也。君將弗堪。」公曰：「多行不義，必自斃。子姑待之。」公子吕曰：「國不堪二，君將若之何？」公曰：「無庸，將自及。」聞其將襲鄭，而後討焉。段之罪易見，而鄭伯之惡難知也。曰「克」，則鄭伯之情見矣，君臣之義、母子之恩、兄弟之倫盡矣。《左氏傳》曰：「如二君，故曰克。不言出奔，難之也。」《穀梁傳》曰：「克者，見段之有徒衆也。殺世子母弟，因君賤段，而甚鄭伯也。何甚乎鄭伯？甚鄭伯之處心積慮，成於殺也。」《陳氏傳》曰：「克之爲言勝也。以千乘之國勝其弟云爾。先君之子稱公子，有謂稱弟必簒，若争國也。而後但名之。據齊小白、陽生，莒去疾，邾捷菑。段不得列於子弟之稱矣。于鄢，言在外也。」

秋七月，天王使宰咺來歸惠公、仲子之賵。咺音烜。賵，芳鳳反。

宰，氏也。咺，名也。凡王朝大夫，未爵稱字；上士、中士稱氏名；下士稱人。賵者，助喪之物也。惠公之喪踰年矣，曷爲於是焉歸之？魯不赴也。仲子在，則其兼之何？懲其不赴，無及於事，則兼之也。禮，諸侯不再娶。仲子者，惠公再娶之夫人也。天子曷爲兼賵之？禮之失，自王朝始，有自來矣。王命之見于策者無不書，而得失見矣。王人來，不月。據來聘、歸脤不月。其月，著非禮也。據來賵含、會葬、來求皆月。以不月爲恒，則月爲變也。

九月，及宋人盟于宿。

宋、魯合也。及者何？大夫卑，名氏不登于策，則直書其事而已。外卑者嘗稱人。宿，宋之附庸也。魯求成於宋，故即其附庸之國而爲盟。《穀梁傳》曰：「卑者之盟，不日。」

冬十有二月，祭伯來。祭，齊去聲。

祭伯者，畿内諸侯也。言來，以王臣之禮接也。王臣無外交，祭與魯同出周公，於是祭伯以其私來，魯人以王臣之禮接之，故但言來也。逮莊公而祭叔來聘。舍是，王臣無私交魯者矣。其月，異其事也。據諸侯來朝不月。諸侯不言來，言來者必介狄也。據介葛盧、白狄。祭伯，畿内諸侯也，與介狄同辭，而史無文以異之，故書其月也。據州公來書月著例。

公子益師卒。

蒙上事月也。《春秋》有蒙上事月者，有爲下事月者，皆以著例決之。益師者，孝公之子也。諸侯之子稱公子，公子之子稱公孫，公孫之子賜族爲氏，雖公子公孫也，未命則但名之。益師稱公子，則既命者也。東周禮失，大夫皆自命於諸侯，其賜族者世爲卿。策書之大體存，而世卿之失見矣。大夫卒，日。《左氏傳》曰：「公不與小斂，故不書日。」

二年春，公會戎于潛。

戎，徐州之戎，魯公伯禽所征者。會者，會其君也。啖叔佐曰：「凡戎狄舉號，君臣同辭。」何休氏曰：「凡書會者，惡其虚内務、恃外好也。古者諸侯非朝時不得踰竟。王者不治夷狄，録戎者，來者勿拒，去者勿追。」程子曰：「周衰，夷狄雜居中夏，方伯連帥不能斥。列國之君，慎固封守可也。會之，非義矣。」凡離會，雖内恒不月，略之也。

夏五月，莒人入向。向音餉。

莒人，其大夫也。小國非君將恒稱人。小國之大夫，微也。入者，破其國都，俘其人民，以兵爲暴者也。《春秋》之初，曰「入」、曰「侵」、曰「伐」，皆爲暴也。莒之所慕者，向也、杞也。魯之所慕者，杞也、極也。鄭之所慕者，許也。齊之所慕者，紀也。力足以兼并，則不至於盡奪之不止。向之爲國微，故卒爲莒滅也。據公伐莒取向。不日，惡入者也。據隱十年入郕、僖二十八年入曹書日。

無駭帥師入極。

蒙上事月也。無駭，公子展之子也。《穀梁傳》曰：「無駭之名，隱不爵大夫也。」《陳氏傳》曰：「無駭，未命大夫也。春秋之初，魯有無駭、俠，鄭有宛、詹，紀有裂繻，則猶有未命大夫也。」大夫曷爲有言帥師，有不言帥師？《公羊傳》曰：「將尊師衆稱某帥師，將尊師少稱將，將卑師衆稱師，將卑師少稱人。君將不言帥師，書其重者。」此史文也。夫子修《春秋》，征伐自諸侯出，則君將稱君，大夫稱人，治在諸侯也。征伐自大夫出，則大夫將書其大夫，治在大夫也。惟内大夫將悉從其恒稱。外變文以示義，則内從其恒稱以見實也。

秋八月庚辰，公及戎盟于唐。

此戎請盟也。曰「及」者，不得與諸侯特相盟同辭，猶曰以中國及夷狄云耳。桓公盟戎書「至」，隱何以不「至」？從史文也。隱攝君位，凡行還皆不書「至」，不獨盟戎爲然，蓋謙不敢同於正君也。

九月，紀裂繻來逆女。

裂繻，紀大夫。其曰逆女何？國君親迎稱逆女，大夫稱所逆之字。大夫爲君逆，禮無文焉，則以君自爲逆者稱之，從史文也。外逆女不書，據杞伯姬、宋伯姬。此何以書？《公羊傳》曰：「譏不親迎也。」國君親迎不書，使大夫則書之，略恒以明變也。大夫何以不稱使？逆之爲道，不可以使人者也。然則納幣何以稱使？納幣使人，禮也。逆女使人，非禮也。非禮者，禮無其文。禮無其文而稱使，是制禮也。其月，以别於大夫之自爲逆也。據莊二十七年莒慶不月。《穀梁傳》曰：「逆女，親者也。使大夫，非正也。」「子貢曰：『冕而親迎，不已重乎？』孔子曰：『合二姓之好，以繼萬世之後，何爲已重乎？』」何休氏曰：「禮所以必親迎者，示男先於女也。於廟，告本也。夏后氏逆於庭，殷人逆於堂，周人逆於户。」

冬十月，伯姬歸于紀。

禮，婦人謂嫁曰「歸」，反曰「來歸」。婦人，從人者也。《陳氏傳》曰：「内女爲夫人恒書歸。不書歸者，必有故也。是故齊子叔姬不書歸，文十五年出。郯伯姬不書歸，宣十六年出。杞叔姬不書歸，成五年出。以爲嘗失位也。」

紀子帛、莒子盟于密。

外特相盟也。外特相盟，何以不月？據定七年鹹沙、八年曲濮皆不月著例。以諸侯之合散在焉，異其事也。《陳氏傳》曰：「外特相盟不書。書紀、莒，志諸侯之合也。」程子曰：「紀子帛者，闕文。《春秋》未有外大夫在諸侯上者。」

十有二月乙卯，夫人子氏薨。

仲子也。曰子氏，則何以知爲仲子？由三年喪畢，考宫告祭知之也。杜元凱曰：「隱奉桓爲太子，成其母喪以赴諸侯也。不及哭，故不書葬。」

鄭人伐衛。

鄭、衛交怨也。《左氏傳》曰：「鄭共叔之亂，公孫滑出奔衛。衛人爲之伐鄭，取廩延。鄭人伐衛，討公孫滑之亂也。」

三年春，王二月己巳，日有食之。

言日不言朔者，食在朔後。何休氏曰：「謂二日食也。」《公羊傳》曰：「日食則曷爲日或不日，或言朔或不言朔？曰『某月某日朔，日有食之』者，食正朔也。其或日或不日，或失之前或失之後。失之前者，朔在前也。失之後者，朔在後也。」《穀梁傳》曰：「其不言食之者何？知其不可知也。」

三月庚戌，天王崩。

不奔喪，諸侯不臣也。不書葬，魯不會也。策書大體存而諸侯之罪見矣。

夏四月辛卯，君氏卒。

此聲子也。則其卒之何？以吾君之喪其母，不可不志也。志則曷爲稱君氏？修《春秋》之特筆也。禮，女君卒，則妾有攝女君。聲子嘗繼元妃之室，書曰「君氏」者，攝女君之稱也。於是隱成桓母爲夫人，而且卒其母如他娣姪，則是桓適而隱庶也。《春秋》特筆以正名，因吾君之喪其母，舉其繼室之號卒之，明聲子之攝女君，禮也。惠公再娶，非正也。聲子攝女君，則隱異於他庶子。再娶非正，則桓非適也。隱攝而桓弑，惠公爲之也。

秋，武氏子來求賻。賻音附。

天王崩，魯賻不入也。不稱使，王未葬也。不名，未命也。來求，月。據求車。不月，非王命也。據求金同。《穀梁傳》曰：「武氏子何也？天子之大夫也。其稱武氏子何？未畢喪，孤未爵。未爵使之，非正也。」

八月庚辰，宋公和卒。

卒者曷爲或日，或不日，或不月？諸侯日卒，正也。弔不備禮則不日，赴不以時則不月，志其慢也。不書卒者，或彼不告，或雖告而魯不往也。胡侍講曰：「凡諸侯卒，皆存而不削，而交鄰國、待諸侯之義見矣。」

冬十有二月。

爲下事月也。

齊侯、鄭伯盟于石門。

特盟，其不月何？據定七盟于鹹著例。以有關於諸侯之合散也。《陳氏傳》曰：「齊、鄭合也。外特相盟不書，必關於天下之故也而後書。莒、紀無足道也。齊、鄭合，天下始多故矣。天下之無王，鄭爲之也。天下之無伯，齊爲之也。是故書齊、鄭盟于石門，以志諸侯之合；書齊、鄭盟于鹹，以志諸侯之散。是《春秋》之始終也。」

癸未，葬宋穆公。

葬者曷爲或日，或不日，或不月？天子葬日，諸侯月，尊尊之殺也。故天子不及禮不日，諸侯不及禮不月。諸侯葬日者，僭王禮也。此以與夷葬穆公，感其立己而舍馮，其侈僭也宜矣！胡侍講曰：「外諸侯或葬或不葬，而交鄰國、待諸侯之義見矣。」

四年春，王二月，莒人伐杞，取牟婁。

《陳氏傳》曰：「外取邑不書。從《公》《穀》例。自隱以前則書之。曷爲自隱以前則書之？春秋之初，猶以取邑爲重也。」據傳，自桓十四年宋以諸侯伐鄭，取牛首，而後皆不書。

戊申，衛州吁弑其君完。

州吁，公子也。不稱公子，從史文也。劉侍讀曰：「諸弑君稱公子，公子而爲大夫者也。公子而不稱公子，公子未爲大夫者也。」孟子曰：「世衰道微，邪説暴行有作，臣弑其君者有之，子弑其父者有之。孔子懼，作《春秋》。」又曰：「孔子成《春秋》，而亂臣賊子懼。」此《春秋》書弑君之義也。是故凡弑君，皆有筆而無削，以弑逆之罪無分輕重，非筆削所加。雖與存策書大體同儔，而義之所該，則不專主於存大體而已也。

夏，公及宋公遇于清。

諸侯以禮相見曰「會」，不以禮相見曰「遇」，惟内悉書之。

宋公、陳侯、蔡人、衛人伐鄭。

諸侯初會伐，從州吁之請也。宋穆公卒，公子馮出奔鄭，州吁未能和其民，故請從宋公伐鄭去馮，因以定其位也。

秋，翬帥師會宋公、陳侯、蔡人、衛人伐鄭。

諸侯之師再舉也。翬不稱公子，隱不爵大夫也。於是宋公再舉伐鄭之師，外以定州吁，内以除其所惡。魯，宋與國也，故翬帥師會伐。合諸侯以爲不義，莫甚於斯矣。

九月，衛人殺州吁于濮。濮音卜。

稱人以殺，討賊之辭也。討篡立者不月，據齊無知、陳佗。此何以月？予衛人以討賊之義也。《春秋》弑君三十二，篡立者諸侯一與之會，則國人聽焉。未有能信討賊之義於天下者。若齊無知、陳佗，殺以其私，徒以未會諸侯，不稱君焉爾。而衛人卒殺州吁于濮，衛人之義信于諸侯矣。濮，陳地也。《陳氏傳》曰：「合五國之衆，不能定州吁，而殺于濮。于濮，言未得國也，見衛之有臣子也。」

冬十有二月，衛人立晉。

繼故不書立，據宋馮、纓説，晉黑臀、周。此其書立何？予衛人以立君之義也。州吁殺其君而立，諸侯又爲之會伐以定焉，而衛人不君也，卒討之，逆公子晉而立之。晉，桓公弟也。不曰公子，嗣位也。書曰「衛人立晉」，而討賊立君之義信於天下矣。然則千乘之國皆擅置其君，可乎？爲諸侯受之天子，正也。州吁弑其君而立，上無天子，下無方伯，諸侯又爲之會伐以定之，國人討賊立君，而《春秋》與之者，權也。權非聖人莫能與也。

五年春，公矢魚于棠。

君舉必書，策書之大體也。

夏四月，葬衛桓公。

諸侯月葬，正也。

秋，衛師入郕。郕音成。

報其侵也。衛之亂也，郕人侵焉，故衛師入郕。惡入者不日，據隱二年莒入向、僖三十三年秦入滑、昭十八年邾入鄅。此何以不月？有以來之也。己之施人也不以道，而後人之報物也失其平，《春秋》獨有察焉。故外入國，有以來之則不月。據十年宋、衛入鄭，僖二十二年鄭入滑，文五秦入鄀與此同。求民情以麗邦法，譏禍始而塞亂源，王者之事也。

九月，考仲子之宮，初獻六羽。

考者，宮成安主而祭之名也。仲子三年喪畢以祔廟，則無二適。祔於女君，則非妾。以其先君再娶之夫人，而子爲太子，故別立宮以祭之。然則禮乎？曰非禮也。諸侯不再娶。先君之失，非臣子所得議，故以義起爲之者也。范甯氏曰：「羽，翟羽，舞者所執。不言六佾者，言佾則干在其中。婦人無武事，獨奏文樂也。」程子曰：「魯以天子禮樂祀周公，後世遂用於群廟。仲子別宮，故不敢同群

廟而用六羽也。曰『初獻』，見用八之僭也。」❶

郲人、鄭人伐宋。

郲人先鄭，大夫自以其班也。

螟。音冥。

螟，蟲災也。螟不書，自莊以前則書之。高抑崇曰：「《春秋》書螟三，書螽十有一。其爲災也，螟輕而螽重。及其久也，輕者不勝書，書其重者耳。」

冬十有二月辛巳，公子彄卒。

宋人伐鄭，圍長葛。鄭邑。

《陳氏傳》曰：「宋、鄭交怨也。伐國不言圍邑，從《穀梁》例。自僖以前則書之。春秋之初，猶以圍國爲重也。」據《傳》，自僖十八年邢狄圍衛莵圃不書，至二十六年書楚人伐宋圍緡■不書。❷

六年春，鄭人來渝平。渝，羊朱反。

魯、鄭合也。渝平，言變而爲平也。孫明復曰：「平翬會諸侯伐鄭之怨也。」胡侍講曰：「離宋、魯之黨也。」平國月，據宣十五年宋人及楚人平，昭七年暨齊平，定十年及齊平，皆月。其不月者，據定十一年及鄭平，與

❶ 「見」下，《程氏經説》有「前此」二字。

❷ 「■」，陳傅良《春秋後傳》《春秋屬辭》皆作「之後皆」。

此同。魯與諸侯之合散繫焉，故不月以異之。以月爲恒，則不月爲變也。《陳氏傳》曰：「平不書，據傳明年宋及鄭平，宣七年鄭及晉平之類。必關於天下之故而後書。書鄭渝平，以志諸侯之合。書及鄭平，以志諸侯之散。是《春秋》之所終始也。」

夏五月辛酉，公會齊侯，盟于艾。

《左氏傳》曰：「始平于齊也。」《陳氏傳》曰：「春秋之初，宋、魯、衞、陳、蔡一黨也，齊、鄭一黨也。於是鄭始平魯，鄭方交惡於王，而亟平齊、魯，將以合諸侯焉爾。」

秋七月。

《公羊傳》曰：「此無事，何以書？《春秋》雖無事，首時過則書。《春秋》編年，四時具，然後爲年。」

冬，宋人取長葛。

長葛不言鄭，因上文也。

七年春，王三月，叔姬歸于紀。

叔姬者，伯姬之娣也。娣姪與適俱行，史不書，重適也。待年於國，不與適俱行，則書之。

滕侯卒。

卒者曷爲或名或不名？《左氏傳》曰：「不書名，未同盟也。凡諸侯同盟，於是稱名，故薨則赴以名，禮也。赴以名則亦書之，不然則否，避不敏也。」

夏，城中丘。魯邑。

土工曰築，築邑曰城。吴先生曰：「凡城、築必書，慎封守，❶重民力也。《春秋》城邑三十四，聖人皆存而不削，得失因可見矣。」葉夢得曰：「魯之城邑多出於畏齊、畏晉、畏邾、畏莒，不然，則大夫强而自城其邑，未有無故而爲之者也。不能以時舉其政，事致而爲之備，以奪農時，《春秋》所以書也。」

齊侯使其弟年來聘。

《左氏傳》曰：「結艾之盟也。」諸侯之聘魯者，皆必以事焉，故施而不報，非邦交之舊矣。故凡列國來聘，皆不月，據楚子使薳罷來聘月。略之也。

秋，公伐邾。

内師加小國皆言伐，加大國但言侵，變文也。惟外師悉從其恒稱。内變文以示義，則外從其恒稱以見實也。《左氏傳》曰：「公伐邾，爲宋討也。」公與儀父盟于蔑矣，爲宋討而渝蔑之盟。則其曰伐者，以衆陵寡而已。

冬，天王使凡伯來聘。

凡伯，王卿士也。凡王朝公卿不名，稱爵以配國邑。東遷，諸侯不王，天子不能討，猶加聘問以懷撫之。非時聘之舊矣。故凡王臣來聘，皆不月，據宰咺、毛伯皆月。略之也。

戎伐凡伯于楚丘以歸。

❶「慎」，原作「填」，今據四庫本改。

此執也。其言伐何？《公羊》例。變文也。諸侯止諸侯曰執，雖止天子之大夫亦曰執。《春秋》謹華夷之辨，故不曰執，而變文以異之。《公羊傳》曰：「不與夷狄之執中國也。」楚丘，衛地也。

八年春，宋公、衛侯遇于垂。衛邑。

外特相遇不書。書宋、衛，以其不誠乎瓦屋之盟也。瓦屋之盟，齊將以平三國也。而宋公請先見于衛，宋猶未釋于鄭也。明年而齊、魯會防，又明年而齊、魯與鄭伐宋。宋人、衛人入鄭，則垂之遇爲之也。

三月，鄭伯使宛來歸祊。祊，《穀梁》作邴。祊音崩。祊，鄭祀太山邑。

《穀梁傳》曰：「邴者，鄭所受於天子而祭泰山之邑也。」《公羊傳》曰：「天子有事于泰山，諸侯從。泰山之下，諸侯皆有湯沐之邑焉。」《左氏傳》曰：「鄭伯請釋泰山之祀而祀周公，以泰山之祊易許田。鄭伯使宛來歸祊，不祀泰山也。」胡侍講曰：「祊近魯，許近鄭，各以近者相易也。凡外臣以事來，言其事，不月。據僖二十一年楚受宜申獻捷，成八年宋使公孫壽納幣之類。雖來歸田邑，不月。據宣十齊歸濟西田，定十歸鄆、讙、龜陰田之類。鄭莊以祊易許，且結許爲辭，故月以異之。」

庚寅，我入祊。

歸邑不言入，據鄆、讙、龜陰。此其入何？《公羊傳》曰：「難也。」《穀梁傳》曰：「内弗受也。」祊遠於鄭，鄭不能有，而後來歸。魯人懼其不服，故以兵入也。其日，據取邑入國不日。異其事也。《陳氏傳》曰：「入未有言我者。言我，交之之辭也。」

夏六月己亥，蔡侯考父卒。

辛亥，宿男卒。

秋七月庚午，宋公、齊侯、衞侯盟于瓦屋。周地。

《陳氏傳》曰：「諸侯初參盟也。」《穀梁傳》曰：「諸侯之參盟於是始。」有參盟，然後有盟主矣。春秋之初，宋、魯、衞、陳、蔡一黨也，齊、鄭一黨也。鄭有志於叛王而合諸侯，於是渝平於魯。齊亦爲艾之盟以平魯。爲瓦屋之盟以平宋、衞，所謂成三國也。東諸侯之交盛矣。程子曰：「自是傾危之俗成，民不立矣。」

八月，葬蔡宣公。

九月辛卯，公及莒人盟于浮來。

公及大夫盟不言公，據及齊高傒、晉處父盟。曷爲言公及莒人盟？《穀梁傳》曰：「可言公及人，不可言公及大夫。」杜元凱曰：「莒人，微者，不嫌敵公侯也。」

螟。

冬十有二月，無駭卒。

九年春，天王使南季來聘。

《穀梁傳》曰：「南，氏姓也。季，字也。」范甯氏曰：「季之字者，明命爲大夫也。」

三月癸酉，大雨震電。庚辰，大雨雪。雨、雪，去聲。

《穀梁傳》曰：「癸酉，大雨震電。庚辰，大雨雪。志疏數也。八日之閒，再有大變，陰陽錯行，故謹而日之也。」杜元凱曰：「書癸酉始雨，日也。夏之正月，微陽始出，未可震電。既震電，又不當大雨雪也。」劉子政曰：「雷未可以出，電未可以見。雷電既以出，則雪不當復降，皆失節也。雷電，陽也；雨雪，陰也。陽不能閑，陰氣縱逸，將爲害也。」

挾卒。挾音叶。

《穀梁傳》曰：「挾，弗大夫者，隱不爵大夫也。隱之不爵大夫何也？曰不成君也。」

夏，城郎。

秋七月。

冬，公會齊侯于防。

內特相會也。特相會不書，惟內悉書之。《左氏傳》曰：「宋公不王。鄭伯爲王左卿士，以王命來告伐宋。會于防，謀伐宋也。」

十年春，王二月，公會齊侯、鄭伯于中丘。

離會雖內不月，必參會而後月。以不月爲略，則月爲詳也。《左氏傳》曰：「會于中丘，盟于鄧，爲師期也。」

夏，翬帥師會齊人、鄭人伐宋。

《左氏傳》曰：「羽父先會齊侯、鄭伯伐宋。」《陳氏傳》曰：「此中丘諸侯也。曷爲會稱君，伐稱人？

略之也。《春秋》舉重，一役而再有事不悉書。苟再見，必前目而後凡也。《公羊傳》例。一役而再見，但人之，略之也。」

六月壬戌，公敗宋師于菅。菅音奸。

凡師戰而勝敵，皆月。敗某師、勝敗相當，但言戰。必大崩也而後言戰言敗績，從史文也。公敗外師，不日。據莊十年長勺、乘丘，僖元年于偃。其日，甚之也。臣既會伐，而君又親將，以自爲功，故甚之也。

辛未，取郜。辛巳，取防。郜音告。

受之於師曰取。據郜大鼎、濟西田、汶陽田非有人來歸。《穀梁傳》曰：「取邑不日。據僖三十三年伐邾，取訾婁，不日。此其日何也？不正其乘敗人而爲利，取二邑，故謹而日也。」

秋，宋人、衛人入鄭。

外入國，有以來之，不月。伐宋，王命也。則入鄭何以不月？鄭伯以王命伐宋，不能正其罪。取二邑，不歸天子而歸于魯，墮天子之令以報私讎，而宋不服，於是入鄭，故略之也。

宋人、蔡人、衛人伐戴。鄭伯伐取之。

伐取之，謂俘其衆也。於是九月戊寅，鄭伯入宋，不書。明年十月，鄭伯以虢師伐宋，大敗宋師。不書，有王命也。

冬十月壬午，齊人、鄭人入郕。

外入國何以日？《左氏傳》曰：「討違王命也。」外入國有三：以惡入者，不日；有以來之，不月；必以王命，據此入郕。若伯主有討於諸侯，據僖二十八年晉侯入曹。而後日。春秋之初，王命猶行於天下也。命虢公伐曲沃，立哀侯于翼，則天子猶有廢置也。鄭伯以齊人朝王，則諸侯猶享覲也。宋公不王，鄭伯以王命討之。伐宋，鄭有辭矣。而蔡、衛、郕不會，蔡、衛固宋之黨也，而郕亦不爲無罪。《春秋》於伐宋書人，入鄭不月，譏鄭伯也。敗宋師，取二邑書日，蔽罪於魯也。然而王命不可以二君廢，故入宋不書，入郕書日以謹之，各當其罪也。春秋之初，王命猶行於天下，故不王之罪在諸侯。罪在諸侯，雖小國不可以無討。自有伯者，而後責歸於齊、晉，蓋有不得已焉耳。

十有一年春，滕侯、薛侯來朝。

來朝不月，據鄫子來朝。略之也。春秋必小國也而後朝大國。來朝，非邦交之舊矣。《穀梁傳》曰：「諸侯來朝，犆言同時也，累數皆至也。」

夏，公會鄭伯于時來。鄭地。

《左氏傳》曰：「謀伐許也。」

秋七月壬午，公及齊侯、鄭伯入許。

內入國不日。據隱二年入極，桓二年入杞。必公將而後日，據此入許，哀七年入邾。甚之也。《陳氏傳》曰：「於是許莊公奔衛。不書，非其罪也。凡奔，非其罪不書。奔非其罪，莫甚於被兵者也。」杜元凱曰：「還，使許叔居之，故不言滅也。」

冬十有一月壬辰，公薨。

此弒也，而曰「薨」，從史文也。魯史之法，内大惡，諱。於是公子翬弒君，而桓與聞乎故，則桓爲逆首，故諱之也。《公羊傳》曰：「公子翬諂乎隱公，謂隱公曰：『百姓安子，諸侯説子，盍終爲君矣？』隱曰：『吾否。吾使修塗裘，吾將老焉。』公子翬恐若其言聞乎桓，於是謂桓曰：『吾爲子口隱矣，隱曰「吾不反也」。』桓曰：『然則奈何？』曰：『請作難。』弒隱公於鍾巫之祭焉。」《穀梁傳》曰：「公薨不地，故也。隱之，不忍地也。」《左氏傳》曰：「不書葬，不成喪也。」《陳氏傳》曰：「《春秋》内外恒異辭。遇弒君父之大哀，則吾何忍言之？是故書薨而不地。薨，十二公所同也。不地，隱、閔所獨也。然則雖諱，而亂臣賊子之獄具矣。」

春秋集傳卷第二

新安東山趙汸輯

桓　公

元年春，王正月。

《穀梁傳》曰：「桓無王，其曰王，何也？　謹始也。」

公即位。

何休氏曰：「即，就也。先謁廟，明繼祖也。還之朝，正君臣之位也。事畢而反凶服焉。」「桓本貴，當立，所以爲篡者，隱權立，桓北面事隱也。」《穀梁傳》曰：「繼故不言即位，正也。先君不以其道終，即子弟不忍即位也。繼故而言即位，是與聞乎弑也。先君不以其道終，己正即位之道而即位，是無恩於先君也。」

三月，公會鄭伯于垂。衛邑。

桓以篡立，而修好于鄭也。

鄭伯以璧假許田。

《左氏傳》曰：「卒易祊田也。」《穀梁傳》曰：「非假而曰假，諱易地也。禮，天子在上，諸侯不得以地相與也。許田者，魯朝宿之邑也。邴者，鄭伯之所受命而祭泰山之邑也。用見魯之不朝於周，而鄭之不祭泰山也。」《公羊傳》曰：「易之則其言假之何？爲恭也。此魯朝宿之邑也，其稱田何？田多邑少稱田，❶邑多田少稱邑。」

夏四月丁未，公及鄭伯盟于越。

《穀梁傳》曰：「及者，内爲志焉爾。」程子曰：「桓公欲結鄭好以自安，故既與許田，又爲盟也。」

秋，大水。

《公羊傳》曰：「記災也。」

冬十月。

二年春，王正月。

《穀梁傳》曰：「桓無王，其曰王，何也？正與夷之卒也。」

戊申，宋督弑其君與夷，及其大夫孔父。

督，宋大夫，其名，未賜族也。孔父嘉不名者，天子之命大夫也。及，猶并也，蒙上文之辭也。大夫殺大夫，曰兩下相殺。兩下相殺不志乎《春秋》。於是督將殺君而并及其大夫，則異乎兩下相殺之

---

❶「邑」，原作「名」，今據夏鏜本、金曰鏞本、四庫本改。

獄矣，故不別言殺而曰及，蒙弒君之文以見其罪也。《左氏傳》曰：「宋殤公十年十一戰，民不堪命。孔父嘉爲司馬，督爲大宰，先宣言曰：『司馬則然。』已殺孔父而弒殤公，召莊公于鄭而立之。」《穀梁傳》曰：「孔父先死，其曰及，何也？書尊及卑，《春秋》之義也。督欲弒君，而恐不立，於是先弒孔父。孔父閑也。」《公羊傳》曰：「及者何？累也。弒君多矣，舍此無累者乎？曰有。仇牧、荀息皆累也。舍仇牧、荀息無累者乎？曰有。有則此何以書？孔父生而存，則殤公不可得而弒也。」

滕子來朝。

是滕侯也，曷爲稱子？自貶以朝大國也。諸侯朝聘之禮，以命數爲節，周制也。春秋，小國於大國朝而不聘。滕國貧，懼玉帛之將不足以備數，而魯人靳以侯伯之禮接之，因貶其爵，損其儀，以成兩君之好焉，庶乎不致絶物以興戎也。杞，侯也，而稱子。薛，侯也，而稱伯。自貶以事大國，不惟滕也。

三月，公會齊侯、陳侯、鄭伯于稷，以成宋亂。

成，平也。會未有言其所爲者。其言「成宋亂」何？爲會稷言故也。諸侯之會，自參以上必言故。據十一年會袲伐鄭，襄三十年會澶淵，宋災。不言故，必一事而再見者也。隱十年會中丘，下書伐宋。桓十六年會曹，下書伐鄭。非再見也而不言故，皆伯者之事也。《左氏傳》曰：「督以郜大鼎賂公，齊、陳、鄭皆有賂，故遂相宋公。」「會于稷，以成宋亂。爲賂故，立華氏也。」《陳氏傳》曰：「弒君之禍接迹於天下，於是焉始。向也合五國之君大夫以定州吁，而州吁訖於討。今也合四國之君以立督，督遂相宋莊。

弒君之禍接迹於天下，四君爲之也。」

夏四月，取郜大鼎于宋。戊申，納于太廟。

此宋之賂也。不曰宋人歸之，受之于會也。張主一曰：「郜大鼎，郜所造器也。」《穀梁傳》曰：「桓内弒其君，外成人之亂，受賂而退，以事其祖，周公弗受也。」

秋七月。

爲下事月也。據來朝著例不月。

杞侯來朝。

蔡侯、鄭伯會于鄧。

《左氏傳》曰：「始懼楚也。」鄧，蔡地也。外特相會，非有關於天下，故不書。楚爲中國之害於是始，故書之。其月，據離會不月。異其事也。

九月，入杞。

《左氏傳》曰：「討不敬也。」杞，侯爵也，而國貧，玉帛之將不能備數，又以先代之後，恥自貶損，偃然以侯伯成禮而還，以是爲不敬也。

公及戎盟于唐。

桓之盟皆日，其會皆月，及戎盟何以不日？異桓事也。《春秋》日月之法，於桓之盟會既别治之，與諸侯異，故盟戎不日，亦不使與隱公同也。據隱二盟戎書日。

冬，公至自唐。

公行，何以致或不致？以不致爲恒，則致以見義；以致爲恒，則不致以見義。公會夷狄，恒不致，據僖會楚、哀會吴不書至。則其致盟戎何？《春秋》華夷之辨莫嚴於吴、楚，戎非所當先也。致盟戎，而筆削之情見矣。

三年春正月，公會齊侯于嬴。齊地。

《左氏傳》曰：「成昏于齊也。」杜元凱曰：「以國君娶夫人不由媒介，自與齊侯會而成昏，非禮也。」

夏，齊侯、衛侯胥命于蒲。

歃血要誓爲盟，不盟而相諭爲胥命，胥命不書。據莊二十一年鄭虢胥命于弭。此何以書？志齊、衛之合也。

六月，公會杞侯于郕。

《左氏傳》曰：「杞求成也。」

秋七月壬辰朔，日有食之，既。

言日言朔，食正朔也。《穀梁傳》曰：「既者，盡也，有繼之辭也。」

公子翬如齊逆女。

翬稱公子，始命爲卿也。

九月，齊侯送姜氏于讙。魯地。

《公羊傳》曰：「諸侯越竟送女，非禮也。此入國矣，何以不稱夫人？自我言齊，父母之於子，雖爲鄰國夫人，猶曰吾姜氏。」《穀梁傳》曰：「禮，送女，父不下堂，母不出祭門，諸母兄弟不出闕門。送女踰竟，非禮也。」《左氏傳》曰：「凡公女嫁于敵國，姊妹則上卿送之，公子則下卿送之。於大國，雖公子亦上卿送之。於天子，則諸卿皆行，公不自送。於小國，則上大夫送之。」

公會齊侯于讙。

胡侍講曰：「爲齊侯來，乃逆而會之。是公之行，其重在齊侯而不在姜氏，非禮也。」

夫人姜氏至自齊。

《穀梁傳》曰：「其不言翬以之來，何也？公親受之于齊侯也。」《公羊傳》曰：「翬何以不致？得見乎公矣。」

冬，齊侯使其弟年來聘。

《左氏傳》曰：「致夫人也。」杜元凱曰：「古者女出嫁，又使大夫隨加聘問。在魯而出則曰致女，在他國而來則總曰聘。」孔穎達氏曰：「是行聘禮而致之。其意言不堪事宗廟，則欲以之歸也。」吴先生曰：「齊侯親送女至魯竟，歸未幾，又使貴介弟致之，見其愛女之至。情之私，非禮之正也。」

有年。

《穀梁傳》曰：「五穀皆熟爲有年。」楊士勛氏曰：「有年書於冬者，五穀畢入，計用豐足，然後書之。」

《公羊傳》曰：「有年，以喜書也。大有年，亦以喜書也。有年何？僅有年也。大有年何？大豐年也。」

四年春正月，公狩于郎。

《穀梁傳》曰：「四時之田，皆爲宗廟之事也。春曰田，夏曰苗，秋曰蒐，冬曰狩。」《公羊傳》曰：「常事不書，此何以書？譏遠也。」杜元凱曰：「三王異正朔，而夏數爲得天。」《周禮·大司馬》：「仲冬教大閱，遂以狩田。」是田狩從夏時也。違其常處，故書地以譏之，皆策書之大體也。

夏，天王使宰渠伯糾來聘。

《左氏傳》曰：「父在，故名。」吴先生曰：「宰，冢宰。渠，邑。伯，爵。糾，名也。天子之卿當書邑，爵而不名。父在，子襲其爵邑，故特書名，以見其有父也。」杜元凱曰：「不書秋冬，史闕文。」

五年春正月，甲戌，己丑，陳侯鮑卒。

《穀梁傳》曰：「鮑卒何爲以二日卒？《春秋》之義，信以傳信，疑以傳疑。」《左氏傳》曰：「再赴也。於是陳亂，文公子佗殺太子免而代之。公疾病而亂作，國人分散，故再赴。」

夏，齊侯、鄭伯如紀。

外相如何以書？以紀之卒滅於齊也。《左氏傳》曰：「齊侯、鄭伯朝于紀，欲以襲之。紀人知之。」春秋之初，能以詐取人國者，惟鄭莊公。莊嘗挾齊、魯以入許，今又輔齊以圖紀。紀季之酅，猶許叔之東偏也。胡侍講曰：「紀人主魯，故來告其事。魯史承告，故備書于策。《春秋》存而不削，以著齊侯滅紀之罪，明紀侯去國之由也。」

天王使仍叔之子來聘。

《公羊傳》曰：「仍叔之子，天子之大夫也。其稱仍叔之子何？父老，子代從政也。」《穀梁傳》曰：「不正父在，子代仕之辭。」程子曰：「古者士無世官。周衰，官人以世，卿大夫之子得代父任事。故仍叔受命來聘，而使其子代行也。」

葬陳桓公。

不書月，禮不備也。

城祝丘。

高抑崇曰：「祝丘，近齊邑也。」

秋，蔡人、衛人、陳人從王伐鄭。

三國稱人，皆微者也。其言從王伐鄭何？《穀梁傳》曰：「舉從者之辭也。」魯方黨鄭，故王命不及於魯，而三國自以其事來告也。王師敗績，不書，爲王室諱也。鄭武公、莊公相繼爲平王卿士，平王欲分政於虢，而鄭輒叛。桓王立，虢公爲右，鄭伯爲左，以相王室。於是鄭伯以王命伐宋，討其不庭，而取宋二邑以歸魯，挾齊入許以自封。鄭罪故宜討也。王一奪其政，而遂不朝，王室無人焉爾。昔者厲王之禍，諸侯釋位以閒王室。宣王有志，而後效官。當是之時，南征北伐，無不如意。周室赫然中興焉，則以方叔、召虎、尹吉甫、仲山甫之徒爲之臣也。今王承幽、厲傾覆漸靡之後，所仗以伐鄭者，果何人邪？若虢公林父、周公黑肩、宰渠伯糾者，固鄭伯之所弗忌也。然而王卒自將以伐鄭，戰于繻葛，皇輿敗績焉，《春秋》是以爲桓、文作也。

大雩。

孔穎達氏曰：「其大何？非諸侯之雩也。」《月令》曰：「大雩，帝用盛樂。」是大雩者，天子之祭也。諸侯雩山川，魯雩上帝，故稱大雩，别山川之雩也。孫明復曰：「諸侯旱而雩，禮也。大雩於上帝，非禮也。」劉侍讀曰：「説者皆曰成王賜魯天子禮樂。禮有天子諸侯之别，自伏羲以來，未之有改。成王者，周之盛王也，其惑歟？魯之有天子禮樂，殆周之末王賜之，非成王矣。昔者魯惠公請郊廟之禮於天子，天子使史角往，惠公止之。其後在魯，實始爲墨翟之學。使成王之世而魯已郊，則惠公奚請？」據《吕氏春秋》。黄先生曰：「成王勞周公，❶賜魯重祭，祀周公於其廟，謂禘也。郊與大雩，天子之所以有事於上帝者也。成王何爲賜之？其東遷之始王乎？然則謂惠公請之者近是，以其徼福於成王、周公，故他國不得與也。夫子曰：『魯之郊禘非禮也，周公其衰矣。』」《穀梁傳》曰：「雩，得雨曰雩，不得雨曰旱。」《左氏傳》曰：「書不時也。凡祀，啓蟄而郊，龍見而雩，始殺而嘗，閉蟄而烝。過則書。」以其歲事之常，書之則不勝書。因見過而書，以見失禮之中又失禮焉。魯史之舊文也。雩則曷爲或月或不月？雩以巳月爲正，據經無七月雩者，而八月、九月雩皆書月，則以别於凡。雩繫時者皆七月可知。過時之甚者，必一月再雩而後日，著其瀆也。苟甚遠，則又不月，異冬雩也。

❶「勞」，原空格，今據四庫本補。

螽。音終。

《公羊傳》曰：「記災也。」

冬，州公如曹。

外相如何以書？以其失國所如，不可不書也。胡侍講曰：「將有其末，故先録其本也。」杜元凱曰：「不書奔，以朝出也。」《左氏傳》曰：「淳于公如曹，度其國危，遂不復。」

六年春正月，寔來。寔音植。

州公自曹來，則曰「寔來」何？不以朝禮接也。州公者，天子之三公也。於是爲寓公於曹，而來見於魯。魯人以王臣之禮接之，故但曰來也。其月，異其事也。杜元凱曰：「寔，實也。不言州公，承上五年冬如曹。間無異事，省文從可知也。」

夏四月，公會紀侯于郕。魯地。

《左氏傳》曰：「會于郕，紀來諮謀齊難也。」

秋八月壬午，大閲。

《左氏傳》曰：「大閲，簡車馬也。」劉侍讀曰：「大閲，冬事也，秋興之，非正也，厲農甚矣。」

蔡人殺陳佗。

佗立嘗踰年矣，曷爲殺陳佗？從史文也。史曷爲但稱名？未有成之爲君者也。諸篡公子有成之爲君者，必列於會而後爵。苟不列於會，❶雖踰年但稱名。稱名，不成君之辭也。據齊無知、莒展輿皆名。《穀梁傳》曰：「陳佗者，陳君也。何以知其是陳君也？兩下相殺不道。其不地，於蔡也。」《左氏傳》曰：「陳厲公，蔡出也，故蔡人殺五父而立之。」程子曰：「蔡桓侯殺陳佗，實以私也。而書人，同於討賊，見討賊者衆人之公也。」《陳氏傳》曰：「蔡人殺陳佗，是討賊之辭也。佗之罪不著於《春秋》，曷爲以討辭書之？佗，殺太子免而立者也。然則佗之罪曷不著於《春秋》？陳侯鮑卒，公子與太子争立，猶兩下相殺而已矣。兩下相殺不道。兩下相殺不道，則其討之何？以庶孽亂正統，如之何勿討也。」

九月丁卯，子同生。

子同生何以書？存策書之大體也。程子曰：「適子生，大事也，《春秋》書之以正國本。」胡侍講曰：「其不曰世子何也？天下無生而貴者，誓於天子然後爲世子。」

冬，紀侯來朝。

七年春二月己亥，焚咸丘。魯地。

焚，火田也。孔穎達氏曰：「禮，昆蟲未蟄，不以火田。」是已蟄得火田，然非謂焚其一澤也。禮，天子不合圍，諸侯不掩群。劉侍讀曰：「焚咸丘，淫獵之過也。古者誅不逐奔，追不越防。」

---

❶「列」，原作「别」，今據四庫本改。

夏，穀伯綏來朝。鄧侯吾離來朝。

皆何以名？從史文也。諸侯同盟，則名載於書。告終，則名於簡策。未有來朝而名者。來朝而名者，附庸也。據倪黎來。此侯伯也，則其名之何？古者鄰國世相朝，春秋小國朝大國，非姻鄰則同姓也。穀、鄧者，南方近楚小國，遠絶於魯，非有往來之舊也。終春秋，一來朝則亡滅不復見。前無其本，後無其末，故皆名以詳之也。桓之二年，蔡侯、鄭伯會于鄧，始懼楚也。六年而楚人伐隨，謂隨人曰：「今諸侯皆爲判，❶相侵或相殺。我有敝甲，欲以觀中國之政，請王室尊吾號。」隨人爲之請，王室不聽。上無天子，下無方伯，楚患迫矣，小國其獲存乎？於是二君遠朝上國，而以楚事來焉，非鄰國世朝之比矣。明年而熊通稱王，合諸侯于沈鹿，天下之大變也。據六年八月傳與《史記·楚世家》。

八年春正月己卯，烝。

不書秋、冬，史闕文。

《公羊傳》曰：「烝，冬祭也。春曰祠，夏曰礿，秋曰嘗，冬曰烝。常事不書，此何以書？譏亟也。亟則黷，黷則不敬。君子之祭也，敬而不黷。」杜元凱曰：「此夏之仲月，非爲過而書，爲夏五月復烝，見瀆也。」趙伯循曰：「周雖以建子爲正，祭祀則用夏時本月。」《周書》曰：「夏數得天，百王所同，亦越我周。改正易械，以垂三統。至於敬授民時，巡狩嘗享，猶自夏焉。」

❶「判」，諸本同，當作「叛」。

天王使家父來聘。

高抑崇曰：「謀納后也。」

夏五月丁丑，烝。

《穀梁傳》曰：「烝，冬事也。夏興之，黷祀也，志不敬也。」程子曰：「非時復烝者，必以前烝爲不備也，其黷甚矣。」

秋，伐邾。

冬十月，雨雪。雨，去聲。

《公羊傳》曰：「記異也。何異爾？不時也。」何休氏曰：「周之十月，夏之八月，未當雨雪，此陰氣大盛。」

祭公來，遂逆王后于紀。

逆后不書，據莊十八年原莊公逆惠后，宣六年召桓公逆定后。此何以書？自我爲之主也。天子取於諸侯，使同姓諸侯主之。《春秋》存策書之大體。天子取后于紀，命魯主之，不可不書也。何以不稱使？王者至尊，不自爲昏主也。《穀梁傳》曰：「遂，繼事之辭也。」《公羊傳》曰：「大夫無遂事，此其言遂何？成使乎我也。在其國稱女，此其稱王后何？王者無外，其辭成矣。」杜元凱曰：「天子不親逆，使上卿逆而公監之。」卿不書，舉重略輕也。

九年春，紀季姜歸于京師。

后歸不書，據莊十八年陳嬀，宣六年齊姜不書。此何以書？自我爲之主也。《春秋》存策書之大體，魯爲天子主昏，后歸不可不書也。不月，據内女歸月。略於王史也。《公羊傳》曰：「其辭成矣，則其稱紀季姜何？自我言紀，父母之於子，雖爲天子后，猶曰吾季姜。京者，大也。師者，衆也。天子之居，必以衆大之辭言之。」

夏四月。

秋七月。

冬，曹伯使其世子射姑來朝。射音亦，又音夜。

《穀梁傳》曰：「朝不言使，言使，非正也。使世子抗諸侯之禮而來朝，曹伯失正矣。諸侯相見曰朝，以待人父之道待人之子，以内爲失正矣。」楊士勛氏曰：「禮，諸侯世子誓於天子而攝其君，則下其君一等。未命，則以皮帛繼子男，謂會同急趨王命者也。曹伯有疾，而使世子攝位來朝，非正也。」

十年春，王正月庚申，曹伯終生卒。

《穀梁傳》曰：「桓無王，其曰王，何也？正終生之卒也。」

夏五月，葬曹桓公。

秋，公會衛侯于桃丘，弗遇。

衛侯何以不遇？中背公而更與齊、鄭也。不月，異常事，從史文也。凡内出盟會，雖無成事，悉書之，存策書之大體也。

冬十有二月丙午，齊侯、衛侯、鄭伯來戰于郎。

戰者，以主及客，《公羊傳》例。其言來戰何？譏不在內也。魯自中丘以來，於齊、鄭未有異也。於是齊、鄭謀紀，會于郕。紀來謀齊難，而魯爲紀歸女于京師。公會衛侯，弗遇，見伐而及之戰焉，非得已也。孟子曰：「春秋無義戰，彼善於此，則有之。」彼善於此，謂不得已而後戰者也。故變其主客恒辭，書曰來戰，惡在外也。

十有一年春正月，齊人、衛人、鄭人盟于惡曹。

外參盟日，據隱八年瓦屋。有大夫不日，據僖十九曹南。此非大夫也，則何以不日？君奪其恒稱，同大夫，則不日也。據僖二十九年翟泉同。《陳氏傳》曰：「此郎之諸侯也。曷爲戰稱君，盟稱人？凡一役而再見者，但人之，略之也。」

夏五月癸未，鄭伯寤生卒。

秋七月，葬鄭莊公。

九月，宋人執鄭祭仲。

此宋公也。其曰人何？略言之也。凡執，恒稱人。諸侯無專執之道也。是祭仲足也，何以不名？天子之命大夫也。不稱行人，據襄十年良霄，十八年石買之類。非使人也。又執大夫不月，凡八，著例六。此其書月何？執而使之廢置其君，故異之也。《左氏傳》曰：「祭仲足有寵於莊公，爲公取鄧曼，生昭公，故祭仲立之。宋雍氏女於鄭莊公，曰雍姞，生厲公。雍氏宗有寵於宋莊公，故誘祭仲而執之，曰：『不立突，將死。』亦執厲公而求賂焉。」

突歸于鄭。

突，公子也。不言公子，簒也。例在隱元。不繫鄭，蒙上文也。以簒入者不言歸。據齊小白、陽生，莒去疾言入。此其言歸何？簒而言歸，則必言故者也。曰宋人執祭仲，則突歸之故也。曰戎侵曹，則赤歸之故也。突以宋歸，赤以戎歸，此忽與覊之所由出奔也。《穀梁傳》曰：「歸，易辭也。祭仲易其事，權在祭仲也。死君難，臣道也。今立惡而黜正，惡祭仲也。」劉侍讀曰：「祭仲之義宜效死勿聽，又不能是，則若强許焉。還至其國而背之，執突而殺之，亦可也。二皆不能，而黜其君，以立不正。若仲之爲者，春秋之亂臣也。」

鄭忽出奔衛。

君在喪，恒稱子。既葬矣，未踰年，稱子。據僖二十五年衛子。踰年矣，未葬，稱子。據文九年毛伯來求金，不稱王。鄭忽未踰年者也，其名之何也？以其見出，不得後先君也。《穀梁傳》曰：「其名，失國也。」

柔會宋公、陳侯、蔡叔，盟于折。❶

柔，魯大夫。不稱氏，未賜族也。蔡叔，蔡侯之弟攝居者。凡諸侯之弟攝居，則稱字。外參盟，有大夫不日。雖吾大夫會之亦不日，内外一治也。禮，卿不會公侯。盟，甚矣。是故惡其伉也。《陳氏

❶「折」，原作「拆」，今據《春秋》經文改。

傳》曰：「以大夫會諸侯盟，於是始。」

公會宋公于夫鍾。

冬十有二月，公會宋公于闞。闞，口暫反。❶

十有二年春正月。

夏六月壬寅，公會杞侯、莒子，盟于曲池。

《左氏傳》曰：「平杞、莒也。」

秋七月丁亥，公會宋公、燕人，盟于穀丘。

燕人，南燕大夫。

八月壬辰，陳侯躍卒。

公會宋公于虛。

冬十有一月，公會宋公于龜。

丙戌，公會鄭伯，盟于武父。

《左氏傳》曰：「公欲平宋、鄭。秋，及宋公盟于句瀆之丘。宋成未可知也，故又會于虛。冬，又會于龜。宋公辭平，故與鄭伯盟于武父，遂帥師而伐宋。」

---

❶「暫」，原作「轁」，今據《經典釋文》改。

丙戌，衛侯晉卒。

《穀梁傳》曰：「再稱日，決日義也。」范甯氏曰：「明二事皆當日也。」《陳氏傳》曰：「于以見《春秋》之有日例也。」

十有二月，及鄭師伐宋。

不言公及，蒙上文也。《陳氏傳》曰：「此公及鄭伯也。曷爲前稱君後稱師？略之也。一役而再見者，但人之。用衆焉，稱師。」

丁未，戰于宋。

不言宋及鄭戰，據哀十一年，書齊及吴戰。內辭也。《春秋》內外恒異辭。伐者爲客，受伐者爲主，由外言之也。苟吾君在焉，則不得從外辭。從外辭者，必會變，夷伐中國者也。據哀十一年會吴伐齊。不言師敗績，敵也。

十有三年春二月，公會紀侯、鄭伯。己巳，及齊侯、宋公、衛侯、燕人戰。齊師、宋師、衛師、燕師敗績。

紀先鄭，序爵也。則齊曷爲先宋？以强大而易周班也。會何以不地？以戰會也。戰何以不地？略之也。公欲平宋、鄭，朞歲之間，會于夫鍾、于闞，盟于穀丘，又會于虚、于龜，而宋公辭平，遂舍宋而會鄭以伐宋。戰焉，勝敗相當，而主客之憤未已，於是魯、鄭連紀，宋援齊、衛及燕，相與刻期一戰以決焉。故略之不言地，蒙上文，一譏之也。然則安戰？戰于宋也。桓弑隱，宋莊、鄭厲皆以篡立，於是同惡相濟又相仇也。則齊、衛、燕、紀何爲焉？燕役於宋，紀附於魯，二小國者無足議也。

齊，東方大國也，嘗合諸侯于稷，以立華氏，取宋賂而定莊公矣，今又挾衛以助宋。衛侯朔搆殺其兄以得國，父喪在殯，而自將以助宋者，亦將以定其位焉耳。《春秋》書戰二十二，以亂濟亂而亟殘其民，未有若斯甚者。如是而從其恒辭，則不知兩戰爲一事。不知兩戰爲一事，則民隱而用法疑矣。故凡《春秋》之變文，皆有辨於嫌疑之閒者也。凡君在喪，以師行者稱爵，從史文也。《陳氏傳》曰：「衛朔、宋固、成三年。陳溺，襄五年。猶踰年也。鄭費成四年。未踰年亦曰鄭伯，甚矣。從而志之，徒見其悖禮焉爾。故凡《春秋》辭從主人皆實録，而非修《春秋》之辭也。」

三月，葬衛宣公。

胡侍講曰：「既與衛人戰，曷爲葬宣公？怨不棄義，怒不廢禮，是知古人以葬爲重也。」

夏，大水。

秋七月。

冬十月。

十有四年春正月，公會鄭伯于曹。

無冰。

無冰不月，終時無冰則志之。周之春，夏之冬也。例在成元年。《穀梁傳》曰：「無冰，時燠也。」

夏五。

《穀梁傳》曰：「夏五，傳疑也。」胡侍講曰：「《春秋》之作，因舊史有可損不能益也。」

鄭伯使其弟語來盟。

來盟不月，雖内莅盟不月，略之也。《穀梁傳》曰：「來盟，前定也。諸侯之尊，兄弟不得以屬通。其弟云者，以其來我，舉其貴者也。」蘇子由曰：「凡外大夫來盟於魯，内大夫莅盟；於他國，皆盟其君。」

秋八月壬申，御廩災。

《公羊傳》曰：「御廩者，粢盛委之所藏也。」杜元凱曰：「藏公所親耕，以奉粢盛之倉也。」《穀梁傳》曰：「天子親耕，以共粢盛；王后親蠶，以共祭服。國非無良農工女也，以爲人之所盡事其祖禰，不若以己所自親者也。」

乙亥，嘗。

杜元凱曰：「先其時亦過也。或謂譏其不易災餘而嘗。」鄭漁仲曰：「廟祀必十日戒享，越三日而嘗，則粢盛已出廩。壬申，致齊之初，乙亥嘗，非災之餘也。」

冬十有二月丁巳，齊侯禄父卒。

宋人以齊人、蔡人、衛人、陳人伐鄭。

曰以何？乞師而自將也。《陳氏傳》曰：「以一國而用諸侯之師於是始。上無天子，下無方伯，有以一國而用諸侯之師，此伯之所由興也。伯者之令行於天下，自是無書以者矣。書以者，必中國用夷狄者也。」《左氏傳》曰：「宋人以諸侯伐鄭，報宋之戰也。焚渠門，入，及大逵。伐東郊，取牛首。」

十有五年春二月，天王使家父來求車。

王者無求，曷爲言求車？有闕文也。俄而天王崩，七年而後克葬，則諸侯不王之罪大矣。其月，著非禮也。

三月乙未，天王崩。

夏四月己巳，葬齊僖公。

五月，鄭伯突出奔蔡。

何以名？辨二君也。凡一國而二君者，其出入史皆名之，示有辨也。鄭伯突辨於忽也，衛侯朔辨於黔牟也，衛侯鄭辨於叔武也，衛侯衎辨於剽也，蔡侯朱辨於東國也，莒子庚輿辨於郊公也，邾子益辨於革也，惟北燕伯款不知所爲辨。齊晏子曰「燕有君矣」，則亦不可無辨也。於是祭仲專，鄭伯使其壻雍糾殺之，雍姬以告，祭仲殺雍糾而鄭伯出奔。則其但言奔何？《春秋》無費辭。爲君而奔，未有不見出於其臣者也。爲臣而奔，未有不見出於其君者也。但言奔，存大體也。

鄭世子忽復歸于鄭。

忽，嗣君也。其出也，名之，則其歸稱世子何？特筆以正名也。世子者，未嗣位之稱也。忽君鄭五月而出奔，四年于外而復歸于鄭，於史文不得復稱世子。魯人於突，一則曰鄭伯，二則曰鄭伯，則魯史必不稱忽爲世子。探其本，正其名，書曰「鄭世子忽」，修《春秋》之特筆也。劉侍讀曰：「忽之出，無鄭者也，而又不得稱子，則忽之可以君國者無幾矣。《春秋》別嫌疑，明是非，以謂忽嘗爲君之世子矣。若庶孽得而奪之，則天下之適庶亂矣。故正其名，與之繼世，深惡亂臣賊子之意也。」胡邦衡曰：「復歸者，已失國之辭也。」據見執不言復歸。

許叔入于許。

劉侍讀曰：「稱入何？難也。何難焉？鄭亂而後入也。」《陳氏傳》曰：「出罪也，入罪也，則書之。據鄭良霄、宋魚石、晉欒盈之類。出非其罪，入罪也，則但書入。據齊小白、陽生，莒去疾類。凡入皆譏也。」凡入皆譏也，則其曰許叔何？以是爲宜入也。昔者齊、鄭、魯三師入許，許莊公奔衛，鄭人以許東偏奉許叔，而使其大夫獲處許西偏。許無君者十有五年。忽、突之亂，於是叔始得許。若許叔，可謂能復莊公之宇矣。是故入未有書字者，雖公子也，弗謂公子。此其曰許叔，所以別有罪也。叔不書字，則擬於齊小白、陽生、莒去疾。❶

公會齊侯于艾。

《左氏傳》曰：「謀定許也。」王貫道曰：「定許所以撓忽也。」

邾人、牟人、葛人來朝。

非國君不言朝，此皆微者也，則其曰朝何也？以子代父也。杜元凱曰：「三人皆附庸之世子，其君應稱名，故其子降稱人。」

---

❶「擬」，原作「疑」，今據夏鏜本、金曰鏞本、四庫本改。

秋九月，鄭伯突入于櫟。

冬十有一月，公會宋公、衛侯、陳侯于袲，伐鄭。袲，昌氏反。

於是謀伐鄭，將納厲公，弗克而還。則其書伐鄭何？爲會袲言故也。據襄二十四年、二十五年再會夷儀伐齊，不克不書。例在二年。惟其爲會言，故而未嘗伐鄭，是以不書至，以桓之盟會恒不致也。宋興，魯、鄭之憾未釋，則曷爲謀納厲公？昭公復國，非宋、魯之利也，故又相與釋怨而爲會以謀之。反覆皆以私也。

十有六年春正月，公會宋公、蔡侯、衛侯于曹。

《左氏傳》曰：「謀伐鄭也。」

夏四月，公會宋公、衛侯、陳侯、蔡侯伐鄭。

納厲公，再弗克也。明年，高渠彌弑昭公，立子亹。又明年，齊人殺子亹，以魯人納突，故絶不與通。皆不告也。

秋七月，公至自伐鄭。

公會伐，恒書至也。會盟不至，會伐何以致？民爲重也。致伐不月，苟致以四時首月，則書其月。一時無他事，不敢廢時首也。

冬，城向。

十有一月，衛侯朔出奔齊。

衛人立黔牟而朔出奔也。《公羊傳》曰：「朔得罪於天子也。」《穀梁傳》曰：「天子召而不往也。」程子曰：「朔搆其二兄而致於其死，罪大矣。然父立之，諸侯莫得而治也。天子治其舊惡而廢之，宜也。」據王人子突救衛，朔入于衛，放黔牟于周。黔牟之立，蓋天子之命也。

十有七年春正月丙辰，公會齊侯、紀侯，盟于黄。齊地。

《左氏傳》曰：「平齊、紀，且謀衛故也。」

二月丙午，公會邾儀父，盟于趡。趡，翠軌反。魯地。

夏五月丙午，及齊師戰于奚。魯地。

不言其人，疆吏也。《左氏傳》曰：「疆事也。」

六月丁丑，蔡侯封人卒。

秋八月，蔡季自陳歸于蔡。

《陳氏傳》曰：「出罪也，歸亦罪也，則悉書之。據陳黄、楚比之類。出非其罪，歸罪也，則但書歸。據鄭突、曹赤之類。凡歸皆譏也。」凡歸皆譏也，則其曰蔡季何？以是爲宜歸也。蔡桓侯卒，無子，蔡人召季于陳而立之。是故歸未有稱字者，雖公子也，弗謂公子。此其曰蔡季，所以别有罪也。季不稱字，則疑於鄭突、曹赤。

癸巳，葬蔡桓侯。

不稱公，文誤也。

及宋人、衛人伐邾。

不言其人，微者也。《左氏傳》曰：「伐邾，宋志也。」

冬十月朔，日有食之。

言朔不言日，夜食也。周人以夜半爲朔。鄭康成曰：「朔日日始出，其食虧傷之處未復，故知以夜食也。」

十有八年春，王正月。

桓無王，其曰王何也？既謹其始，必正其終也。

公會齊侯于濼。濼，朴洛三音。

曷爲不言公及夫人？據公及夫人會齊侯于陽穀。如齊，夫人之志也。濼，非夫人之志也。

公與夫人姜氏遂如齊。

曰與、曰遂，繼事之辭也。會不言公及夫人，則如齊曷爲以繼事之辭言之？會，公之志也；如齊，非公之志也。見公制在夫人，而不能自克以及其身也。

夏四月丙子，公薨于齊。

《左氏傳》曰：「公會齊侯于濼，遂及文姜如齊。齊侯通焉，公謫之，以告。夏四月丙子，享公。使公子彭生乘公，公薨于車。」杜元凱曰：「彭生多力，拉公幹而殺之。」《公羊傳》曰：「夫人與弒公也。」《穀梁傳》曰：「其地，於外也。」據隱弒不地。

丁酉，公之喪至自齊。

秋七月。

冬十有二月己丑，葬我君桓公。

歲首必書王月，桓曷爲無王？見伯者之所由興也。伯者之興，則何以於桓見之？諸侯無王，莫甚於桓之世也。桓弑隱，督弑宋公，陳佗殺太子而立，鄭突簒其君兄。宋、鄭之亂，諸侯不能討，又從而利之，而皆不事天子。不王之罪，莫斯爲甚矣，而未至於無王也。鄭莊不臣，繻葛之戰，三綱絶矣，而諸侯不爲變，則天下遂至於無王矣。於是齊滅王后之家，合四國以抗王師而納衛朔。人心無所底止，而後天下伯者興焉。夫伯者之事，自古以來未之有也。《春秋》辨實之際，明伯者之興，實由諸侯之無王，故於桓公之策略不書王，而齊桓、晉文有事諸侯悉書之，以深絶不臣之諸侯也。然則桓之不終無王何也？元年者，是君之始；十八年者，是君之終。不以無王之罪蔽於一國也。二年，當宋公之殺，不以無王之罪蔽於一人也。十年，當曹伯之卒，不使是君不得正其終也。五年，陳侯卒，不與正者，陳侯之卒日疑也。甲戌、己丑非必皆正月之日，則陳侯實卒日不可知，故不與正也。據《長曆》，甲戌，前年十二月二十一日；己丑，此年正月十六日。《大衍曆》，甲戌，正月二十一日；己丑，二月六日。桓之盟何以皆日？其會何以皆月？異桓事也。桓，弑君者也。《春秋》存策書之大體，内大惡諱之，而無以正其罪，則是《春秋》之作，徒以私夫魯而已也。是故《春秋》辭有内外，而法無不行。辭有内外，故内大惡諱者，一國之私也。法無不行，則日月之例一以施之者，天下之公也。雖然，《春秋》爲亂臣賊子作也，而法之一施乎内者，於弑立無辨焉，是内之弑其君者，獨見釋於《春秋》也，將何以示天下？故桓之盟會，日月皆從其恒辭以異之，而桓罪著矣。《春秋》不徒諱内惡，而亂臣賊子無留獄矣。崔子方氏曰：「《春秋》賤桓，於桓之事無譏，蓋曰桓弟弑兄、臣弑君而立乎其位。此其大者不治，則其餘無足譏焉耳。」

春秋集傳卷第三

新安東山趙汸輯

莊公

元年春，王正月。

《穀梁傳》曰：「繼弒君不言即位，正也。先君不以其道終，則子不忍即位也。」

三月，夫人孫于齊。孫音遜。

夫人何以不稱姜氏？蒙上文也。《春秋》一事而再見者，蒙上文。夫人與弒公，而史不著其罪。於是始還于魯，據傳言文姜出。《史記》亦言夫人因留齊不敢歸。而父兄百官衆怒群誚，責以桓公見弒之由、朞歲留齊之故，而孫于齊，故變其恒辭，蒙上文以見義也。曰「公與夫人姜氏如齊」，「公薨于齊」，「公之喪至自齊」，「夫人孫于齊」，夫人與弒之罪不可掩矣。夫人還，則何以不致？據出姜書至。絶之也。夫人與弒公，不可入于宗廟。《左氏傳》曰：「絶不爲親，禮也。」是故孫復還不致，終其身有踰竟之事皆不致也。然則子可以絶母乎？國君之行，與匹夫異。有明天子，則齊侯與魯不並立於天下，而夫人不得入于宗廟。夫人不得入于宗廟，則其子將不得爲社稷宗廟主。故絶夫人者，所以全莊公也。趙伯循曰：「《檀弓》曰：『不爲伋也妻者，是不爲白也母。』姜氏有與弑之嫌，子不得以爲母，臣不得以爲君。」劉侍讀曰：「宋襄之母獲罪於君，歸其父母之國。及襄公即位，欲一見之而義不可得，作《河廣》之詩以自悲。母子至親而不得不絶者，義也。」張主一曰：「文姜之罪，上通於天。絶之，所以尊社稷而重本也。」《公羊傳》曰：「内諱奔謂之孫，猶遜也。」公大夫奔，日。例此，月者，有罪也。

夏，單伯逆王姬。單音善。

單伯者，天子之大夫也。曷爲書之如吾大夫？内辭也。《陳氏傳》曰：「惟王人則以内辭書之。書會、書至、書卒，十四年單伯會伐宋，文十四自齊，文三年王子虎卒，定四年劉卷卒。一如吾大夫，内之也。」其言逆王姬何？《公羊傳》曰：「使我主之也。」天子嫁女于諸侯，必使諸侯同姓者主之。諸侯嫁女于大夫，必使大夫同姓者主之。送王姬不書，據齊桓共姬不書送。此何以書？以吾斬焉衰絰之中，而使爲讎人昏主，故書之，略恒以明變也。《穀梁傳》曰：「君躬弑於齊，使之主昏姻，與齊爲禮，其義固不可受也。」杜元凱曰：「王姬不稱字，尊王且別於内女也。」

秋，築王姬之館于外。

築王姬之館于外，非禮也。古者天子適諸侯，必舍於其祖廟。主王姬者，亦將即廟以成禮焉。館王姬于廟，禮也。于外，非禮也。齊、魯方讎，天子使魯主齊昏，齊侯弑人君父，又將親迎於人國都，以禮接於其廟，雖鳥獸，其中豈無所忌哉？於是要魯爲築館于外，而後親迎焉，是齊侯意也。曰在喪改築，爲禮之變者，爲之辭也。王姬以夏至魯，而秋方築館，改築非禮明矣。踰三時乃歸于齊，以齊侯有忌于中，而親迎之不時也。

冬十月乙亥，陳侯林卒。

王使榮叔來錫桓公命。

錫命者，策命之也。來錫命，非禮也。其言桓公，追命也。王曷爲不稱天？異其事也。桓公弑君而立，天子不能討，於是使魯爲王姬主昏，乃追命其先君以寵之，是無人紀也。於失禮之中又甚焉。故王不稱天。稱天，則疑於錫命文公。

王姬歸于齊。

王姬歸于齊，何以書？據宋成夫人王姬不書歸。《公羊傳》曰：「我主之也。」我主之則何以書？存策書之大體也。不月，別内女也。何休氏曰：「魯主女，爲父母道，故恩録而書之。」不月者，探人情以制恩也。」何以不書來逆？親迎也。《穀梁傳》曰：「親迎，恒事也，不志。」

齊師遷紀郱、鄑、郚。

徙其民取其地曰遷。以其師遷脅之也。不書其地，分背之非一處也。《公羊傳》曰：「遷之者何？取之也。外取邑不書，此何以書？自是始滅也。」

二年春，王二月，葬陳莊公。

夏，公子慶父帥師伐於餘丘。

秋七月，齊王姬卒。

王姬卒何以書？據齊桓王姬不書卒。《陳氏傳》曰：「以吾嘗爲之服也。然則《禮》與？《記》曰：『齊告姬之喪，魯莊公爲之大功。或曰猶魯嫁，故爲之服姊妹之服。或曰外祖母也，故爲之服。』或之者，疑之，則禮未之有也。禮未之有而以意起之，施諸不共戴天之讎，莊公不可爲人子矣。」

冬十有二月。

爲下事月也。據夫人會防不月著例。

夫人姜氏會齊侯于禚。禚音灼。齊地。

《穀梁傳》曰：「婦人既嫁，不踰竟。踰竟，非正也。婦人不言會。言會，非正也。」《左氏傳》曰：「書，姦也。」高抑崇曰：「莊公幼，故夫人得托國事而出會也。」

乙酉，宋公馮卒。馮音憑。

三年春，王正月，溺會齊師伐衛。

《公羊傳》曰：「溺者何？吾大夫之未命者也。」孫明復曰：「朔在齊，故溺會伐衛，謀納朔也。」內大夫會伐不月，此月者，何休氏曰：「天子新立衛公子，齊、魯無憚天子之心而伐之，明惡重於伐，故月也。」《穀梁傳》曰：「會仇讎而伐同姓也。」

夏四月，葬宋莊公。

五月，葬桓王。

七年乃葬也。《穀梁傳》曰：「或曰卻尸以求諸侯。舉天下而葬一人，危不得葬也。」

秋，紀季以酅入于齊。

紀季者，紀侯之弟也。酅，紀邑也。《穀梁傳》曰：「入于齊者，以酅事齊也。」《公羊傳》曰：「魯子曰：『請後五廟以存姑姊妹。』」《陳氏傳》曰：「季以酅入齊，紀侯意也。齊自桓之始年挾鄭以圖紀。黄之會，魯爲之求成，不得免焉。遷郱、鄑、郚，紀之不絶也如綫。季以酅入齊，紀於是乎始判，是分國以與之也。齊人之所欲者，吾土地也。分國以與之，苟可以免紀者，無不爲也。是紀侯意也。」

冬，公次于滑。鄭地。

次者，止舍之名。無成事則書之。《左氏傳》曰：「將會鄭伯，紀故也，鄭伯辭以難。」

四年春，王二月，夫人姜氏享齊侯于祝丘。魯地。

享，食也，享大牢以飲賓也。古者兩君相見，則設享禮于廟中。高抑崇曰：「禮，姑姊妹已嫁而反，兄弟不與同席而坐，況用兩君相見之禮乎？然亦爲之名而已。名爲紀故，而實乃行其私也。」張主一曰：「文姜之行，魯人習之三十餘年，卒至子般、閔公荐弑而後止。」

三月，紀伯姬卒。

外夫人何以卒？《穀梁傳》曰：「吾女也。適諸侯則尊同，以吾爲之變，卒之也。」何休氏曰：「天子諸侯絶朞，大夫絶緦。天子惟女之適二王後者，諸侯惟女之爲諸侯夫人者，恩得申，故卒之。」内女卒日，此何以不日？國將亡，禮不備也。

夏，齊侯、陳侯、鄭伯遇于垂。

外相遇何以書？爲紀侯去國言故也。次于滑，公將謀紀于鄭，而鄭伯不至。於是鄭伯特要陳侯，遇齊侯，請存紀之社稷，使紀侯得脱身而去之。故垂之遇，鄭伯爲之也。《陳氏傳》曰：「自參以上，非邦交之舊矣。」

紀侯大去其國。

此奔也。曷爲不言奔？修《春秋》之特筆也。諸侯失國恒書奔，位未絶也。苟被兵而出則不書，譏不在奔也。必國滅而奔然後書，以不死社稷也。齊之圖紀久矣，紀侯知必不得免，委而去之，近智。以國委季，不殘其民，近仁。五廟有奉，可以毋死，近義。如是而與奔君同辭，則溢罰矣。故書曰「去其國」，而所托之國不書。凡諸侯之托於諸侯，以其國可圖興復也。苟志不在復歸，力不足以爲援，則不書可也。《陳氏傳》曰：「不書者，不以奔罪加紀侯也。其不以奔罪加紀侯何？罪齊也。黄之會，魯爲之求成，不得免焉。遷郱、鄑、郚，紀之不絶如綫也。紀季以酅入齊，猶不得免焉，則有去而已矣。失國如紀侯，庶幾有辭焉。故不以奔罪加紀侯也。」程子曰：「大名也。」吴先生曰：「紀侯去其國，而紀遂亡，故名之。」

六月乙丑，齊侯葬紀伯姬。

外夫人葬不日，據葬宋共姬。此何以日？異其事也。國亡而葬於仇人，故異之。以不日爲恒，則日爲變也。《陳氏傳》曰：「内女不葬，必有故也，而後書葬。伯姬在殯，齊人取其國而葬伯姬，於是特書葬，不以往會也。是故苟宜書葬，雖不往會，書之。陳哀公在殯，楚師滅陳，輿嬖袁克葬之，書曰『葬陳哀公』。苟不宜書，雖往會不書。楚葬康王，襄公及陳侯、鄭伯、許男送葬至於西門之外，不書，皆魯史之變例也。」

秋七月。

冬，公及齊人狩于禚。

《穀梁傳》曰：「齊人者，齊侯也。其曰人，何也？不復讎而怨不釋，刺釋怨也。」《公羊傳》曰：「公曷爲與微者狩？齊侯也。齊侯則稱人何？諱與讎狩也。讎者無時，焉可與通？」薛士隆曰：「齊人則何以知其爲齊君？狩，遊田之事也。遊田微者則君曷爲與之會？君會之，非微者也。」

五年春，王正月。

夏，夫人姜氏如齊師。

高抑崇曰：「不言地者，次止無常也。」

秋，郳犂來來朝。

《穀梁傳》曰：「郳，國也。犂來，微國之君，未爵命者也。」

冬，公會齊人、宋人、陳人、蔡人伐衛。

是齊侯、宋公也。本《穀梁傳》。其曰人，何也？公與仇人接，《春秋》終諱之。其人宋公何也？以其人齊侯，不可不人宋公也。《公羊傳》曰：「此伐衛何？納朔也。」《穀梁傳》曰：「逆天王之命也。」

《陳氏傳》曰：「其不言納何？據頓子、北燕伯。以朔入爲重也。入不書納，是故伐鄭納突，伐衛納朔，書入而已矣。」

六年春，王正月，王人子突救衛。

此微者也，曷爲稱人又稱字？修《春秋》之特筆也。王人曷爲救衛？欲固黔牟而拒朔也。衛侯朔有罪，衛人出朔立黔牟，有王命矣。而五國伐衛以納朔。《春秋》於王人救衛，苟從其恒稱，則正不正何以辨焉？故王人不得稱字，而特稱字以尊之，明以正也。凡救不月，雖吾君會伯主救與國不月。成七救鄭，襄五救陳。於是特書月，謹其事也。《穀梁傳》曰：「善救衛也。救者善，則伐者不正矣。」孔穎達曰：「稱人，從其班。稱字，有爲也。惡諸侯逆王命，故尊王人而稱字，以責諸侯也。」《陳氏傳》曰：「救衛無功，而後王命益不行於天下。」隱、桓之諸侯會盟侵伐，徒以定篡弒也。衛州吁之亂，會者五國。宋督之亂，會者四國。袲之會伐鄭以立突，於是伐衛以立朔也。以王人將而救衛，救衛而克，則是天子猶得廢置諸侯矣。天子猶得廢置諸侯，《春秋》可以無作，而朔終以自立。故曰「救衛無功，而後王命益不行於天下」。

夏六月，衛侯朔入于衛。

《穀梁傳》曰：「入者，内弗受也。何用弗受也？爲以王命絶之也。」

秋，公至自伐衛。

公會外大夫伐，不致。據莊二十六年會伐徐。此何以致？非大夫也。人諸侯以示義，則致公以見實也。

螟。

冬，齊人來歸衛俘。

孫明復曰：「此衛寶也。言齊人歸之者，齊主兵伐衛，故衛寶先入于齊也。」胡侍講曰：「《商書》：『俘厥寶玉。』」《左氏傳》曰：「文姜請之也。」

七年春，夫人姜氏會齊侯于防。魯地。

夏四月辛卯，夜，恒星不見。夜中，星隕如雨。

《穀梁傳》曰：「恒星者，經星也。」《左氏傳》曰：「恒星不見，夜明也。」《公羊傳》曰：「列星不見，則何以知夜之中？星反也。如雨者，非雨也。非雨則曷爲謂之如雨？不修《春秋》曰『雨星不及地尺而復』，君子修之曰『星隕如雨』。記異也。」吴先生曰：「恒星爲有名之經星，星謂無名之衆星。恒星不見者，夜明如晝故也。大星之恒見者不見，則小星之無名者亦無也。隕謂自天而隕，没於半空而不至地。其所隕者，星之光魄也。如雨，言衆多，不可爲數也。小星之無名者隕，則大星之恒見者自若也。」戴溪氏曰：「天者，積氣所爲，日月星辰麗焉。星隕之多，氣消散也。」張主一曰：「蓋王運將終。自此，堯、舜、禹、湯、文、武、周公之紀綱法度掃滅盡矣。」

秋，大水。

《穀梁傳》曰：「高下有水災，曰大水。」

無麥苗。

《穀梁傳》曰：「無麥苗，麥苗同時也。」

冬，夫人姜氏會齊侯于穀。齊地。

趙伯循曰：「姜氏、齊侯之惡著矣，亦所以病莊公也。曰子可以制母乎？夫死從子，通乎其下，况國君乎？君人者，人神之主，風化之本也。不能正家，如正國何！若莊公者，哀痛以思父，誠敬以事母，威刑以督下，車馬僕從，莫不俟命。夫人徒往乎？夫人之往也，則莊公威命不行，誠敬之不至耳。」家鉉翁氏曰：「當是時，莊公以童稚之年，挾强齊之援，臨制其臣民，雖欲防閑其母，其道無繇矣。」張主一曰：「《敝笱》《載驅》録於《齊風》，尚論其世，與衛之《鶉之奔奔》《牆有茨》諸篇，皆一時之事也。魯、衛，先王之後，而婦行放逸，同播其惡於萬民。夫子曰：『魯、衛之政，兄弟也。』蓋不特周公、康叔之盛，而其世衰俗末，政之陵夷，亦相似也。其後慶父弑君亂國，與衛滅同時。《詩》《春秋》之旨，蓋相爲表裏也。」

八年春，王正月，師次于郎以俟陳人、蔡人。

此吾君將也，據傳公子慶父請伐齊師。何以稱師？諱之也。莊之會齊，《春秋》終諱之。於是將會齊圍郕，故出入皆稱師，變文以示義也。次不言俟，其言俟何？俟人而人不至也。俟者，有會期也。以千乘之君，陳師出次以期乎人，而不至，是亦可以反其本矣。

甲午，治兵。

治兵，書不時也。《周官·大司馬》：「因秋獮治兵以教戰。」常事也，史不書。於是侯陳、蔡，而陳、蔡不至，歸而治兵以示武，故書之。

夏，師及齊師圍郕，郕降于齊師。

秋，師還。

曰師還何？據師救齊不書還。諱言公則不致也。不致曷爲猶書師還？民爲重也。

冬十有一月癸未，齊無知弒其君諸兒。

無知，公孫也。不曰公孫，未命也。《陳氏傳》曰：「弒君者連稱、管至父，則其專罪無知何？君弒而無知受之，則賊不在二子矣。《春秋》誅利心，是故連稱、管至父實弒齊襄，無知與聞故者也。而無知受之，則無知爲逆首。公子棄疾實弒楚靈，比與聞故者也，而比受之，❶則比爲逆首。苟以爲利，則萬乘之國弒其君者必千乘之家，千乘之國弒其君者必百乘之家。此孟子所以深探其本而遏亂原也。」

九年春，齊人殺無知。

《陳氏傳》曰：「無知嘗踰年，則其曰『齊人殺無知』何？是不成君之辭也。何也？州吁之弒，衛人爲之變，不踰年卒討之。今也無知之弒，齊人亦爲之變，踰年卒討之。是國有臣子也。春秋之初，

❶「比」，原作「此」，今據金曰鏞本、四庫本改。

王道猶未墜，人心猶止於禮義也。以齊襄之不道，詩人屢致意焉，冀幸一悟，而長惡不已，至於遇弒。然不忘討賊之義，故曰『國猶有臣子也』。」

公及齊大夫盟于蔇。蔇音器。魯地。

大夫曷爲不名？稱大夫則不名也。凡稱大夫皆不名，名則不曰大夫，必殺而後兼稱之。公曷爲與大夫盟？《左氏傳》曰：「齊無君也。」《穀梁傳》曰：「大夫不名，無君也。盟，納子糾也。」不月，《公》《穀》無不月例，但言不日，今正之。其盟渝也。初，襄公立無常。鮑叔牙曰：「亂將作矣。」奉公子小白奔莒。亂作，管夷吾、召忽奉公子糾來奔。二公子在國皆有黨，而小白有國、高以爲內主，有莒、衛以爲外主。昭十三年《傳》文。盟于蔇者，子糾之黨來逆子糾也。國、高已使人逆小白于莒而立之，本《齊世家》。既而伐齊，我師敗績，齊人殺子糾。是盟無能爲，故不月以異之。盟者有三：日爲詳，不日爲略，則不月爲異也。

夏，伐齊，納子糾。

內師加大國但言侵，此其言伐何？納所宜納也。嗣君在喪，曰子糾，亡公子也。曷爲以在喪之號稱之？修《春秋》之辭也。禮，立適以長，立子以貴，子以母貴也。糾，魯出也；小白，衛出也。本《史記》。魯出宜貴矣。糾，兄也。小白，弟也。本《荀子》《史記》，惟薄昭與《淮南王書》言桓公殺弟，蓋有所避。時文帝於淮南爲兄。糾貴而又爲兄，則糾宜立者也。魯納之，正也。《春秋》之法，納所宜納，不書。於是伐齊納糾，徒以策書大體存，則正不正何以辨焉？是故正其在喪之稱，明其宜立，以別於外納不正而後書者，此特筆之義也。《公羊傳》曰：「其稱子何？貴也。其貴奈何？宜爲君者也。」《陳氏傳》曰：「成糾之爲子也，則糾宜立者也。」

齊小白入于齊。

小白繫齊，録外之辭也。《春秋》外辭必繫國，不繫國者，一事而蒙上文也。據納糾繫齊。若公伐齊、納子糾，一事也；齊小白入于齊，又一事也。二事則不得以後事蒙前事，故更端而繫之齊也。《穀梁傳》曰：「齊人殺無知而迎公子糾於魯，公子小白不讓公子糾，先入，又殺之于魯，故曰『齊小白入于齊』，惡之也。」

秋七月丁酉，葬齊襄公。

齊人立小白而後葬也。

八月庚申，及齊師戰于乾時，我師敗績。乾音干。乾時，齊地。

此公戰也，曷爲不言公？一事而再見，蒙上文也。內師不言敗績，據僖二十二年升陘。此其言敗績何？內不言敗績，諱也。齊無君，公奉正以伐不正，戰焉，我師敗績，非所諱也。

九月，齊人取子糾殺之。

魯殺糾也，則其曰「齊人取子糾殺之」何？《公羊傳》曰：「內辭也。脅我使我殺之也。」《陳氏傳》曰：「罪小白也。」魯受命於齊而殺子糾，則其罪小白何？《春秋》之法，兩下相殺不書。雖世子也，苟未嗣位殺之，亦不書。襄公弑，國人討無知，糾自魯入，小白自莒入，未知其誰立也。小白得國而使鮑叔帥師臨魯以殺糾，則是以千乘之國殺其兄焉耳。《穀梁傳》曰：「外不言取。言取，病內也。取，易辭也。以千乘之魯而不能存子糾，以公爲病矣。」

冬，浚洙。浚音峻。

《公羊傳》曰：「浚之者，深之也。曷爲深之？畏齊也。」

十年春，王正月，公敗齊師于長勺。魯地。

於是齊師伐我，公及齊師戰，齊師敗績。則其但言敗之何？略言之也。《春秋》言戰不言伐，義不繫於伐也。僖十五年韓，文二年彭衙之類。苟亟戰，則不言及，通前役一譏之也。文七年令狐，十二年河曲。齊既敗魯乾時，即遣其大夫帥師臨魯脅殺子糾，猶不釋于魯，又乘其再克以伐之，不已亟乎！故略其主客恒辭，但書敗齊師，譏不在魯也。內敗外師，日。據隱十年菅，後十一年鄑。略之，則不日也。

二月，公侵宋。

宋合於齊，侵宋，所以撓齊也。內師加大國恒言侵，何也？惡其不度德量力而興戎搆亂，故變其文以譏之也。

三月，宋人遷宿。

《穀梁傳》曰：「遷，亡辭也。其不地，宿不復見也。遷者，猶未失其國家以往者也。」《公羊傳》曰：「遷者，其意也；遷之者，非其意也。」

夏六月，齊師、宋師次于郎。

外次不書。據襄元年晉侯、衛侯次于戚之類。必有關於天下之故而後書。桓公既得國，即圖伯。宋既從，次當服魯。魯未服，於是見伐。《春秋》没其伐我，而郎之次特書之，則有關於天下之故矣。

公敗宋師于乘丘。乘，去聲，魯地。

公及宋戰矣，據《檀弓》。則其但言敗之何？略言也。桓公宿師于郎，將以求成於魯也。而魯以子糾故，不容遽絀於齊。桓公不能釋魯以爲後圖，而迫之已甚，故略之。但言宋師而不日，譏不在魯也。

秋九月，荆敗蔡師于莘，以蔡侯獻舞歸。

荆者楚也，其以號舉何？無君臣之辭也。荆本周子男之國，則曷爲無君臣？惡其以淫名聞于天子，不可通於諸侯，故不與以君臣之稱也。《穀梁傳》曰：「狄之也。」此戰也，不言戰，獲也。不言獲，修《春秋》之變文也。國君生得曰獲，死曰滅，大夫生死皆曰獲。《春秋》謹華夷之辨，故略其主客恒辭，變獲言「以歸」，不使與諸侯戰獲同文也。《公羊傳》曰：「不言其獲，不與夷狄之獲中國也。」蔡侯何以名？不復國也。滕子嬰齊、戎蠻子赤，皆不復國者也。《陳氏傳》曰：「夷狄交相敗不書。據僖二年號公敗戎于桑田，僖八年晉敗狄于采桑之類。必敗中國也而後書。《春秋》爲夷夏而作，荆敗蔡師，以蔡侯獻舞歸，是夷夏之大變也。是故書荆自此始，而春秋以吴終焉，聖人之所甚懼也。」

冬十月，齊師滅譚，譚子奔莒。

齊方圖伯，則其滅譚何？桓公不能以義屬諸侯也。桓公欲合諸侯，而再不得志於魯。不思德之不修，而患力之不足，姑務廣其土以衆其民，於是滅譚，又滅遂也。邵子曰：「《春秋》功過不相掩。五伯者，功之首，罪之魁也。先定伯者之功罪，而學《春秋》則大意立矣。」

十有一年春，王正月。

夏五月戊寅，公敗宋師于鄑。

其日，甚之也。再敗之，爲已甚矣。

秋，宋大水。

冬，王姬歸于齊。

不書來逆，親迎也。《左氏傳》曰：「齊侯來逆共姬。」

十有二年春，王三月，紀叔姬歸于酅。

叔姬歸寧，曷爲不言來？以歸見義也。酅音攜。其言歸于酅何？婦人謂嫁曰歸，來寧而反國曰歸，據隱十五年鄫季姬。婦人從一之義也。紀侯去國卒于外，而叔姬歸于酅以待終，得從一之義，故書其歸也。家鉉翁氏曰：「紀侯雖死於他國，亦當附于酅廟以從其祖，故叔姬歸于酅也。」

夏四月。

秋八月甲午，宋萬弒其君捷及其大夫仇牧。

萬，宋大夫未賜族者。《穀梁傳》曰：「萬，宋之卑者也。及其大夫仇牧，以尊及卑也。仇牧，閑也。」

冬十月，宋萬出奔陳。

大夫出奔不月，此其月何？佚賊也。於是宋人請萬于陳，以賂，卒殺之。不書，蔽罪於陳也。弒君之賊，無所逃於天地之閒者也，其誰可受之？天下有無君之國而後可也。而陳人受之以爲利，陳爲無君之國矣。是故王人卒殺子朝于楚，不書，蔽罪于楚也。

十有三年春，齊侯、宋人、陳人、蔡人、邾人會于北杏。杏，户猛反。

齊初主會也。大夫不名，尊齊侯也。據襄八年邢丘傳例。《陳氏傳》曰：「將予齊以伯也。自是無特相會者矣。」

夏六月，齊人滅遂。

秋七月。

冬，公會齊侯盟于柯。柯音哥。

始及齊平也。不月，據桓盟不月。我無信也。桓公所以汲汲於魯者，非徒以釋怨求成也。而公曷爲與之盟？公與之盟，則將從桓公於盟會矣。鄄之會，宋、陳、衛、鄭之君皆在，而公不與。幽之盟，以微者行，於是有西鄙之伐，故不月以異之也。公何以不致？《穀梁傳》曰：「致君者，殆其往而喜其反者也。桓會不致，安之也。」

十有四年春，齊人、陳人、曹人伐宋。

宋人背北杏之會也。

夏，單伯會伐宋。

單伯，周大夫也。桓公所仗以圖諸侯者，宋也。閔公弑，桓爲北杏之會以平宋，而宋首背之，豈以桓非受命之伯，故諸侯有未安其令者乎？於是齊請師于天子以伐宋，而單伯會之，假王命以合諸侯也。《陳氏傳》曰：「春秋之初，王室猶甚威重也。衛之定州吁也，紀之求成於齊也，皆欲假寵於王。齊桓之興，亦必請王師而後專伐。自伯者之令行，天下諸侯不復知有王矣。」

秋七月，荆入蔡。

蔡侯在楚，而蔡人會齊侯于北杏，荆所以入蔡也。楚强甚矣，而中國之勢未合，蔡遂服從於楚。自是終桓之世，不與中國會盟。

冬，單伯會齊侯、宋公、衛侯、鄭伯于鄄。鄄音絹。

其曰單伯會之何？王人以内辭書也。桓公請王師以伐宋，宋既服，遂假王命以長諸侯。故單伯會諸侯于鄄，初命齊以伯也。

十有五年春，齊侯、宋公、陳侯、衛侯、鄭伯會于鄄。

其復會何？單伯既還，桓公始自以方伯之禮會諸侯也。《左氏傳》曰：「春復會焉，齊始伯也。」蓋《春秋》予齊以伯於是始。然是時魯未至，鄭復叛，諸侯之從齊未有能堅決者也，則其予之何？諸侯無王久矣。漢陽諸姬，楚實盡之。蔡既折而入楚，鄭厲公失國亦自通于楚，中國一日不可無伯矣。諸侯知有伯之厲已，而不圖天下之危亡，諸侯之私也。《春秋》撥亂世，反之正，莫先於攘夷狄、安中國，以爲非桓公莫能任其事者。故單伯會伐宋，會諸侯于鄄，既以策書大體存，桓公有事諸侯，悉書之，天下之公也。《春秋》存策書之大體，則莊王、僖王崩葬何以不書？《春秋》之予齊，不徒以其名也。予之以其名者，所以責其實也。朝覲不歸，獄訟不至，以一人焉弔喪，以一人焉送葬，以爲事天子之常。東遷諸侯，斯以爲無王也。桓公既伯，令諸侯十二歲一同盟，三歲而聘，五歲而朝，此何禮也？而其所以事天子者，亦惟一人焉弔喪，一人焉送葬以爲常。王室之賴於伯者如斯而已乎！上無天子，下無方伯，桓公假天子之命以統諸侯，而不率諸侯以事天子。朝覲會同，天子之事也，桓公何爲用之？如是而《春秋》不爲之變，則《春秋》徒曰桓、文而已矣。莊王崩，會于北杏之前年也；僖王崩，同盟于幽之次年也。是王伯始終之際也。《春秋》存策書之大體，而二王崩葬不書，以爲東周之大變也。此《春秋》所由作也。

夏，夫人姜氏如齊。

以國事行也。或曰求婦也。

秋，宋人、齊人、邾人伐郳。郳音霓。

宋故也。齊伯矣，曷爲先宋？大夫自以其班也。

鄭人侵宋。

背鄄之會也。鄭厲公嘗自通于楚矣，其入國也，不告於楚，而又不誠服於齊，中立以觀釁也。

冬十月。

十有六年春，王正月。

夏，宋人、齊人、衛人伐鄭。

秋，荆伐鄭。

楚與中國争鄭於是始。

冬十有二月，會齊侯、宋公、陳侯、衛侯、鄭伯、許男、滑伯、滕子同盟于幽。

言會，魯會之。不書其人，微者也。齊先宋，主會也。則許男何以先滑伯？《公羊傳》曰：「其序則主會爲之。」蓋伯以其愛惡進退而易周班，不惟此也。曰同盟何？伯者所以一諸侯之心也。古者天子巡守，諸侯會于方岳之下，則有盟。桓公合諸侯以創伯，故假會盟方岳之義而稱同盟，以一諸侯之心也。《左氏傳》曰：「同盟于幽，鄭成也。」自幽而後，凡爲諸侯之叛服而盟，則稱同；其不爲諸侯叛服而盟者，不稱同也。葉少藴曰：「《周官》：『時見曰會，殷見曰同。』時會以嚴四方之禁，殷同以施天下之政。若有征伐以討不庭，則王命方伯連帥，而諸侯從焉，此之謂『時會』。王十二歲一巡守，諸侯會于方岳之下而受命；王不巡守，則合諸侯受命於王國，此之謂『殷同』。齊侯圖伯，諸侯從之者衆，故假殷同之禮而行之，故再盟于幽，歷十有二年。」《陳氏傳》曰：「諸侯初至盟也。自是無特相盟者矣。」《公羊傳》曰：「桓之盟不日，其會不致，信之也。」

邾子克卒。

邾儀父也。杜元凱曰：「稱子者，蓋齊桓請王命以爲諸侯也。」

十有七年春，齊人執鄭詹。

詹，鄭大夫未賜族者。不稱行人，使也。桓公合諸侯同盟于幽，將班政也。而鄭於朝聘數有難焉者，故齊人以伯令召其大夫而執之。

夏，齊人殲于遂。殲音尖。

《穀梁傳》曰：「殲者，盡也。然則何爲不言遂人盡齊人也？無遂之辭也。」許韓氏曰：「齊師滅譚，譚子奔莒，其君不詘也。齊人滅遂，齊人殲于遂，其民不歸也。」孟子謂：「伯者以力服人，非心服也，力不贍也。」

秋，鄭詹自齊逃來。

外逃不書，據宣十七年高固、襄十六年高厚。逃來何以書？據來奔有不書。以病齊也。詹以大夫見執，苟宜受命，專之可也。而踰三時終不服，則伯國新令必有不即乎人心者矣。齊知不能詘，而緩之使逃，蓋以力服人者，力有時而窮也。

冬，多麋。麋音眉。

何休氏曰：「以多爲異也。」

十有八年春，王三月，日有食之。

不言日，不言朔，日與月差也。《公羊傳》曰：「朔在後也。」何休氏曰：「謂晦日食。」

夏，公追戎于濟西。

戎不言來追，不言弗及，略夷狄也。據僖二十六年齊人侵我，公追齊師弗及，悉書。

秋，有蜮。蜮音或，《廣韻》音域。

《穀梁傳》曰：「一有一亡曰有。蜮，射人者也。」《公羊傳》曰：「記異也。」

冬十月。

十有九年春，王正月。

夏四月。

秋，公子結媵陳人之婦于鄄，遂及齊侯、宋公盟。媵音盈，又剩。

媵者，送女使從適也。禮，諸侯卿大夫取，則同姓媵之。鄄，其從適之地也。《公羊傳》曰：「媵不書，爲其有遂事書。大夫無遂事，此其言遂何？大夫受命不受辭，出竟有可以安社稷利國家者，則專之可也。」何休氏曰：「鄄、幽之會，公比不至。公子結出竟，遭齊、宋欲伐魯，故矯君命而與之盟，除國家之難也。先書地後書盟者，明出竟乃得專之也。不月者，據内大夫參盟諸侯月。國家後背結之約，非結不信也。」《穀梁傳》曰：「其曰陳人之婦，略之也。其不月，《公》《穀》無不月例。説在九年。數渝，惡之也。」

夫人姜氏如莒。

冬，齊人、宋人、陳人伐我西鄙。

此在鄄之師也。公子結之盟齊侯爲緩師，而公不從，故卒見伐也。時王室亂，衛侯朔叛王，與燕人納子頹。齊侯方伯也，不能勤王而汲汲於服魯，以不得魯則不敢失衛也。齊侯見義不爲，而諸侯是急。以是圖伯，無惑乎糾合之難也。

二十年春，王二月，夫人姜氏如莒。

夏，齊大災。

秋七月。

冬，齊人伐戎。

二十有一年春，王正月。

夏五月辛酉，鄭伯突卒。

秋七月戊戌，夫人姜氏薨。

冬十有二月，葬鄭厲公。

二十有二年春，王正月，肆大眚。

肆，放也，謂赦宥也。眚，過也。胡侍講曰：「肆大眚，譏失刑也。大眚皆肆，則虧國典，縱有罪，虐無辜，惡人幸以免矣。」

癸丑，葬我小君文姜。

陳人殺其公子御寇。

殺非大夫公子，史不書，據傳，晉殺丕鄭及七輿大夫，楚殺宜申之類。以微者名氏不登于策也。苟公子也，以討亂殺之，則不書。本陳氏，據莊十二宋殺子游，文十四楚殺子燮、子儀，成十宋殺圍龜。甚者殺世子母弟亦不書。據僖十六鄭殺子華，文十八宋殺母弟須。以君父討子弟而當其罪，雖專殺無以議爲也。必殺之非其罪也而後書。御寇則何以書？觀其書人以殺，與討亂同文。又公子完爲御寇之黨，而不書其奔，則是以亂討而非其罪者也。左氏謂御寇爲陳太子，蓋見絀於其君，而國人得以非罪加之爾。至若大夫，則殺之雖當其罪，猶以專殺書之。《穀梁傳》曰：「言公子而不言大夫，公子未命爲大夫也。其曰公子何也？公子之重視大夫。」《陳氏傳》曰：「稱人，討辭也。據晉殺先都、士穀、箕鄭父，陳殺公子過之類。非殺有罪也而亦稱人，猶曰『衆人殺之』云爾。」胡侍講曰：「國亂無政，衆人擅殺，而不出於其君也。」

夏五月。

五月非時首，何以書？史爲繫事書也。《春秋》不書其事猶存其月者，備一時也。然不改爲四月者，明其文則史也。

秋七月丙申，及齊高傒盟于防。

《公羊傳》曰：「高傒，貴大夫。曷爲就吾微者盟？公也。曷爲不言公？諱與大夫盟也。」《穀梁傳》曰：「不言公，高傒伉也。」范甯氏曰：「書日，則公盟也。」

冬，公如齊納幣。

莊公志不在於從伯，而欲繼其世昏。恥於朝齊，而假他事以往，非有公天下之心也，亦以其私而已。《穀梁傳》曰：「納幣，大夫之事也。公之親納幣，非禮也。」杜元凱曰：「母喪未再朞而圖昏也。」家鉉翁氏曰：「納幣者，齊襄之女也。其何以奉粢盛、入先君之廟乎！」

二十有三年春，❶公至自齊。

終莊公之世，僅三如齊，皆致，此誤明矣。

祭叔來聘。

祭叔者，祭公之弟。來聘，爲祭公使也。何以不稱使？王臣無外交，禮之所不得言也。《陳氏傳》曰：「聘未有不稱使者，其不稱使何？私相爲好也。自桓之中年，王室無聘魯者，於是祭叔私相爲好也。」

夏，公如齊觀社。

《公羊傳》曰：「諸侯越竟觀社，非禮也。」《外傳》曰：「莊公如齊觀社。曹劌諫曰：『不可。夫禮，所以正民也。齊棄太公之法而觀民於社，君爲是舉而往觀之，非故業也，何以訓民？君舉必書，書而不法，後嗣何觀？』公不聽，遂如齊。」《穀梁傳》曰：「以是爲尸女也。」范甯氏曰：「主爲女往，以觀社爲辭。」

公至自齊。

荆人來聘。

荆稱人以來聘也，不稱使，荆未有君大夫也。以其來接於我，故稱人以成文。以其未有君大夫，故

---

❶「三」，原作「二」，今據夏鏜本改。

卒復其恒稱。據二十八書荆伐鄭。皆從史文也。

公及齊侯遇于穀。

蕭叔朝公。

蕭者，宋之附庸。叔，其君之字也。附庸之君，大者稱字。言朝公，公在穀也。不言來，穀，齊地也，時齊侯在穀，蕭君來朝伯主，因得朝公也。

秋，丹桓宫楹。

何休氏曰：「爲將取齊女，欲以誇大示之。」

冬十有一月，曹伯射姑卒。

十有二月甲寅，公會齊侯，盟于扈。扈音户。

盟于防，遇于穀矣。其復盟于扈，何也？用見齊侯之汲汲於魯也。齊侯恐公志在得妻而不在於從伯，故盟于防而後許之納幣，遇于穀而後許之請期，盟于扈而後許之逆女。齊侯於魯勤矣。魯與齊鄰國而世爲昏，齊不得魯，則諸侯不親。自長勺、乘丘以來，齊侯知公不可以力服也，故委曲調處十有餘年而卒致公於盟會。❶桓公庶幾有伯者之度矣！桓盟不日，此其日何？離盟非伯之事，故異之。以不日爲恒，則日爲變也。葉少藴曰：「桓公已伯矣，復爲離盟，則非諸侯之政也，以昏而固其

❶「處」，原作「虞」，今據四庫本改。

好耳。」

二十有四年春，王三月，刻桓宫桷。桷音角。

《穀梁傳》曰：「禮，天子之桷，斲之礱之，加密石焉。❶諸侯之桷，斲之礱之。大夫斲之。士斲本。刻桷，非正也。夫人，所以崇宗廟也。取非禮，與非正，而加之於宗廟，以飾夫人，非正也。」

葬曹莊公。

夏，公如齊逆女。

内逆女，雖得禮必書，存策書之大體也。來逆女不書，略外也。《春秋》詳内以見實，則略外以明義也。

秋，公至自齊。

公以夫人至自齊，則其曰公至何？夫人不與公俱入也。《穀梁傳》曰：「迎者，行見諸，舍見諸。先至，非正也。」

八月丁丑，夫人姜氏入。

《公羊傳》曰：「其言入何？難也。其難奈何？夫人不僂，不可使入。與公有所約，然後入。」何休氏曰：「約遠媵妾也。」杜元凱曰：「蓋以孟任故。」孫明復曰：「公親迎於齊，不與夫人俱至，失夫道

---

❶「密」，原作「蜜」，今據《春秋穀梁傳注疏》改。

也。夫人不從公而入，失婦道也。婦人，從夫者也。」

戊寅，大夫、宗婦覿，用幣。覿，徒曆反。

《公羊傳》曰：「宗婦者，大夫之妻也。覿者，見也。見用幣，非禮也。然則曷用？棗栗云乎？腶脩云乎？」何休氏曰：「日者，禮，夫人至，大夫皆郊迎，明日大夫、宗婦皆見，故著其明日也。宗婦者，大夫爲宗子者也。」張主一曰：「夫人至，大夫見於廟，宗婦見於内，禮也。並覿同贄，失男女之別也。」

大水。

冬，戎侵曹。

春秋之初，諸侯有戎難不書，據傳隱九年北戎侵鄭，桓六年北戎伐齊。自中國有伯而後書。中國有伯而戎狄爲中國患，則其責有所歸矣，故由是而後，凡戎狄爲中國患悉書之。

曹羈出奔陳。

此踰年矣，則其名之何？嗣君失國，恒稱名也。

赤歸于曹。

杜元凱曰：「爲戎所納，故曰歸。」胡侍講曰：「宋人執鄭祭仲而忽出突歸，權在宋也。戎侵曹而羈出赤歸，制在戎也。」高抑崇曰：「戎制諸夏，廢置人君，亦以病齊桓也。」

郭公。

文闕也。

二十有五年春，陳侯使女叔來聘。

《穀梁傳》曰：「其不名何也？天子之命大夫也。」《陳氏傳》曰：「諸侯初交聘也。前乎此，非王室若姻鄰，無聘魯者。自女叔之後，諸侯之會數，而朝聘皆之乎盟主。是故吾大夫如齊，自僖之初年始。春秋之初，吾君大夫適他邦，必有故也。有故而後行，猶私相爲好，而非定制也。王室衰，諸侯私相爲好而非定制，是謂亂初生也。由僖而下，朝聘皆之乎盟主。天王狩于河陽，公朝于王所，天王使宰周公來聘，公子遂如京師，遂如晉，吾未知其所終矣。《春秋》所以作也。」

夏五月癸丑，衛侯朔卒。

六月辛未朔，日有食之，鼓，用牲于社。

《左氏傳》曰：「非禮也。日有食之，天子不舉，伐鼓于社。諸侯用幣于社，伐鼓于朝。」吕大圭氏曰：「日食，陰勝陽。社，陰之神也。天子尊，故責神；諸侯卑，自責而已。」胡侍講曰：「禮，諸侯旅見天子，入門不得終禮者四，而日食與焉，古者固以是爲大變。然不鼓于朝而鼓于社，又用牲，則非禮矣。」

伯姬歸于杞。

秋，大水，鼓，用牲于社、于門。

《左氏傳》曰：「亦非禮也。凡天災，有幣無牲。非日月之眚，不鼓。」杜元凱曰：「門，國門也。」孔穎達氏曰：「鼓與牲二事皆失，故書之。」

冬，公子友如陳。

報女叔之聘也。凡内出朝聘皆曰如，始行則書之，未成禮之辭也。

二十有六年春，公伐戎。

夏，公至自伐戎。

内特侵伐不致。其致伐戎何？予公以伐戎之義也。内侵伐，非脩怨則爲暴而已。戎嘗渝盟侵我，至于濟西，公追之弗及，至是乃伐之，異乎脩怨之師矣。

曹殺其大夫。

殺大夫何以不名？殺之者，非其君也。凡殺大夫恒名之，君臣之辭也。苟非其君殺之，則不名，所以别於大夫之見殺於其君者也。《陳氏傳》曰：「莊公卒，有戎難，羈出奔陳，赤於是篡曹而殺其大夫，則必不義其君者也。」

秋，公會宋人、齊人伐徐。

齊令也。魯之從伯於是始。

冬十有二月癸亥朔，日有食之。

二十有七年春，公會杞伯姬于洮。洮音陶。

伯姬，莊公女也。洮，魯地也。伯姬何以會于洮？爲杞伯之將來朝也。杞侯嘗朝桓矣，魯人以爲不敬而入杞。杞伯既昬于魯，將來朝而以伯姬先之，虞不敬也。莊公甚愛其女，爲出會于洮，蓋貶爵之義於是始。《左氏傳》曰：「非事也。天子非展義不巡守，諸侯非民事不舉，卿非君命不越竟。」《陳氏傳》曰：「内女爲夫人凡八見於經，未有書公會者，而會自姬始。由是來朝，其子由是來求婦，伯姬之爲，皆未之前聞也。」陸淳氏曰：「公及杞侯、伯姬皆失正也，參譏之。」

夏六月，公會齊侯、宋公、陳侯、鄭伯，同盟于幽。

《左氏傳》曰：「陳、鄭服也。」杜元凱曰：「陳亂而鄭獲成於楚，皆有二心於齊，今始服也。」《穀梁傳》曰：「桓盟不日，信之也。信其信，仁其仁，衣裳之會十有一，未嘗有歃血之盟也，信厚也。兵車之會四，未嘗有大戰也，愛民也。」

秋，公子友如陳，葬原仲。

原仲，陳大夫。禮，臣既卒不名，外大夫不葬，此何以葬？《公羊傳》曰：「通乎季友之私行也。」《左氏傳》曰：「非禮也。原仲，季友之舊也。」大夫以事行者言其事，事不得書，但言如，此非國事也。則其言葬原仲何？陳、魯之好由二臣始。故諸侯於公而往葬之，蓋衰世之志也。

冬，杞伯姬來。

不歸寧也。歸寧不書，據杞叔姬、鄫季姬來寧不書。此何以書？譏以婦人與國事也。婦人無外事，故内不言出。春，公會杞伯姬于洮；冬，杞伯姬來。杞伯來朝，爲國不以禮，而使婦人往來其閒，非歸寧之義矣。季姬及鄫子遇于防，使鄫子來朝。僖十四年。杞子來朝，公子遂入杞。杞伯姬來，僖二十七年、二十八年。大不字小，而薄其舅甥之恩，蓋有自來矣。

莒慶來逆叔姬。

卿自逆也，公自主之，非禮也。《穀梁傳》曰：「諸侯之嫁女於大夫，主大夫以與之。來者，接内也。」劉侍讀曰：「内女雖親，體不敵，不書于策，所以尊君也。叔姬非適諸侯，何以書？以公之自主之。公自主之，則敵。敵，則書矣。」

杞伯姬來朝。

公會齊侯于城濮。

二十有八年春，王三月甲寅，齊人伐衛。衛人及齊人戰，衛人敗績。

戰不言伐而言伐，伐不言日而言日，謹王命也。於是王使召伯廖賜齊侯命，且請伐衛，以其立子頹也。齊侯，方伯也，以天子之命命方伯討有罪，自東遷以來，於是始見之。故取戰之日加於戰之上，以謹之也。此齊侯也，其稱人何？桓公不以王命討罪也。衛侯朔叛天子，納子頹，其身雖已死，而天討不可以終廢也。本程子。而齊侯戰，敗衛師，取賂而還。以天子之命命方伯伐衛，不能正其罪，而苟焉以自私，桓公爲不職矣。故雖齊侯自將，而奪其恒稱以罪桓也。《陳氏傳》曰：「東遷之後，諸侯始放，春秋之治在諸侯而大夫不與。北杏之後，盟主始專，春秋之治在盟主而諸侯不與。此君將稱人之義也。」戰必言其地，其不地何？略之也。以衛人敢於敵王命，不得與諸侯交戰者同文也。敗者稱師，衛何以稱人？《穀梁傳》曰：「以其人齊，不可不人衛也。」曰不可不人衛者，不以齊侯廢命而釋衛之罪也。趙伯循曰:「罪衛之不服王命,故異其辭也。」

夏四月丁未,邾子瑣卒。

秋,荆伐鄭。

公會齊人、宋人救鄭。

齊令也。於是楚令尹子元以車六百乘伐鄭,則救鄭之役,曷爲獨使吾君親之?公嘗敗齊師于長勺、于乘丘、于鄑,獲南宫長萬,齊侯以爲吾君能師者也。故伐徐、救鄭皆請公自將以爲功,而齊人、宋人屬焉。桓公可謂善用諸侯者矣。

冬,築郿。《公》《梁》作「微」。郿,魯下邑。

大無麥禾。

胡侍講曰:「大無者,倉廩皆竭之辭也。」

臧孫辰告糴于齊。

《穀梁傳》曰:「國無九年之畜曰不足;無六年之畜曰急;無三年之畜曰國非其國也。古者税什一,豐年補敗,不外求而上下皆足也,雖凶年民弗病也。一年不艾而百姓饑,君子非之。」何休氏曰:「古者三年耕必有一年之儲,九年耕必有三年之積,雖遇凶災,民不饑乏。莊公享國二十八年,而無一年之畜也。」

二十九年春,新延廄。廄音究。

《公羊傳》曰：「新延廄，修舊也。凶年不修。」《穀梁傳》曰：「延廄者，法廄也。其言新，有故也。有故則曷爲書之？古之君民者，必時視民之所勤。民勤於力則功築罕，民勤於財則貢賦少，民勤於食則百事廢矣。冬築郿，春新延廄，以其用民力爲已悉矣。」

夏，鄭人侵許。

齊令也。

秋，有蜚。音扶味反。

《公羊傳》曰：「記異也。」

冬十有二月，紀叔姬卒。

内女卒日，此何以不日？降於夫人也。非夫人何以書？以恩録也。國亡君死，叔姬待盡于酅，正也。魯人弔其喪，會之葬，禮也。明臣妾之道，叔姬不以國亡而虧婦行。推親親之義，魯人不以紀滅而薄姑姊妹之恩，見人道始終之爲重也。策書之大體存而得失著矣。

城諸及防。魯邑。

三十年春，王正月。

夏，次于成。

齊令也。

秋七月，齊人降鄣。

《穀梁傳》曰：「降，下也。鄣，紀之遺邑也。」趙伯循曰：「降服而爲附庸也。」

八月癸亥，葬紀叔姬。

九月而後克葬也。内女爲夫人葬不日，此非夫人也，則其日葬何？異其事也。《公羊傳》曰：「其國亡矣，徒葬乎叔爾。」

九月庚午朔，日有食之，鼓，用牲于社。

冬，公及齊侯遇于魯濟。

《左氏傳》曰：「謀山戎也，以其病燕故也。」

齊人伐山戎。

三十有一年春，築臺于郎。

劉侍讀曰：「譏厲民也。去國而築臺，是樂而已矣。」

夏四月，薛伯卒。

築臺于薛。

六月，齊侯來獻戎捷。

齊侯已伯矣，曷爲親來獻捷？與公爲好也。齊侯圖諸侯，首得宋，而宋背盟；次得陳、鄭，而陳、鄭貳。會于鄄，而宋成；同盟于幽，而陳、鄭以服。諸侯之從齊者，猶未足恃也。莊公之事齊也後，而從伯也專。桓公所賴以服諸侯而成伯功者，莫親於魯矣。是故伐徐、救鄭，既皆請公主兵。會城濮而伐衛，遇魯濟而伐山戎，又皆即謀於我。於是又假獻捷，躬至魯庭，以堅兩君之好焉。桓公知以力服人者有時而窮，故不難於以身下諸侯也。其月，異事也。據諸侯來奔喪會葬不月。《左氏傳》曰：「非禮也。凡諸侯有四夷之功，則獻于王，王以警于夷。中國則否。諸侯不相遺俘。」

秋，築臺于秦。魯地。

《穀梁傳》曰：「魯外無諸侯之變，内無國事，一年罷民三時，惡内也。或曰倚諸桓也。」

冬，不雨。

三十有二年春，城小穀。

夏，宋公、齊侯遇于梁丘。

外相遇不書，書梁丘何？以齊侯之緩於伐楚也。《左氏傳》曰：「齊爲楚伐鄭故，請會于諸侯。宋公請先見于齊侯。夏，遇于梁丘。」於是又七年，而始合諸侯伐楚，梁丘之遇爲之也。《穀梁傳》曰：「梁丘在曹、邾之閒，去齊八百里。」張主一曰：「齊侯不以伯主自居，以梁丘近宋而先之也。」汪仲裕曰：「盟會征伐，先齊侯，尊伯主也。遇者，草次之期，莫適爲主，故序爵也。」

秋七月癸巳，公子牙卒。

此殺也，何以書卒？從史文也。《春秋》之變文，必有辨於名實者也。苟無亂於名實，《春秋》奚辨焉？於是公疾，叔牙欲立慶父，季友使鍼季以君命酖之，立叔孫氏。有司、國人不與也，而以討辭書之，亂名實矣。牙卒時，公有疾，未嘗臨喪，則其書日何？勢不得臨，非恤典薄也。《公羊傳》曰：

「公子牙殺，則曷爲不言刺？爲季子諱殺也。」季之曷惡也，不以爲國獄，緣季子之心而爲之諱。然則善之與？曰：然。殺世子母弟，直稱君者，甚之也。季子殺母兄何善爾？誅不得辟兄，君臣之義也。然則曷爲不直誅而酖之？行誅乎兄，隱而逃之，使若以疾死然，親親之道也。《陳氏傳》曰：「牙書卒，喪以大夫之禮也。牙將與慶父、夫人爲亂，雖酖之而立叔孫氏，使若死於位然，是喪以大夫之禮也。緣君臣之義，不得私其親。緣親親之恩，不與國人盧兄弟也。立叔孫氏，使之若死於位，則淫人何與焉？史著其迹，《春秋》察其心，後世有考焉矣。」

八月癸亥，公薨于路寢。

《穀梁傳》曰：「路寢，正寢也。」寢疾居正寢，正也。男子不絶于婦人之手，以齊終也。啖叔佐曰：「凡公薨必書其所，詳内事，重凶變也。」

冬十月己未，子般卒。

子般即位，慶父使圉人犖賊子般于黨氏，則其書卒何？内大惡，恒諱之也。《公羊傳》曰：「子卒云子卒，其稱子般卒何？君存稱世子，君薨稱子某，既葬稱子，踰年稱公。子般卒何以不書葬？未踰年之君也。」何休氏曰：「緣民臣之心，不可一日無君，故稱子某，明繼父也。名者，尸柩尚存，猶以君前臣名也。既葬不名，無所屈也。緣始終之義，一年不二君，故稱子也。踰年稱公，不可曠年無君也。稱卒不地者，降成君也。」

公子慶父如齊。

於是季友出奔陳，故慶父如齊，請立閔公，以説于齊也。《左氏傳》曰：「閔公，哀姜之娣叔姜之子也，故齊人立之。」張主一曰：「慶父，弑君之賊也。齊桓聽其來，復使之歸，以遺魯禍，失方伯之職也。」

狄伐邢。

許翰氏曰：「《春秋》戎先見，荆次之，狄次之。而荆暴於戎，狄又暴於荆。戎、狄、荆楚交侵中夏，使無齊桓攘定之，豈復有中國哉！」

春秋集傳卷第四

新安東山趙汸輯

閔公

元年春，王正月。

《公羊傳》曰：「公何以不言即位？繼弒君不言即位。孰繼？繼子般也。孰弒子般？慶父也。」

《穀梁傳》曰：「親非父也，尊非君也，繼之如君父也者，受國焉爾。」

齊人救邢。

書救邢，據外救不悉書。予伯者以救中國也。

夏六月辛酉，葬我君莊公。

秋八月，公及齊侯盟于落姑。齊地。

公始受盟于伯主也。凡受盟伯主恒稱及，避外辭也。據特相盟外爲志曰會。落姑，齊地也。《左氏傳》曰：「請復季友也。」慶父殺子般，季友避之於陳。齊人既立其所出，乃使魯人以其意請復季友。閔公親至齊地受盟，而後使召諸陳，以慶父在也。

季子來歸。

大夫出入，非罪不書，則其曰季子何？稱季子，所以別有罪也，以是爲宜歸也。大夫公子反國，非有罪書者三，據許叔、蔡季。《春秋》皆變文以書之，以其有關於宗社之存亡也。《公羊傳》曰：「其稱季子何？賢也。其言來歸何？喜之也。」《陳氏傳》曰：「閔公立，尚幼，盟齊侯于落姑，請復季友，未知孰爲之也。國人之欲歸季子，以已亂也。而季子雖歸，慶父、夫人亂未已，俄而殺閔公。於是以僖公適邾，則國人何賢乎季子！微季子，則慶父之篡成，而莊公之統絶。慶父之篡不成，莊公之統不絶者，季子在也。是故奔陳不書，如邾不書，全季子也。」

冬，齊仲孫來。

來未有無辭者，此其言來何？大夫以事來，言其事，事不得書，但言來，從史文也。齊人既立閔公，復季友，而慶父夫人之志未可知也。於是仲孫以省難來。不言省難，存大體也。仲孫何以不稱使？閔公幼，不以賓禮接也。不名，無所屈也。吴先生曰：「蓋魯人以兩臣相見，而不以見君也。」

二年春，王正月，齊人遷陽。

夏五月乙酉，吉禘于莊公。

禘者，三年大祭之名也。禮，不王不禘。諸侯三年喪畢，致新死者於祖廟，合群廟之主而祭之謂之祫。東遷諸侯僭天子禮樂，魯人以禘禮祀周公，其後遂僭用於群公，於是以禘代祫，故三年大祭不曰祫而曰禘也。吉者，未三年也。其言于莊公何？莊公喪未闋，用禘祭之，備物盛樂，就其主而祭之也。《郊特牲》云：「諸侯之宮縣，而祭以白牡，擊玉磬，朱干設錫，冕而舞《大武》，諸侯之僭禮也。」晉人亦曰：「以寡君之未禘祀。」當時諸侯僭天子，以禘爲喪畢大祭，不唯魯也，故曰：「禘，東遷諸侯之僭禮也。」黄先生曰：「以《魯頌》『白牡騂剛』推之，則記禮者言成王賜魯天子禮樂使祀周公過矣。禘者，殷諸侯之盛祭，周公定爲不王不禘之法，故以祫代之。成王蓋命魯以殷諸侯盛祭祀周公，故牲用白牡。白牡，殷牲也，魯公以下牲用騂剛，雖合食而禮秩異於周公可見矣。其禘於群公，則又後來之僭也。」《公羊傳》曰：「言吉者，未可以吉也，譏始不三年也。」高抑崇曰：「魯人之喪莊公也，既葬，而絰不入庫門，士大夫既卒哭，而麻不入，則當時未終喪皆吉服矣。然則凡三年必以禘，何以不悉書？既以禘代祫爲常祀，則史不勝書，唯於非禮之中記其又非禮者，以詳事變，而僭竊之罪因可見矣。」

秋八月辛丑，公薨。

《公羊傳》曰：「公薨何以不地？隱之也。何隱耳？弑也。孰弑之？慶父也。」

九月，夫人姜氏孫于邾。

不日，與弑也。同文姜。於是季友以僖公適邾，懼其見討，故與慶父俱出奔也。

公子慶父出奔莒。

不日，與弑也。大夫奔，非罪不書，通乎内外。苟其罪有關於一國之大故，則不可以無辯也。故内大夫奔日，有關於一國之大故則不日。外大夫奔不月，有關於一國之大故則月。凡日爲恒，則不日爲變。不月爲輕，則月爲重也。慶父罪重於叔牙，其不書刺何？杜元凱曰：「慶父之罪雖重，季友推親親之恩，欲同之叔牙，存孟氏之族，故略其罪也。公子牙實殺而書其卒，慶父亦殺，則其不書卒何？不以卿禮成喪也。」

冬，齊高子來盟。

《穀梁傳》曰：「盟立僖公也。」夫人、慶父既出，季友乃以僖公入主之。其出入皆有請於齊，故齊侯使高子來盟，以定公位。《公羊傳》曰：「高子者何？齊大夫也。何以不稱使？我無君也。」吴先生曰：「其時魯無君，季友接之，以二臣相見也。」

十有二月，狄入衛。

此滅而曰入，何也？衛未絶也。衛人立戴公以廬于曹，齊侯使公子無虧戍之，故不言滅也。然則敗績不言敗績，衛侯死之不言君滅，何也？略言之也。《公羊傳》曰：「爲桓公諱也。」春秋之初，諸侯有戎難不書。自有伯而後書，以攘夷狄、安中國之義責歸於伯者也。則其略之何？春秋有一國之故焉，有天下之故焉。苟一國之故而皆及伯者，是諸侯無事守也。是故書救邢，不書邢潰；書城緣陵，不書淮夷。於是書狄入衛，不言君滅，與桓公以存亡國之功，而略其所不及，以爲天下之故，又有大焉。舍桓公，無復執其咎者。君子議道自己，而置法以民。略人之不及者，所以勸其功也。

鄭棄其師。

此高克出奔陳，衆潰而歸，則書曰棄其師何？民爲重也。大夫出奔不書。必有關於一國之故而後書。古者人臣有去國之義，苟無關於一國之故，《春秋》奚治焉？故特舉其重者言之，莫重於棄其師也。《公羊傳》曰：「鄭棄其師何？惡其將也。鄭伯惡高克，使之將逐而不納，棄師之道也。」

春秋集傳卷第五

新安東山趙汸輯

僖公上

元年春，王正月。

《穀梁傳》曰：「繼弒君不言即位，正也。」

齊師、宋師、曹師次于聶北，救邢。曹師，從二傳。聶北，邢地。

先言次而後言救何？爲次言故也。

夏六月，邢遷于夷儀。邢地。

自遷不書。據文十三年邾遷于繹，成六年晉遷于新田之類。有遷之者而後書。莊元年齊遷紀郱、鄑、郚，十年宋遷宿，閔二年齊遷陽。非有遷之者而書，則必有關於一國之存亡者也。狄伐邢，邢遷于夷儀；狄圍衛，衛遷于帝丘，皆違難也。許遷者四，偪於鄭也；蔡遷者一，避楚仇也，皆有關於存亡者也。於是狄伐邢，邢潰而後遷，則其不言邢潰何？略之也。齊桓公存三亡國以屬諸侯，義士猶曰薄德，則不待《春秋》而有議其非者矣。上無天子，下無方伯，桓公存亡國以屬諸侯，而以衛滅而後存衛，邢潰而後存邢。没其功，諸侯誰復以捄患爲己任者？《春秋》不以功掩過，亦不以過掩功。書曰「狄伐邢」「齊人救邢」「齊師、宋師、曹師次于聶北，救邢」「邢遷于夷儀」「齊師、宋師、曹師城邢」，所以全伯者之功也。狄伐邢，邢潰，斯一國之事守，不以累桓公，可也。邢、衛皆月，以別於許之請遷于楚者。

齊師、宋師、曹師城邢。

蒙上事月也。以楚丘著例決之，其月何？據凡城皆不月。以伯者存亡國也。《春秋》一役再有事者，前目而後凡。此向之師也，則其再序三國何？唯師以國序也。本孔氏故文，不可言諸侯師。

秋七月戊辰，夫人姜氏薨于夷，齊人以歸。

《穀梁傳》曰：「夫人薨不地。地，故也。」《公羊傳》曰：「夷，齊地也。桓公召而縊殺之。」劉侍讀曰：「哀姜與乎亂，殺二子，幾亡國。齊桓公討而誅之，此伯者所以行乎諸侯之義也。魯以臣子不得討，而齊以伯主得舉法。」

楚人伐鄭。

荆始改號曰楚。自是有事於諸侯皆稱人。其稱人何？以楚僭王猾夏。方中國有伯，能聲其罪，則其侵伐皆人之，不使與中國君將稱君者同文，所以謹華夷之辯也。必中國無伯，而後稱君大夫，著其疆也。雖著其疆，然《春秋》書楚事無一不致其嚴也，與待中國諸侯伯主君將稱君不同。但其辭旨精微，學者有弗察爾。

八月，公會齊侯、宋公、鄭伯、曹伯、邾人于檉。檉音賴。

《左氏傳》曰：「謀救鄭也。」公會伯主恒不月，此其書月何？謀救鄭而不成救，故月以異之。凡盟主之會不月，雖公若王卿士會之不月。必有功而後月。

九月，公敗邾師于偃。

不日，略其事也。

冬十月壬午，公子友帥師敗莒師于酈，獲莒拏。酈音離。

大夫敗日，殊之於公也。獲者，生得也。《公羊傳》曰：「莒拏者，莒大夫也。季子治内難以正，禦外難以正。其禦外難以正奈何？公子慶父弑閔公，走而之莒，莒人逐之，將由乎齊，齊人不納，卻反舍于汶水之上，使公子奚斯入請。季子曰：『公子不可以入，入則殺矣。』奚斯不忍反命于慶父，自南涘北面而哭。慶父聞之，曰：『此奚斯之聲也，吾不得入矣。』於是抗輈經而死。莒人聞之，曰：『吾已得子之賊矣。』以求賂于魯。魯人不與，爲是興師而伐魯。」莒無大夫，莒拏何以書？高抑崇曰：「凡小國，大夫不名，接我則名之。」

十有二月丁巳，夫人氏之喪至自齊。

不稱姜，蒙上文也。一事而再見者，蒙上文。魯人諱殺哀姜，《春秋》無文以見義，故蒙上文不稱姜。見此致夫人之喪，即齊人以歸者也。孔穎達氏曰：「齊人治哀姜之罪，取而殺之，則位絶於魯矣。僖公外欲固齊以居厚，内存母子之義，故請而葬之，諱其殺也。」劉侍讀曰：「夫人與於亂，桓公正其罪而討之，則安可復配宗廟哉？曰『夫人姜氏薨于夷，齊人以歸』，則上之行乎下也，義已矣。故臣子可緣伯主之命以尊宗廟，伯主亦可緣天子之法以絶魯私請。今齊以公義討之，而魯以私意請之，君子以爲非義，不可通於《春秋》。」

二年春，王正月，城楚丘。

其月何？據城不月。以伯者存亡國也。此衞邑也，不繫之衞，有伯主之令也。凡伯主之令，以内辭書之。李堯俞曰：「號令主於天子，則中國爲一，所以正伯者之事也。故緣陵亦不繫杞。然則孰城之？内之微者也。不言諸侯城之，離至不可得而序也。」《穀梁傳》曰：「其不城衞，何也？衞未遷也。」

夏五月辛巳，葬我小君哀姜。

虞師、晉師滅下陽。

虞曷爲序大國之上？三公封國，先庶拜也。此虢邑也，何以不繫之虢？古者王畿千里，天子親制之，寰内諸侯不與列國同也。非國而言滅者，重取天子之地，故變其文也。林少穎曰：「天子之地，非諸侯所得取，故云滅，使若國然。」

秋九月，齊侯、宋公、江人、黄人盟于貫。

《左氏傳》曰：「服江、黄也。」張主一曰：「江、黄，近楚之國也。惟宋與盟，不煩諸侯也。」

冬十月，不雨。

一時不雨書時，據莊公十一年。踰時不雨書首月。每時一書者，告廟也。《穀梁傳》曰：「不雨者，勤雨也。」

楚人侵鄭。

三年春，王正月，不雨。

夏四月，不雨。

《穀梁傳》曰：「一時言不雨者，閔雨也。閔雨者，有志乎民者也。」

徐人取舒。

《公羊傳》曰：「其言取之何？易也。」孫莘老曰：「取國不言滅，不絕其祀也。」許翰氏曰：「舒，楚與國。徐人取之，倚諸齊也。」

六月，雨。

《穀梁傳》曰：「雨云者，喜雨也。喜雨者，有志乎民者也。」《左氏傳》曰：「自十月不雨至于五月，不曰旱，不爲災也。」

秋，齊侯、宋公、江人、黄人會于陽穀。陽穀，齊地。

《左氏傳》曰：「謀伐楚也。」

冬，公子友如齊涖盟。

不月，略之也。例在桓十四。《公羊傳》曰：「涖盟者何？往盟乎彼也。」

楚人伐鄭。

四年春，王正月，公會齊侯、宋公、陳侯、衛侯、鄭伯、許男、曹伯侵蔡，蔡潰。遂伐楚。

公會伐，恒不月，此何以月？以伐楚也。據定四年侵楚同不月。楚僭王猾夏，天子不能治，中國不能討也。桓公糾合諸侯，二十餘年乃克有事于楚，中國夷狄之大分由是而正，故月以謹之。《陳氏傳》曰：「《春秋》舉重，凡師再有事不悉書。苟悉書也，則以遂言之。兵事言遂，必天下之大故。自入春秋，楚浸强矣，而不見於經。敗蔡師，以蔡侯獻舞歸，聖人懼焉。而諸侯之交兵，非以定簒弒，則脩怨而已矣，問不及楚也。桓公始有志夷夏之分，於是伐楚，而以侵蔡召諸侯。書曰『遂伐楚』，言志不在蔡也。」

次于陘。陘音刑，楚地。

《陳氏傳》曰：「書次何？用見桓之不戰而詘楚也。」

夏，許男新臣卒。

諸侯卒于外地，在會曰會，在師曰師。此卒于師者，其不言卒于師何？併下文也。《春秋》無費辭，詳於下則略於上也。

楚屈完來盟于師，盟于召陵。召音邵。

楚無大夫，其曰屈完何？以其來盟録之也。不言使，據袁婁書，齊侯使國佐來盟。外之也。《春秋》謹華夷之辯，桓公方有討於楚，楚雖服，猶不得與中國兵交，使其在閒者同文也。來盟于師日，據袁婁。此何以不月？中國與夷狄盟，恒不月。據僖二十二年邢、二十一年鹿上、三十二年狄、宣十一年辰陵。《公羊傳》曰：「曷爲再言盟？喜服楚也。楚，夷狄也，而亟病中國。南夷與北夷交，中國不絶如綫。桓公救中國而攘夷狄，卒帖荆，以此爲王者之事也。」《陳氏傳》曰：「桓公合九國之衆以討楚，兵未有盛於此者也。雖楚强，足以一戰矣。而臨楚不戰，楚人爲之詘，使其大夫即盟于師。桓公不欲臨楚盟屈完，退而盟召陵。不以阻隘，不以君違臣，不以軍容亂國容，一動而三善得，桓公不但以力服人矣。」

齊人執陳轅濤塗。

《公羊傳》曰：「執者曷爲或稱侯或稱人？稱侯而執者，伯討也；稱人而執者，非伯討也。此執有罪，何以不得爲伯討？古者周公東征則西國怨，西征則東國怨。桓公假塗于陳而伐楚，則陳人不欲其反由己者，師不正故也。不修其師而執濤塗，古人之討則不然也。」

秋，及江人、黄人伐陳。

八月。

爲下葬月也。

公至自伐楚。

致者曷爲或致伐或致會？據僖公會温書至自圍許，成公會楚皆至救鄭、伐鄭，襄公會伐鄭，定公會侵楚皆至自會。《穀梁傳》曰：「有二事偶，則以後事至。後事小，則以先事致。其以伐楚致，大伐楚也。」此從主人之辭也。桓會不致，會伐何以致？桓會不致，安之也。合諸侯之師以伐叛討貳，乃中國安危之機，君子之所慎也，故雖桓公致之。

葬許穆公。

小國葬不月。於是許男卒于師，葬之以侯，故月也。

冬十有二月，公孫兹帥師會齊人、宋人、衛人、鄭人、許人、曹人侵陳。

大夫會伐不月，雖王臣會之不月，莊十四單伯。此何以月？甚之也。據文三年會晉伐沈同不月。桓公帥諸侯以伐楚，楚既成，而陳人以辟軍見討。既執其大夫，以二國伐之，又以七國之衆侵之，桓爲已甚矣。故月以異之，以桓公失方伯之道也。桓公召諸侯以侵蔡、伐楚，楚既成，事當在蔡。桓公委蔡以餌楚，而後責於陳。其伯圖所及，天下諸侯有以量之矣。

五年春，晉侯殺其世子申生。

其曰晉侯殺之何？傳曰：「殺世子母弟直稱君。直稱君者，非有司、國人之所得與也。」禮，公侯之罪不以犯有司，刑于隱者，不與國人，慮兄弟也，而況於世子母弟乎！《公羊傳》曰：「殺世子母弟直稱君者，甚之也。」❶高抑崇曰：「世子至親，非其君自殺之，則孰敢殺者？是故斥言晉侯。殺世子母弟不書，例在莊公二十二年。此何以書？殺無罪也。諸侯之義不得專殺，而殺世子母弟有不書者，以君父討子弟而當其罪，無以議爲也。於專殺之中又有甚焉，莫甚於以讒殺其世子，故書之。舍晉

❶ 「甚」，原作「是」，今據四庫本改。

獻公、宋平公，無殺世子者矣。」

杞伯姬來朝其子。

《穀梁傳》曰：「諸侯相見曰朝。伯姬爲志乎朝其子也。伯姬爲志乎朝其子，則是杞伯失夫之道矣。諸侯相見曰朝，以待人父之道待人子，非正也。故曰杞伯姬來朝其子，參譏也。」高抑崇曰：「先王之制，諸侯未冠而即位謂之童子侯。童子侯不朝，不可以成人之禮接也。伯姬歸杞方十三年，其子如之何而勝朝之乎？」

夏，公孫兹如牟。

牟，小國。公孫兹曷如牟？爲娶也。娶則曷爲不言娶？大夫自逆，不得書也。大夫以事行者言其事，事不得書，但言如，重國史也。大夫非君命不越竟，請於君以行則書之，重君命也。公子友如陳葬原仲，公子結媵陳人之婦于鄄，大夫皆得越竟以行其私，而君命褻矣。

公及齊侯、宋公、陳侯、衛侯、鄭伯、許男、曹伯會王世子于首止。衛地。

曰及以會何？桓不主會也。據襄十年諸侯會吴，先書會晉侯。桓曷爲不主是會？桓公帥諸侯以會王世子而不自爲會也。不自爲會者，尊歸于一也。尊歸于一，禮之常也。程子曰：「王世子，王之二也，不與諸侯列。世子出而諸侯會之，故其辭異。」何休氏曰：「不可以諸侯會王世子爲文，故殊之，使若諸侯爲世子所會也。」《陳氏傳》曰：「定世子也。於是子帶有寵於惠后，世子危不得立。桓公率天下諸侯以會之，世子危不得立而爲會以定之，禮之變也。」蘇子由曰：「首止之會，非王志也，率諸侯以定世子爲義也。然而諸侯不以王命而會世子，世子不以父命而會諸侯，衰世之事也。」

秋八月，諸侯盟于首止。

《公羊傳》曰：「諸侯何以不序？一事而再見者，前目而後凡也。」《穀梁傳》曰：「無中事而復舉諸侯，據祝柯、重丘閒有異事，則復舉諸侯。馬陵、柯陵、于戲、亳城北、平丘無中事，不舉諸侯。何也？尊王世子，不敢與盟也。尊則其不敢而盟，何也？盟者，不相信也。故謹信之，不敢以所不信而加之尊者。」《陳氏傳》曰：「會而後盟，閒有異事。書諸侯盟于某，非閒有異事也。亦書諸侯盟于某，則有不盟者也。此其言諸侯，則王世子不與盟也。是故會有周人，盟無周人。書會于某、某日諸侯盟，則齊桓之孫也。會有周人，盟有周人，書會于某，但曰某日盟，則晉厲之伉也。」事在成十七年柯陵。

鄭伯逃歸不盟。

《陳氏傳》曰：「國君而曰逃，賤之也，以其背夏盟也。」胡侍講曰：「逃者，匹夫之事也。其書逃歸不盟，深貶之也。或曰首止之會非王志也。王使周公召鄭伯，曰：『吾撫女以從楚，可以少安。』鄭伯喜於王命，故逃歸不盟，則何罪乎？曰《春秋》道名分。夫義者，權名分之中而當其可之謂也。諸侯會王世子，雖衰世之事，而《春秋》與之者，是變之中也。鄭伯雖承王命，而制命非義，《春秋》逃之者，亦變之中也。天下之大倫，有常有變。舜之於父子、湯武之於君臣、周公之於兄弟，皆處其變者也。賢者守其常，聖人盡其變。會首止，逃，鄭伯處父子君臣之變而不失其中也。」高抑崇曰：「齊之服楚，圖之非一日也。纔踰年，惠王已導鄭伯叛之，❶故中國之不競，非獨諸侯之罪，王室亦有以啓之也。」

楚人滅弦，弦子奔黄。

《陳氏傳》曰：「楚常有大夫，屈完。此穀於菟也，則其稱人何？楚大夫將恒稱人也。」《左氏傳》曰：「於是江、黄、道、柏方睦於齊，皆弦姻也。弦子恃之而不事楚，又不設備，故亡。」

九月戊申朔，日有食之。

冬，晉人執虞公。

《春秋》凡滅無不書。虞已滅矣，曷爲不言滅？諱滅也。曷爲於此焉諱之？春秋諸侯，有相滅者矣，未有滅天子寰内之國者。於是晉人滅虢，又滅虞，惡其滅寰内諸侯以偪天子，故爲王室諱之也。此以歸之，據襄十六年晉人執莒子、邾子以歸，昭十三年晉人執季孫意如以歸。其但言執之何？諱不言滅，則言執不言以歸也。《春秋》筆削不足以盡義，而後有變文。故滅虢不書，書滅下陽不言取；滅虞不書，書執虞公不言以歸。以不書爲王室諱，則變文以明晉罪也。虞公何以不名？上公，故不名也。林少潁曰：「聖人不忍周衰，諸侯再取其地，故不斥言滅而但云晉人執虞公，見晉人執天子三公不道之甚也。」

❶「叛」，原作「判」，今據金曰鏞本、四庫本改。

六年春，王正月。

夏，公會齊侯、宋公、陳侯、衛侯、曹伯伐鄭，圍新城。鄭邑。

伐國不書圍邑，此其書圍邑何？以桓公伐鄭，討其叛夏盟，而僅圍其邑也。桓公盟諸侯于首止，而鄭伯逃歸不盟以從楚，楚人得以窺中國矣。於是滅弦，不能問。伐鄭，僅圍其邑，志在詘鄭，而憚遇楚師。故圍邑不書，於桓公特書之，以桓之帖荆爲僅耳。

秋，楚人圍許。

《陳氏傳》曰：「此楚子也。其稱人何？楚君將恒稱人也。」

諸侯遂救許。

楚人圍許，攻其所必救以解新城之圍也。諸侯救許而楚還，楚固畏齊之强也。

冬，公至自伐鄭。

七年春，齊人伐鄭。

夏，小邾子來朝。

杜元凱曰：「郳犂來也。邾之别封，故曰小邾。始得王命而來朝也。」何休氏曰：「齊桓公請天子進之，於是以爵通也。」

鄭殺其大夫申侯。

《左氏傳》曰：「鄭殺申侯以説于齊也。」

秋七月，公會齊侯、宋公、陳世子款、鄭世子華，盟于甯母。

曹伯班卒。

公子友如齊。

冬，葬曹昭公。

八年春，王正月，公會王人、齊侯、宋公、衛侯、許男、曹伯、陳世子款盟于洮。

《公羊傳》曰：「王人，微者也，曷爲序乎諸侯之上？先王命也。」何休氏曰：「王人銜王命會諸侯，諸侯當北面受之，故尊序於上。」《左氏傳》曰：「盟于洮，謀王室也。」杜元凱曰：「王人法不與諸侯盟。此王室有難，使之出盟也。」《穀梁傳》曰：「兵車之會也。」

鄭伯乞盟。

鄭伯不言如會，據陳袁僑先言如會。則其曰乞盟何？以桓公辭之會，而後乞之也。

夏，❶狄伐晉。

秋七月，禘于大廟，用致夫人。

此哀姜也。曷爲不言姜氏？以前書喪至，書葬哀姜，閒無他夫人，得略言之也。致者，致其主於廟也。哀姜之喪八年矣，於是始致之何也？哀姜淫而與殺，不可以列昭穆，秩烝嘗。故雖備禮以葬，

❶「夏」，原作「秋」，今據金曰錭本改。

而不殯于廟，不祔于姑也。僖公謹於事齊，故歷三禘卒致之。《左氏傳》曰：「禘而致哀姜焉，非禮也。凡夫人不薨于寢，不殯于廟，不赴于同，不祔于姑，則弗致也。」孔穎達氏曰：「僖二年除閔喪爲禘，五年復禘，今八年又禘。三年一禘，常事不書。禘而致夫人，異於常禮，故書之。」《陳氏傳》曰：「魯禘，非禮也。雖用之群公之廟，不書。據傳禘于襄公、禘于僖公之類。有用之群公之廟者矣，但曰有事，譏不在用禘也。事在昭十五年。必禘于大廟，致哀姜也，而後書，譏在用禘也。凡禘恒日，用禘以致不當祔之夫人，故不日以異之。」

冬十有二月丁未，天王崩。

九年春，王三月丁丑，宋公御説卒。

夏，公會宰周公、齊侯、宋子、衛侯、鄭伯、許男、曹伯于葵丘。

宰，官也。周，采地。范氏曰：「天官冢宰，兼爲三公者。」杜元凱曰：「天子三公不字。」胡侍講曰：「以冢宰兼三公，其職任重矣，而不殊會之，何也？人臣則有進退之節，出入均勞之義，非世子貴有常尊之可比矣。」《陳氏傳》曰：「桓之會，有天子之事三：於洮，王人同盟焉；於是葵丘，宰周公不敢同盟焉；盟于首止，不但不同盟也，而率諸侯以會世子。桓知節矣。」《穀梁傳》曰：「宋其稱子，何也？未葬之辭也。禮，柩在堂上，孤無外事。今背殯而出會，以宋子爲無哀矣。」

秋七月乙酉，伯姬卒。

《公羊傳》曰：「未適人，何以卒？婦人許嫁，字而笄之，死則以成人之喪治之。」孔穎達氏曰：「禮，姊妹在室，期；出嫁，大功；未嫁，其夫不爲服，則兄弟不爲降，諸侯絶旁期。此將嫁於諸侯，當服其本服，爲之齊衰期。故書其卒也。」

九月戊辰，諸侯盟于葵丘。齊地。

桓盟不日，此何以日？以桓公之事莫盛於葵丘也。桓公有事諸侯二十餘年矣，其盟會之故，非以求諸侯，則以謀王室也。至葵丘，而中夏小康。王室安之，諸侯信之，其規模方略於是甫定，則莫盛於斯矣。故桓盟不日，而特日以別之。以不日爲恒，則日以見義也。《穀梁傳》曰：「此何以日？美之也。爲見天子之禁，故備之也。葵丘之盟，陳牲而不殺，讀書加於牲上，壹明天子之禁。」孟子曰：「五伯，桓公爲盛。葵丘之會，諸侯束牲載書而不歃血。初命曰：『誅不孝，無易樹子，無以妾爲妻。』再命曰：『尊賢育材，以彰有德。』三命曰：『敬老慈幼，無忘賓旅。』四命曰：『士無世官，官事無攝，取士必得，無專殺大夫。』五命曰：『無曲防，無遏糴，無有封而不告。』」陸淳氏曰：「盟稱諸侯，明宰周公之不與也。」

甲子，晉侯佹諸卒。佹音詭。

甲子前戊辰五日，則曷爲繫於後？赴在後也。雖後之猶日，見《春秋》日法之嚴也。

冬，晉里克殺其君之子奚齊。

曰其君之子何？修《春秋》之特筆也。其不月，以庶孽見弑也。《穀梁傳》曰：「其君之子云者，國人不子也。不正其殺世子申生而立之也。」《陳氏傳》曰：「遇弑，雖未踰年稱君。據齊舍。此其稱君之子何？獻公殺申生，絀重耳、夷吾而立其嬖子。晉之亂，獻公爲之也。故奚齊不稱君而稱君之子。」

十年春，王正月，公如齊。

公始朝桓也。朝桓何以不致？據魯君如齊、晉常書至。朝與會一體也。孫明復曰：「朝桓安之，與他國異也。周之制朝聘也有數，春秋必小國而後朝於大國。以莊公如齊，必假觀社、納幣而後行，則諸侯不相朝久矣。鄭伯男也，齊人嘗以不朝執其大夫。會于首止，猶懼其不朝于齊而逃盟，則桓公始伯，舍小國未有朝齊者。盟于甯母，諸侯官受方物，明年而公子友如齊。盟于葵丘，壹明天子之禁，明年而公如齊。蓋桓公制朝聘之數於是始。《春秋》於會既不致，以與桓矣。以諸侯朝伯主，若桓公幾可無愧，是故亦不致以別之。致以爲恒，則不致以見義也。」

狄滅温，温子奔衛。

温，天子寰内之國也。滅寰内國不書，據滅虞、滅虢。此何以書？外夷狄也。夷狄，王者不畜，不可以君臣之禮治，則不必爲王室諱也。是故王師敗績不書，敗績于茅戎則書之，皆《春秋》所以外夷狄也。杜諤氏曰：「温者，天子之近國，而狄滅之。諸侯不能救，所以病齊桓者也。」

晉里克弑其君卓，及其大夫荀息。

奚齊、卓子皆獻公之嬖子也，而奚齊有先君之命矣。奚齊不書弑，則卓子曷爲稱君？正里克之罪也。奚齊、卓子之爲君一也。董子曰：「爲人君父而不知《春秋》之義者，必蒙首惡之名。爲人臣子而不知《春秋》之義者，必陷簒弑之罪。簒弑之罪易見，而首惡之名難知也。」《春秋》微顯而闡幽，於申生曰「晉侯殺其世子」，於奚齊曰「晉里克殺其君之子」，嚴適庶之分，以昭獻公首惡之名也。於卓子曰「晉里克弑其君」，正君臣之名，以討里克弑逆之罪也。然於奚齊曰「弑其君之子」，則亦異乎兩下相殺之獄矣。明非里克之所讎也。是故重耳拒國人之逆而謝秦伯以辭，懼蒙里克之惡，以其國家與人爲市也。故曰奚齊、卓子之爲君一也。《春秋》譏首惡以正其本，澄其源，則簒弑之罪將一誅而已。不月，與奚齊同。

夏，齊侯、許男伐北戎。

晉殺其大夫里克。

《穀梁傳》曰：「稱國以殺，罪累上也。里克弑二君與一大夫，其以累上之辭言之，何也？其殺之不以其罪也。世子謂里克曰：『吾寧自殺以安吾君，以重耳爲寄矣。』里克所爲弑者爲重耳也。夷吾曰：『是又將弑我乎？』故殺之不以其罪也。」《公羊傳》曰：「里克弑二君，則曷爲不以討賊之辭言之？惠公之大夫也。然則孰立惠公？里克也。里克弑奚齊、卓子，逆惠而入。惠公曰：『爾既殺夫二孺子矣，又將圖寡人。爲爾君者，不亦病乎？』於是殺之。」《陳氏傳》曰：「討賊不言大夫，其言晉殺其大夫里克何？克猶在位也。克猶在位，則是殺大夫耳。在位獨里克乎？督相宋莊公，翬相魯桓，前乎此矣。於是里克殺以他故而後見焉耳。自宋而下，弑君無討者。凡賊再見，猶夫人也。雖若晉里克、衛甯喜殺以他故，而後見書曰大夫，則猶夫人而已矣。」

秋七月。

冬，大雨雪。

十有一年春，晉殺其大夫丕鄭父。

丕鄭父，里克之黨也。

夏，公及夫人姜氏會齊侯于陽穀。

姜氏者，公爲公子日所取齊侯女也。薛士龍曰：「夫人，齊侯女也。歸寧可也，爲會而從夫于外，非禮也。」高抑崇曰：「以兩君爲會，而婦女厠於其閒，非禮也。」

秋八月，大雩。

其月何？過時之甚者也。例在桓五年。

冬，楚人伐黄。

十有二年春，王三月庚午，日有食之。

夏，楚人滅黄。

言滅不言其君，死於位也。《穀梁傳》曰：「貫之盟，管仲曰：『江、黄遠齊而近楚，楚爲利之國也，若伐而不能救，則無以宗諸侯矣。』桓公不聽，遂與之盟。管仲死，楚伐江滅黄，桓公不能救，故君子閔之也。」《陳氏傳》曰：「滅不言伐，據滅弦、滅温。此書伐，病桓公也。以陽穀之會、貫之盟，徒以亡其國耳。」

秋七月。

冬十有二月丁丑，陳侯杵臼卒。

十有三年春，狄侵衛。

夏四月，葬陳宣公。

公會齊侯、宋公、陳侯、衛侯、鄭伯、許男、曹伯于鹹。

《穀梁傳》曰：「兵車之會也。」

秋九月，大雩。

冬，公子友如齊。

十有四年春，諸侯城緣陵。杞邑。

諸侯不序，必一事而再見者也。此非向之諸侯也，則其曰諸侯城之何？不言諸侯，則無以見其爲一事也。城邢、城楚丘、城緣陵，是齊桓公所以存三亡國也。城邢之師，齊與二國。城楚丘者，魯人以伯令赴功而已。於是王室有戎難，淮夷且病杞。桓公爲合七國之君以謀之，然後致戍于周。明年乃城緣陵而遷杞焉。諸侯之懈，桓德之衰也，故君目臣凡以見之。曰諸侯者，總衆國之辭也。凡城築，必伯者存亡國而後月，據元年邢、二年楚丘。於是亦不月以略之。然則戍周曷爲不書？不足書也。《春秋》凡戍皆不書。夫齊，帥諸侯以攘夷狄、安中國者也。狄滅温不能救，楊、拒、泉、臯、伊、雒之戎犯京師不能斥，而相與致戍于周。方伯之所以蕃王室者如斯而已乎？故雖戍周，不書，不足書也。

夏六月，季姬及鄫子遇于防，使鄫子來朝。

鄫季姬也。其但言季姬何？以其來寧，自内言之也。曷爲不言其來？内女來寧恒不書，略常以明變也。其月，據凡魯君會猶不月。異其事也。《陳氏傳》曰：「朝未有言使者，則其曰季姬使鄫子何？急魯而賤鄫子也。於是季姬來寧，公以鄫子之不朝也，怒止之，遂遇于防，使朝焉。魯爲已汰，鄫爲已卑矣。於婦人乎何譏？惡魯而賤鄫子也。」

秋八月辛卯，沙鹿崩。

《公羊傳》曰：「沙鹿者，河上之邑也。其言崩何？襲邑也。此何以書？爲天下記異也。」何休氏曰：「襲，陷入于地中，故言崩。記天下異，故不繫國。」《穀梁傳》曰：「其日，重其變者也。」

狄侵鄭。

冬，蔡侯肸卒。

十有五年春，王正月，公如齊。

楚人伐徐。

三月，公會齊侯、宋公、陳侯、衛侯、鄭伯、許男、曹伯盟于牡丘，遂次于匡。

公孫敖帥師及諸侯之大夫救徐。

《穀梁傳》曰：「次，有畏也。」《陳氏傳》曰：「救不言次。言次，無志於救也。楚伐徐，桓公合七國之衆以救之，而使大夫將。有諸侯在而使大夫將於是始。桓公爲之也，則桓志荒矣。故言次，譏之也。」

夏五月，日有食之。

秋七月，齊師、曹師伐厲。

厲者，屬楚之微國也。伐國不月，微國何以月？以齊之不競於楚。徐，近齊者也。楚滅弦，桓公不能問；滅黄，不能救。於是伐徐，則亦已迫矣。桓公合七國之君盟于牡丘而不自將，使大夫救徐不力，而分兵以伐其與國之微者，齊爲不競矣。齊率諸侯攘夷狄以安中國也，而卒不競於楚，故不月以異之。以力假仁者，則有時而窮也。夫以力假仁者，固有能致其力者矣。晉文公十九年於外，其臣若舅犯、先軫、欒枝，又皆明於中國之大義、不避危難以成其君者。是以城濮之烈，數世賴之。齊桓公宴安内嬖，而國、高以私勞在位。自召陵而後，常有畏難苟安之志焉。夫豈惟其心有勤怠哉！以力假仁而力又不足以勝之，則固有時而窮也。明年夏，伐厲不克，救徐而還。不書，不足也。

八月，螽。

九月。

爲下女歸月也。據凡會而至著例不月。而女歸，例皆月。

公至自會。

范甯氏曰：「桓會不致，安之也。齊桓德衰，故危而致之。」高抑崇曰：「以會致，見救徐之無功也。」

季姬歸于鄫。

《陳氏傳》曰：「内女嫁恒書，歸不書，歸必有故也。季姬來寧，公怒而止之，故不書歸。至是而後言歸也。」

己卯晦，震夷伯之廟。

《公羊傳》曰：「記異也。」

冬，宋人伐曹。

宋始貳於齊也。《陳氏傳》曰：「諸夏之相加兵，自莊之十九年未之有也。於是再見，宋襄公爲之也。」

楚人敗徐于婁林。齊地。

敗必言師。不言師者，狄也。此其狄徐何？以其始叛周，❶僭大號也。《陳氏傳》曰：「夷狄交相敗不書。據傳襄十三楚人敗吴師，十四年吴敗楚之類。必敗中國而後書。徐，戎也，何以書？病齊也。齊帥天下諸侯以攘夷狄、存中國也。楚伐徐，桓公合七國之衆盟于牡丘，次于匡以救徐，爲之伐厲，而徐卒敗於楚，以是爲盟主病矣。」

十有一月壬戌，晉侯及秦伯戰于韓，獲晉侯。

---

❶「叛」，原作「判」，今據金曰鏞本、四庫本改。

於是秦伯伐晉，則其但言戰何？外言戰，不言伐。據僖十二宋公及楚人戰于泓，又晉侯及秦戰于彭衙。必義繫於伐也，而後兼言之。《公羊傳》曰：「何以不言師敗績？君獲不言師敗績也。」劉侍講曰：「君將不言帥師，君重於師也。君傷不言師敗績，君敗不言師敗績，亦君重於師也。」《陳氏傳》曰：「其不曰以歸何？言獲，則以歸不足言也。」

十有六年春，王正月戊申朔，隕石于宋五。

是月，六鷁退飛，過宋都。

《公羊傳》曰：「五石六鷁何以書？記異也。」《穀梁傳》曰：「是月，決不日而月也。」

三月壬申，公子季友卒。

大夫卒，名。則其兼字之何也？褒恤之數異也。季友，僖之叔父也，而有功於僖。仲遂，宣之叔父也，而有功於宣。其喪之有加禮焉，故卒皆字之。叔肸非有功而以母弟之親，宣公喪之視季友、襄仲，故三臣者皆世爲卿也。

夏四月丙申，鄫季姬卒。

秋七月甲子，公孫兹卒。

冬十有二月，公會齊侯、宋公、陳侯、衛侯、鄭伯、許男、邢侯、曹伯于淮。

《穀梁傳》曰：「兵車之會也。」公會伯主不月，此何以月？會而無功也。於是謀鄫，東略弗果，城鄫而還，故月以異之。例在元年于檉下。

十有七年春，齊人、徐人伐英氏。

英氏者，屬楚微國也。不月，據伐厲月。有徐人也。

夏，滅項。

孰滅之？我滅之也。我滅之則何以不言師？據傳例，用大師曰滅。爲僖公諱也。齊桓公率天下諸侯攘夷狄以安中國，且有存亡繼絶之功於魯。於是會淮無功而魯又滅項以閒之，故略不言師。使若不出公命而微者在國爲之然，爲僖公諱也。爲之諱者，乃所以責之也。不月，據滅國不日。異其事也。中國有伯而諸侯相滅，故不月以異之，據襄六年莒人滅鄫同。譏在齊也。桓公得諸侯，莫先於宋，其次莫親於魯。其卒貳於齊也，亦莫先於宋、魯。夫桓公率諸侯以攘夷狄安中國而尊天子，諸侯實有賴焉。則曰以譏齊何也？桓公無尊周救患之誠也。桓公以尊王爲名，以帖荆爲績，而朝覲歸于己，獄訟歸于己，禮樂征伐自我而出，其所以從諸侯於盟會者，皆以自爲而已。楚人滅弦，桓公不能問，滅黄不能救，於是楚復張而宋貳，魯亦滅項以閒之，以桓公無尊周救患之誠也。使桓公誠不私其國以自爲，而合諸侯以事天子，朝覲歸于天子，獄訟歸于天子，禮樂征伐必自天子出，而躬率方伯之職以討其不庭，則雖以復文、武、周公之竟土可也。天下諸侯，其孰非天子之臣而敢有二心也？然而桓公計不出於此，則雖微宋、魯，諸侯孰不欲閒桓公之怠以求利其國哉？《春秋》是以譏在齊也。凡諸侯相滅，以不日爲略，據齊滅譚、滅遂。日爲詳，據衛侯燬邢，晉會諸侯于相、滅偪陽。則不月爲異也。晉文之興，大抵率桓之爲而莫能尚焉，卒皆無以善其後。故夫有可以興周之勢而不爲，以求利其國而遂失之者，桓、文是也。

秋，夫人姜氏會齊侯于卞。

九月，公至自會。

其致何？會而無功也。以不致爲恒，則致爲異也。致公者不月，據公至恒不月。此何以月？以公之見止于齊也。齊人以滅項爲討而止公，聲姜會齊侯于卞，乃釋公，故月其致以異之也。異之者，譏之也。凡月致，皆譏也。

冬十有二月乙亥，齊侯小白卒。

十有八年春，王正月，宋公、曹伯、衛人、邾人伐齊。

齊桓公卒，宋公以諸侯伐齊，納公子昭，則曷爲不書納？譏不在所納也。外納不書，據秦納晉夷吾、重耳不書。必不克納而書，據納，晉納邾捷菑、齊納北燕伯、晉納衛世子蒯聵。譏在納之也。桓公嘗屬公子昭於宋襄公以爲太子，昭之入則有辭矣，故不書其納也。外宜納，雖伐不書，據秦納重耳，伐晉不書。譏不在所納，則書伐齊，何也？國人以後命立無虧也。桓公内嬖如夫人者六人。無虧，長衛姬之子也。桓公既屬公子昭於宋，而又許立無虧，既而五公子皆求立，桓公不能定。桓公卒，國人以無虧爲長，緣後命而立之，則齊有君矣。於是宋公以諸侯伐齊，齊人殺無虧。故書伐齊，譏在伐也。外伐國不月，於是月以異之。異之者，譏之也。是故孝公出入皆不書，而無虧不得比齊舍，歸惡於桓公也。

夏，師救齊。

救四公子之徒也。

五月戊寅，宋師及齊師戰于甗。齊師敗績。

此宋公也，其稱師何？一役而再有事者，略言之也。戰者以主及客，據莊二十八年齊師伐衛，衛及齊戰之類。伐者爲客，受伐者爲主，皆以主及客。此其以宋及齊何？伐一事也，戰一事也。宋公伐齊，納公子昭，殺無虧，是一事也。既殺長立少，則四公子皆君也。故四公子之徒復與宋戰，然後宋敗齊師于甗，卒立孝公，又是一事也。孝公卒，公子潘殺其子而立。潘卒，公子商人弒舍而立。齊人又弒商人而立子元。元、潘、商人，皆與宋公戰于甗者也。潘不順昭，商人不順乎潘，而元又不順乎商人，自古兄弟爭國篡奪之禍，未有若斯甚者也。蓋其本，自桓公失之矣。而襄公徒欲以力定之，其可乎？故變其主客恒辭，反以宋及齊戰，使宋公若受伐者。然名雖一役而實兩事。則不順孝公者，不惟一無虧，而齊桓、宋襄之失，皆可見矣。

狄救齊。

救不悉書，狄救齊何以書？以宋公伐人之喪以納不正，而後夷狄得竊救患之名以干中國也。

秋八月丁亥，葬齊桓公。

冬，邢人、狄人伐衛。

狄言人何？杜諤氏曰：「便文也。中國與夷狄會，君殊之，據宣十一年晉侯會狄于欑函，僖三十三年晉人及姜戎敗秦于殽。師與大夫序。據宣八年晉師、白狄伐秦，成九秦人、白狄伐晉。必微者而後得稱人。稱人以便文者，非其君也。」又見二十年、襄五年。

春秋集傳卷第六

新安東山趙汸輯

僖公下

十有九年春，王三月，宋人執滕子嬰齊。

執君不名，此其名何？孫明復曰：「遂失國也。」名者，諸侯之終事也。閔其失國，故名以詳之。滕子嬰齊、戎蠻子赤皆失國者也。其月，異其事也。執而遂失國。不月，戎也。據哀四年晉人執戎蠻子。

夏六月，宋公、曹人、邾人盟于曹南。

宋襄公欲求伯也。以有微者與盟，故日。據隱八瓦屋不日。

鄫子會盟于邾。

《公羊傳》曰：「其言會盟何？後會也。」

己酉，邾人執鄫子用之。

諸侯卒則名，雖誘而殺之名。蔡侯般。此殺矣，其不名何也？諸侯不相名，卒，以名赴則名之。其以名卒者，必以名赴也。小國之君不卒，則亦不名也。故邾人戕鄫子不名。《公羊傳》曰：「惡乎用之？用之社也。」何休氏曰：「不言社者，本無用人之道。言用之，重矣。」《穀梁傳》曰：「人因己以求與之盟，己迎而執之。惡之，故謹而日之。」據宣十八年邾人戕鄫子不日。《陳氏傳》曰：「宋公使邾子用鄫子。《春秋》舍宋而書邾，以爲皆國君也，可以不受命矣。而稟命於宋，則邾爲戎首。」杜元凱曰：「不書宋公使者，南面之君，善惡自專，不得托於他命也。」《左氏傳》曰：「宋公使邾文公用鄫子于次睢之社。司馬子魚曰：『民，神之主也。用人，其誰饗之？齊桓公存三亡國以屬諸侯，義士猶曰薄德。今一會而虐二國之君，又用諸淫昏之鬼，將以求伯，不亦難乎？得死爲幸矣。』」

秋，宋人圍曹。

《陳氏傳》曰：「宋公欲合諸侯而亟脩怨於曹。諸夏之圍國自此始。」

衛人伐邢。

冬，會陳人、蔡人、楚人、鄭人盟于齊。

楚初與諸夏盟也。不言會之者，內微者也。稱人，外微者也。於是陳穆公請脩好於諸侯，以無忘齊桓之德。而陳人、蔡人實先楚，則非微者也，曷爲稱之同微者？惡其不量己彼而進夷狄以瀆齊盟，卒爲中國之患，故奪其恒稱以示義也。不月，略其事也。中國與夷狄盟，不月，據僖二十年于邢、二十一年鹿上、宣十一年辰陵之類。雖吾會之，不月。據此。必吾君大夫在焉，而後日，重內也。據僖二十一年盟于薄、二十七年盟于宋、襄二十七年盟于宋。

梁亡。

其言梁亡何？不由赴告之辭也。不由赴告，則何以書？叔鞅歸自京師，言王室之亂也。王室亂，於是乎書。魯人會盟四國大夫于齊，聞梁之亡也，歸而言之，梁亡於是乎書。尊王室而録小國，則亂亡有不由赴告而書者矣。然則孰亡之？秦亡之。曷爲不言秦亡之？梁近秦而遠於中國，無爲以滅亡告諸侯者。於是書之，不由赴告，則不言其亡之者，避不敏也。

二十年春，新作南門。

《穀梁傳》曰：「作，爲也，有加其度也。言新，有故也。」杜元凱曰：「魯城南門也，僖公更高大之。今猶不與諸門同，改名高門也。」劉侍讀曰：「新其舊而書新作，是必有僭制焉。二百四十二年興作多矣，不必書也。僖公修泮宫，詩人頌之，而《春秋》不書。新宫災，大室屋壞不能不修，而《春秋》不書。修之得其時制，故不書也。雉門及兩觀災，記新作焉。然則修舊不足書，其書者，皆非禮之制也。南門之僭自僖公始，故曰新作。」

夏，郜子來朝。

五月乙巳，西宫災。

鄭人入滑。

不月，有以來之也。《左氏傳》曰：「滑人叛鄭而服於衛。鄭公子士洩堵寇帥師入滑。」《陳氏傳》曰：「此鄭公子士洩也，不書大夫將，恒稱人也。」

秋，齊人、狄人盟于邢。

外特相盟不書。與狄盟何以書？中國無伯，華夷相亂也。《左氏傳》曰：「盟于邢，爲邢謀衛難也。」

冬，楚人伐隨。

此鬬穀於菟也。不書楚大夫將，恒稱人也。隨自是絀於楚，不復通於諸侯矣。

二十有一年春，狄侵衛。

宋人、齊人、楚人盟于鹿上。齊地。

二國大夫曷爲稱人？以宋人求諸侯於楚而卒見詐焉，以及於難，故奪其恒稱也。

夏，大旱。

秋，宋公、楚子、陳侯、蔡侯、鄭伯、許男、曹伯盟于盂。宋地。

楚稱爵而序于陳、蔡之上，初以諸侯之禮接也。昔者成王舉熊繹以子男，田于荆山，盟于岐陽也。置茆蕝，設望表，與鮮卑守燎而不與盟，是周室之不成子也。於是長於陳、蔡之君，則曷爲稱子？四夷大者曰子，周之制也。史惡其蠻夷僭竊，不可通於諸侯，則假周爵以稱之，故吴亦曰子。據吴太伯本非子男，《外傳》命圭曰吴公。《春秋》於侵伐既人之以示義，則盟會從其恒稱以見實也。

執宋公以伐宋。

《公羊傳》曰：「孰執之？楚子執之。曷爲不言楚子執之？不與夷狄之執中國也。」《陳氏傳》曰：「凡執恒稱人。執之於伐，則伐稱君，執稱人；於會，則會稱君，執稱人。雖大夫也，則亦會稱大夫，執稱人。此楚子執宋公，則曷爲不再言楚人？不以夷狄執諸夏之辭也。是故執宋公不再言楚人，執齊封亦不申言楚人。」

冬，公伐邾。

楚人使宜申來獻捷。

君使大夫何以稱人？獻捷，君禮也。楚未書君將，則雖來獻捷，人之，以其伐宋也。《陳氏傳》曰：「孟會稱子矣。獻捷于魯，何以稱人？孟會不稱子，無以見楚、宋之爭長。獻捷于魯，不人之，則是遂予楚也。自是至椒之聘而後有君大夫。」《穀梁傳》曰：「捷，君得也。其不曰宋捷何也？不與楚捷於宋也。」胡侍講曰：「諸侯從楚伐宋，魯獨不與，故來獻捷以威魯也。」

十有二月癸丑，公會諸侯盟于薄，釋宋公。

諸侯不序，前目後凡也。其日，以公與盟也。凡夷狄之盟不月，據僖二十、三十二狄，宣十一辰陵。惟吾君大夫特與之盟則日。隱二、文八戎。此其日之何？以兵加中國而公會之盟，故日以殊之。後見二十七宋，成二年蜀。《穀梁傳》曰：「外釋不志，此其志何也？以公之與之盟目之也。不言楚，不與楚專釋也。」

二十有二年春，公伐邾，取須句。

此滅矣，曷爲不言滅？凡滅國有取而有之者，則不書滅，以存亡繼絶之義責歸於取之者也。故須句不書邾滅，向不書莒滅，惡其爲滅國者受惡，而始滅之者不復書也。是經之變例也。於是取須句，反其君，則書取何？屬之以爲附庸也。《陳氏傳》曰：「《春秋》嚴義利之辨，苟以爲利，一以取書之。是故雖邾人滅須句，須句子來奔，伐邾，取須句，反其君，書取須句。雖莒著丘公立而不撫鄫，鄫叛而來，書取鄫。」

夏，宋公、衛侯、許男、滕子伐鄭。

以鄭伯如楚故也。

秋八月丁未，及邾人戰于升陘。

此公及之戰也，曷爲不言公？蒙上文也。邾人以須句故出師，公禦之，及邾人戰于升陘，我師敗績，故蒙伐邾取須句之文不言公，見公以須句戰也。不言師敗績，爲公諱也。《記》曰：「邾婁復之以矢，蓋自戰於升陘始。」是兩敗也。

冬十有一月己巳朔，宋公及楚人戰于泓，宋師敗績。

楚人伐宋以救鄭，則何以不言伐？外言戰不言伐也。例在十五年。《穀梁傳》曰：「日事遇朔曰朔。」《陳氏傳》曰：「楚嘗有君矣，此楚子也，其稱人何？楚君將，猶稱人也。」汪仲裕曰：「宋公身傷而不言，言宋公敗績，據鄢陵言楚子敗績。爲中國諱也。」張主一曰：「惡以夷狄敗中國也。」

二十有三年春，齊侯伐宋，圍緡。

伐國不言圍邑，此其言圍邑何也？以罪齊也。齊孝公賴宋襄之力以得國，當宋、楚有事，不能報施救患，反乘其敗而伐之，所謂「以怨報德，刑戮之民」也。故伐國、圍邑悉書之，以見其罪也。

夏五月庚寅，宋公兹父卒。

秋，楚人伐陳。

《陳氏傳》曰：「此成得臣也。不書楚大夫將，猶人也。」

冬十有一月，杞子卒。

二十有四年春，王正月。

夏，狄伐鄭。

秋七月。

冬，天王出居于鄭。

王者無外，此其言出何？內王都也。據昭二十六敬王書入于成周。曷爲言居而不言奔？普天之下，莫非王土。禮，天子適諸侯，諸侯避正寢，納管鑰而館於廟。天子無客禮，莫敢于主焉，故不言奔而言居也。葉少蘊曰：「天子以畿內爲國，諸侯以封內爲國。諸侯不以其道去其封內，曰出奔；天子不以其道去其畿內，曰出居。子帶之亂，方其奔齊也，或放焉，或封焉，親愛之而勿殺可矣。古人有行之者，舜也。而王不能，反召之，使得終其惡，及其以狄伐周，則罪在可殺。古之人有行之者，周公也。而王不能，反避之，使得奪其位。若襄王者，可謂失其度矣，則亦何以王天下哉！」《陳氏傳》曰：「王出不書，❶爲尊者諱也。據莊二十三年惠王處櫟、定六年敬王處姑猶。其言出居于鄭何？以爲無

❶ 「王」，原作「玉」，今據夏鏜本、金曰鏞本、四庫本改。

足諱焉耳。子穨之難，惠王未有過也。鄭、虢圖之，執燕仲父，殺子穨，踰年而復辟，故諱之也。襄王以狄伐鄭，富辰諫，弗聽。又德狄，以狄女爲后，諫，弗聽。子帶以狄師攻王，王禦士將禦之，又弗聽。於是適鄭。書曰天王出居于鄭，雖然，猶未書入也。《春秋》善復正，言入，未足以言復正也。襄王書出已矣，而書王，必如是而後可以言復正也。」

晉侯夷吾卒。

不月，來赴後也。晉侯卒以前年九月，文公定位而後來告，故即告時書之。《春秋》重喪紀，雖後，猶書之也。

二十五年春，王正月丙午，衛侯燬滅邢。

燬之名何也？絶之也。曷爲絶之？不正其以同姓而滅吾宗之國也。邢與衛同出文王，爲同姓；而魯與邢同出周公，爲同宗。於是衛人滅邢，而魯不能救，疾其滅吾同太祖之國以顧懷周公，故絶之也。其日，甚之也。據滅國不日。黄先生曰：「成王以周公有大勳勞於天下，既封伯禽於魯，又封其支子六人，凡、蔣、邢、茅、胙、祭是也。至春秋時，多爲大國所併，今邢又爲衛滅矣。邢與魯同出周公，衛既忍滅周公之後，魯不能爲之請於天子，請於大國，請於衛，以復存其社稷，故書曰『衛侯燬滅邢』。雖罪衛侯而繫於魯也。」

夏四月癸酉，衛侯燬卒。

宋蕩伯姬來逆婦。

《穀梁傳》曰：「宋蕩伯姬來逆婦，非正也。其曰婦何也？緣姑言之之辭也。」劉侍讀曰：「書來逆，公自主之也。伯姬嫁不見于經，蓋内女雖親，體不敵，不書于策，所以尊君也。今僖公以愛易典，下主大夫之昏，是卑朝廷而慢宗廟，非禮也。」張主一曰：「姑自逆婦，公不使大夫主之，皆非禮也。」

宋殺其大夫。

秋，楚人圍陳，納頓子于頓。

外納不書。苟宜納，雖伐不書。此奔君也，則其書圍陳以納之何？以諸侯大夫不字小，而後夷狄得假存亡之義以閒中國也。楚成得臣之伐陳也，取焦夷，城頓而還。至是而納頓子，則頓子之失國，陳爲之也。《陳氏傳》曰：「出罪也，納之者亦罪也，則書之。據北燕伯款、衛世子蒯聵。❶出非其罪，納之者罪也，則但書納。齊桓公卒，楚始與諸夏盟于齊，盟于鹿上，執宋公、納頓子，侈然欲廢置諸侯矣，《春秋》之所懼也。」王彦光曰：「頓子不名，以諸侯不得相名也。故北燕伯亦不名。」

葬衛文公。

冬十有二月癸亥，公會衛子、莒慶盟于洮。魯地。

中國無伯，參盟復見也。《穀梁傳》曰：「莒無大夫，其曰莒慶何也？以公之會目之也。」

二十有六年春，王正月己未，公會莒子、衛甯速盟于向。齊人侵我西鄙。公追齊師至酅，弗及。

❶「款」，原作「疑」，今據《春秋左傳正義》昭公三年經文改。

其侵曰人，其追曰師，侵言將，追言衆也。孫明復曰：「不可言公追齊人也。」《穀梁傳》曰：「人，微者也；侵，淺事也。公之追之，非正也。至巂，急辭也。」杜元凱曰：「巂，齊地也。」

夏，齊人伐我北鄙。

《春秋》君將稱君有二：伯主將而稱君者，與之以專征而討罪；諸侯將而稱君者，詳其自將以見實。二者文同而義異。故雖外侵伐我，皆從其恒稱。此齊侯也，則其稱人何？以魯人乞師夷狄以伐中國，故略言之也。魯人常會盟于齊矣，於是外附楚而内與衛、莒爲參盟以擯齊，則齊豈無辭乎？齊侯方以展喜之言退師，而公子遂已乞師于楚，故齊侯略稱人，爲公以楚師伐齊，言故而已。

衛人伐齊。

公子遂如楚乞師。

《左氏傳》曰：「洮之盟故也。」

《陳氏傳》曰：「乞師不書。據成二年臧宣叔如晉乞師。乞諸夷狄然後書。外乞師不書，必盟主也而後書。乞，卑辭也。乞諸夷狄然後書，志中國之詘於夷狄也。」

秋，楚人滅夔，以夔子歸。

滅國何以不月？略夷狄也。夷狄滅中國，以其君歸，日。此以其君歸矣，則略之何也？以其自相滅也。王者不治夷狄，必于中國也，而後不可以不治，故夷狄滅中國，以其君歸，則日。苟自相滅也，《春秋》奚治焉？是故滅國以其君歸，恒名之。於是夔子不名，略之也。

冬，楚人伐宋，圍緡。

宋即晉也。吴先生曰：「宋成公忘其父之仇，與楚平而往朝之。二十四年。今而即晉，庶幾能徙義者矣。故圍邑不書，而楚人伐其國、圍其邑悉書之，以見夷狄之横也。」

公以楚師伐齊，取穀。

公至自伐齊。

公伐國不致，此何以致？爲其用夷狄之師以伐中國，故致之也。齊桓公合諸侯以攘夷狄，一匡天下。桓公卒，楚執宋公以伐宋，敗宋于泓，及宋平，而宋不附。伐陳，圍陳，納頓子，而陳不從。中國雖無伯，而召陵之威烈未泯也。魯人乃乞楚師以伐齊，取穀，寘桓公子雍于穀。楚申公叔侯戍之以逼齊，則東諸侯鮮不折而入於楚者。是夷夏之大變也。

二十有七年春，杞子來朝。

杞伯何以稱子？《左氏傳》曰：「公卑杞，杞不共也。」襄公之世，杞子來盟，傳曰：「賤之也。」杞侯自貶以朝大國則曰伯，魯人卑之則又曰子。《春秋》從史文，而魯惡見矣。

夏六月庚寅，齊侯昭卒。

秋八月乙未，葬齊孝公。

乙巳，公子遂帥師入杞。

内入國不日，據無駭帥師入極、入杞。必公將而後日。此大夫也，則其日何？甚之也。杞桓公來朝，公卑之，以子男禮見。使公子遂帥師入杞，責無禮焉。僖公重小國之幣而薄姑姊妹之恩，故日以甚之也。

冬，楚人、陳侯、蔡侯、鄭伯、許男圍宋。

此楚子也，其稱人何？魯君將，猶稱人也。楚從陳、蔡、鄭、許之君以圍宋，而序諸侯之上，則曷爲但人之？正其猾夏之罪也。楚强甚矣，雖桓公盛時，楚猶未嘗一日而忘諸夏。桓公卒，楚得衛、得曹、得魯而從陳、蔡、鄭、許之君以圍宋，楚之得志於諸夏未有甚於此時者。然召陵之烈未泯，而晉文之義已信於諸侯。宋之不詘於楚者，以有晉也。楚雖欲一日得志於諸夏，不可得也。故雖序於諸侯之上，猶人之，信中國之大義以正其罪也。

十有二月甲戌，公會諸侯盟于宋。

其日，以公在也。例在二十一年。葉少藴曰：「諸侯不序，前目後凡也。」僖公，附楚者也。楚子居申，而後使子玉去宋，則是會非解圍也。宋猶在圍，則何以宋地盟？于宋國之外，是于宋矣。

二十有八年春，晉侯侵曹。晉侯伐衛。

侵曹，伐衛，討其附楚也。杜元凱曰：「再舉晉侯，曹、衛兩來告也。」孫明復曰：「曹、衛，楚與國也。晉侯將救宋，故侵曹伐衛。不言遂者，非繼事也。侵曹既反，而後伐衛也。」李堯俞曰：「遂者，因近適遠之辭。曹遠衛近，不得以爲繼事而言遂也。」

公子買戍衛。不卒戍，刺之。

晉伐衛而魯戍之，欲拒晉以與楚也。刺，殺也。内殺大夫曰刺。《左氏傳》曰：「楚人救衛，不克。公懼於晉，殺子叢以説焉。謂楚人曰：『不卒戍也。』」其不月何？據刺公子偃書日。以僖公背華即夷而賊殺其親，以兩説于晉、楚，故異之也。

楚人救衛。

《陳氏傳》曰：「楚嘗救鄭，不書。見傳僖公六年、二十二年。於是始書，以爲晉文之伯，楚欲救而不能也。」

三月丙午，晉侯入曹，執曹伯，畀宋人。

其日，謹其事也。外入國不日，雖君將不日。據哀八年宋入曹。必伯者有討於諸侯而後日，謹之也。不言執之者，蒙上文也。《公羊傳》曰：「稱侯而執者，伯討也；稱人而執者，非伯討也。」晉侯侵曹而曹不服，於是入曹，執曹伯，故蒙上文晉侯，予之以討罪也。孫明復曰：「晉侯入曹，執曹伯，不歸于京師而畀宋人，甚矣！稱晉侯者，執得其罪也。」孫莘老曰：「晉侯能扶大義以討叛國而尊王室，故《春秋》予之也。」

夏四月己巳，晉侯、齊師、宋師、秦師及楚人戰于城濮，楚師敗績。衛地。

是宋公、齊國歸父、秦小子慭也，則何以但稱師？宋公不與戰，大夫將，恒稱人也。高抑崇曰：「城濮，衛地。及楚人戰者，與救衛之師戰也。楚之强甚於齊桓之時，晉文公一戰勝楚，終文以及襄之世，楚人不敢復窺中國，則功莫盛於此矣。」董仲舒曰：「戰不若不戰，然而有所謂善戰；盟不若不盟，然而有所謂善盟。故城濮之戰、召陵之盟，皆《春秋》之所予者，以其俱有攘夷狄之功也。」

楚殺其大夫得臣。

此成得臣也。其不稱氏何？據楚殺公子例，不去公子。討當其罪也。禮，謀人之軍，師敗則死之；謀人之邦，邑危則亡之。晉侯之入曹也，楚子使申叔去穀，使子玉去宋，曰：「無從晉師。」子玉不從，請戰。戰焉，楚師大崩，則其罪宜討者也。《春秋》稱國以殺大夫，有非其罪者矣。苟殺之非其罪，則譏不止專殺也。於是楚以罪討其大夫，而與殺非其罪者同文，則是非何以辨焉？故得臣，令尹也，但名之以辨於稱國以殺大夫而不當其罪者。舍是，則楚宜申、宋山皆討當其罪者也。雖然，《春秋》又有懼焉。法以輔治，有天下國家者所以興衰也。故中國而或廢法，則中國削；夷狄而能用法，則夷狄彊。城濮之敗，子玉死之，楚是以興。邲之戰，荀林父免焉，晉於是爲不競矣。

衛侯出奔楚。

五月癸丑，公會晉侯、齊侯、宋公、蔡侯、鄭伯、衛子、莒子盟于踐土。鄭地。

於是王子虎實盟諸侯，則曷爲不書？諱之也。據洮之盟書王人。周之制，諸侯有疑則盟於會同，王官之伯臨之，伯不盟也。故齊桓公盟王人，不敢盟宰周公，不敢以所不信施於尊者。晉文公一戰勝楚，不能自信於諸侯，作王宫，致天子，而屈王子於盟。襄王下勞晉侯，策命專征，不能委任方伯，而以大臣盟諸侯於王所，是以天子與斯盟也。故王子虎不書，使若諸侯自相盟然，爲天王與晉侯諱之，所以尊王室而全伯者之功也。其日何？以文公尊王定伯，不俟再舉，同之葵丘也。胡侍講曰：

「叔武受盟，稱子，立以爲君也。」

陳侯如會。

劉侍讀曰：「如會，聞會自至也。」孫明復曰：「來，不及盟也。」

公朝于王所。

踐土之諸侯也，其但言公何？非期會不序也。曷爲先言會後言朝？得見乎天子而後志之也。朝王日，據下壬申著例。此何以不日？盟之日也，見諸侯已盟，而後見乎天子，非會盟則不見也。天子所在曰王所。據《覲禮》。《穀梁傳》曰：「朝不言所，言所，非其所也。」《公羊傳》曰：「曷爲不言公如京師？天子在是也。天子在是，則曷爲不言天子在是？不與致天子也。」

六月，衛侯鄭自楚復歸于衛。

君歸言復，已失國之辭也。凡執君歸不言復，必奔君而後言復，執猶未絶于衛也。故執不月，必奔而後月；執而歸不月，必奔而歸而後月。執未失國也，奔已失國也。衛侯出奔不名，則復歸何以名？叔武立矣，不可以無辨也。歸君不言自，此其言自何？惡自楚也，以其叛中國即夷狄而得免於誅，故言所自以見其罪也。何休氏曰：「刺歸有罪也。天子所以陵遲者，爲善不賞，爲惡不誅。衛侯出奔楚，當絶。不當廢叔武而反衛侯，令殺叔武也。」

衛元咺出奔晉。

愬殺叔武也。殺叔武曷爲不書？《春秋》舉重，衛侯之罪莫重於叛中國，故一見之也。由僖公而上，政不在大夫，故外大夫無書奔者。自元咺而後，大夫益專，其出奔非有罪則彊家相傾。苟爲不然，則亦關乎一國之故，與公子之未命者異，故悉書之。

陳侯款卒。

秋，杞伯姬來。

來謝過而求平也。

公子遂如齊。

冬，公會晉侯、齊侯、宋公、蔡侯、鄭伯、陳子、莒子、邾子、秦人于温。

討衛、許也。

天王狩于河陽。晉地。

於是襄王會諸侯于温，則其曰狩何？非狩也，《春秋》之特筆也。以天子而會諸侯則上僭，以諸侯而致天子則下陵。上僭而下陵，中國之所以傾也。以晉文之伯而君臣兩失之，將無以示天下，故以狩書也。然則踐土曷爲不曰王狩？會可言狩，此不可言狩也。踐土之盟，王子虎在焉，不書，嫌以天子與斯盟也。苟書狩而後盟，則是以天子與斯盟矣。《春秋》有二事而一譏者，於河陽書狩，則踐土之失不待言矣。《公羊傳》曰：「狩不書，此何以書？不與再致天子也。」《穀梁傳》曰：「全天子之行也。爲若將守而遇諸侯之朝也，❶爲天王諱也。」孫明復曰：「以王狩爲文，所以詘彊侯而尊天

❶「守」，四庫本作「狩」。

子也。」

壬申，公朝于王所。

其日，謹其事也。不月，由會録也。公會諸侯不月，雖伯者亦不月。《春秋》有爲下事月者，此獨不爲下事月何？繫之會也，明以會而後朝，非會則不朝也。《穀梁傳》曰：「日繫於月，月繫於時。壬申，公朝于王所，其不月，失其所繫也。以爲晉文公之行事爲已傎矣。」❶

晉人執衛侯，歸之于京師。

曷爲有言歸于，有言歸之于？歸于，正也；歸之于，不正也。衛侯與元咺訟，不勝。晉侯殺其坐獄之臣而刑其輔，然後執衛侯，歸之于京師，請以王命殺之。是生殺之權，名在天子而實在晉侯也。故曰歸之于，彊辭也。《公羊傳》曰：「衛侯之罪何？殺叔武也。文公逐衛侯而立叔武，叔武辭立而他人立，則恐衛侯之不得反也。故於是已立，然後治反衛侯。衛侯得反，曰：『叔武篡我。』終殺叔武。此晉侯也，其稱人何？衛之禍，文公爲之也。文公逐衛侯而立叔武，使人兄弟相疑。放乎殺母弟者，文公爲之也。」

衛元咺自晉復歸于衛。

奔大夫歸不書，據惠王復周公忌父、鄭復公父定叔、宋復蕩意諸不書。必挾外援以歸然後書。元咺言出言

---

❶ 「傎」，原作「慎」，據《穀梁傳》及金曰鏞本、四庫本改。

歸，出入皆有罪也。出入皆有罪，則其言復歸何？凡歸言復者，位已絶也。咺以臣愬君，是自絶於君矣。大夫自絶於君，無反國之義，而咺將易置其君以歸，故書歸而言復，以罪之也。其曰自晉，譏在晉也。《陳氏傳》曰：「歸大夫不言復，必諸侯也而後言復。君有歸，道也；大夫言復者，伉也。是故衛元咺復歸，宋魚石、晉欒盈復入，皆伉辭也。」

諸侯遂圍許。

遂，繼事也。諸侯既會于温，朝天子，執衛侯，歸元咺，而後圍許也。

曹伯襄復歸于曹，遂會諸侯圍許。

執君歸不書，據鄭伯襄、莒子、邾子。此何以書？釋有罪也。國君言歸，必嘗失國者也。此未失國，則曷爲不宜歸？曹伯附夷狄以拒中國之師，則其罪宜絶。其罪宜絶而歸之，晉侯失刑矣。故執君歸不言復，於是言復。失國，非二君不名，於是特名之，罪之也。罪曹伯所以譏晉也。

二十九年春，介葛盧來。

介，東方國名。葛盧，其君也。昔者衛侯來會惠公葬，隱公不見，史不書。今公猶在會，則介人何以書？成公意也。僖公始作頌，而以來淮夷爲誇，故雖不見公，書之，以其能來也。

公至自圍許。

桓、文之會不致，此以圍許致，同於桓之致伐也。

夏六月，會王人、晉人、宋人、齊人、陳人、蔡人、秦人盟于翟泉。洛陽城内地。

此公會王子虎、晉狐偃、宋公孫固、齊國歸父、陳轅濤塗也。曷爲不序？諱以大夫盟王子也。諸侯不得盟王子，而況於大夫？大夫不得會公侯，而況於盟？晉侯功勳已著，不能以道事天子、撫諸侯，而亟於尋盟。於是以大夫盟王子，而使吾君親之。以大夫盟王子而諸侯會之，是無上下也。故內不書公，而王子與諸大夫皆稱人，若使微者相與盟然。諱之者，譏之也。《陳氏傳》曰：「大夫之交政於是始，文公爲之也。不斥言王子虎，爲尊諱也。以其人王子虎，不可不徧人諸侯之大夫，❶以其徧人諸侯之大夫，不可不没公也。」

秋，大雨雹。

冬，介葛盧來。

以未見公，故復來也。《公羊傳》曰：「不言朝，不能乎朝也。」啖叔佐曰：「不廟受也。」

三十年春，王正月。

夏，狄侵齊。

秋，衛殺其大夫元咺及公子瑕。

《穀梁傳》曰：「稱國以殺，罪累上也，以是爲訟君也。衛侯在外，其以累上之辭言之，何也？待其殺而後入也。」孫莘老曰：「瑕見立於元咺，以咺及之者，言瑕之見殺由於咺也。」王沿氏曰：「咺嘗君

---

❶「徧」，原作「偏」，今據四庫本改。下句同。

瑕，今與咺同殺，故言及。而稱公子者，不與咺君之也。」高抑崇曰：「殺而書及者，以某之故而累及某也。據士縠及箕鄭父、慶虎及慶寅。不書及者，其罪同，其殺之志均也。」據趙同、趙括，郤錡、郤犨、郤至。

衛侯鄭歸于衛。

言歸，釋有罪也。向也言復歸，今歸不言復何？不以其罪討也。衛侯之罪莫大於叛中國。晉侯立叔武而歸衛侯，不正其罪而受元咺之愬，爲臣執君，則討之不以其罪矣。此歸自京師也，曷爲不言自京師？不以衛侯之獄累京師也。晉侯復元咺于衛，使立公子瑕，而請王命以殺衛侯。天子曰：「不可。君臣無獄，元咺雖直，而不可聽也。又爲臣而殺君，其安用刑？」晉人乃歸衛侯。則衛侯之不君，元咺之不臣，叔武與瑕之死，皆晉人爲之，故不以累京師也。

晉人、秦人圍鄭。

此晉侯、秦伯也，曷爲稱人？秦遂叛晉也。城濮之未集，鄭伯如楚致其師。鄭非知罪也，而晉與之成矣。踐土之盟、温之會，鄭無不在焉，而翟泉不至，以晉猶未釋于鄭也。晉侯執曹伯，曹人虞其亡；執衛侯，將寘諸死，而皆不能正其罪。苟不釋于鄭，豈可量也？鄭是以不至，而晉侯召秦伯與之圍鄭，晉爲已甚矣！此鄭之所以不下晉而私於秦也。夫晉率諸侯以攘夷安中國也，而使諸侯皆不知其罪而滅亡是懼，雖秦人，豈能無中變哉？於是秦伯私與鄭盟，戍鄭而去之。蓋秦之叛夏盟於是始。是故皆奪其恒稱，以秦則有罪矣，而晉亦有以致之也。

介人侵蕭。

冬，天王使宰周公來聘。

公子遂如京師，遂如晉。

並稱如，皆以聘禮行也。諸侯於天子有職貢而無聘問。聘問者，上之所以交乎下也。東遷，王室日微，職貢不歸久矣。襄王既朝諸侯，使宰周公來聘，而後魯人亦以聘禮上問如邦交，諸侯之伉也。不專使而兼事以行，示其禮均也。孫明復曰：「天子至尊，非諸侯可得而伉也。僖公與襄王交聘，伉孰甚焉！故曰『天子使宰周公來聘，公子遂如晉』以譏之。」《陳氏傳》曰：「自桓王以下，王室無聘魯者。於是再聘，而宰周公實來，則已尊矣。公子遂如京師，遂如晉。以其如京師，不敢不如晉，是夷周於晉也。」

三十有一年春，取濟西田。

此曹田也。不曰曹，受之晉也。諸侯有罪，削地當歸天子。非天子不得削人土地。晉侯執曹伯，解其地以分諸侯。晉之分，魯之取，皆非也。以楚師伐齊，取穀，公子戍衛，不卒戍，刺之。魯之罪不薄於曹，而分曹地，是非賞罰也。見伯者之以利結諸侯也。

公子遂如晉。

夏四月，四卜郊，不從，乃免牲，猶三望。

郊者，郊祀上帝以祈穀也。禮，天子以孟春之月元日祈穀于上帝，謂夏正斗建寅之月也。元日，上辛日也。魯僭天子之禮，然猶不敢直用上辛而卜之。卜三月上辛，不吉，則卜中辛。中辛不吉，則卜下辛。若三卜皆不從，則不郊，示不敢專也。今乃四卜，非也。免，猶放也。不郊於是卜免牲，卜不吉，則繫而待明年具牲時用。今卜而吉，故放其牲也。不言不郊者，從可知也。猶者，可以止之辭。三望，謂郊時所望祭四方山川。魯郊雖僭，猶不敢同於天子，故闕其一也。據《周禮》四望。不郊而望，亦非也。魯郊，非禮也，然既歲卜而郊，則史不勝書，故於失禮之中書其又失禮者。於是四卜猶三望，故書之也。《公羊傳》曰：「三卜，禮也。四卜，非禮也。求吉之道三。禘嘗不卜，郊何以卜？卜郊，非禮也。卜郊何以非禮？魯郊，非禮也。天子祭天，諸侯祭土。天子有方望之事，無所不通。諸侯山川有不在其方内者，則不祭。三望者何？望祭也。然則曷祭？祭泰山、河、海。猶者，通可以已也。何以書？譏不郊而望祭也。」《左氏傳》曰：「望，郊之細也。不郊，亦無望可也。」《穀梁傳》曰：「夏四月，不時也。四卜，非禮也。免牲者，爲之緇衣纁裳，有司玄端，奉送至于南郊。免牛亦然。」已牛矣，而又免之，何也？嘗置之上帝矣，故卜而免之，不敢專也。《陳氏傳》曰：「諸侯之有郊、禘，東遷之僭禮也。故曰秦襄公始列於諸侯，作西畤，祠白帝，僭端見矣。位在藩臣而臚於郊祀，君子懼焉，則平王以前未有也。魯之郊、禘，惠公請之也。據邵氏《經世》，惠公立於秦襄祠白帝之年。齊桓公欲封禪而亦郊鯀，皆僭禮也。然則《春秋》何以始見於僖公？向者莊公之觀齊社也，曹劌諫曰：『天子祀上帝，諸侯會之，受命焉。諸侯祀先王先公，卿大夫佐之，受事焉。』用見惠公雖請之，而魯郊猶未率爲常也。僖公始作頌，以郊爲誇焉，於是四卜不從，猶三望也。」

秋七月。

冬，杞伯姬來求婦。

狄圍衛。❶

十有二月，衛遷于帝丘。

三十有二年春，王正月。

夏四月己丑，鄭伯捷卒。

衛人侵狄。

秋，衛人及狄盟。

冬十有二月己卯，晉侯重耳卒。

三十有三年春，王二月，秦人入滑。

杜元凱曰：「滅而書入，不能有其地也。」

齊侯使國歸父來聘。

夏四月辛巳，晉人及姜戎敗秦師于殽。

晉人者，晉子也。稱人，略言之也。嗣君在喪以師行者稱爵，謂得已而不已者也。於是秦將襲鄭，滅滑而還。晉先軫曰：「秦不哀吾喪而伐吾同姓。」遂發命，遽興姜戎。子墨衰絰，敗秦師于殽。晉，

❶「狄」，原作「秋」，今據《春秋左傳正義》改。

伯國也，故略稱人，不使與得已不已者同文。而日以謹之，與之以繼伯而討罪也。曰及者，殊之，不使夷狄與諸侯序也。外相敗不書，以秦人背晉而戍鄭，又將因戍人以襲鄭。其反覆乎晉、鄭之閒，戎狄之道也。使秦人得志於中國，其禍豈減於荆楚哉？是故伯國之所宜討者，故特書之也。

癸巳，葬晉文公。

狄侵齊。

公伐邾，取訾婁。

閒晉之有事也。

秋，公子遂帥師伐邾。

晉人敗狄于箕。太原陽邑縣南。

此晉侯也，其稱人何？子夏問曰：「三年之喪卒哭，金革之事無辟也者，禮與？初有司與？」孔子曰：「吾聞諸老聃曰：『昔者魯公伯禽有爲爲之也。』今以三年之喪從其利者，吾弗知也。」狄伐晉及箕，晉侯敗狄于箕，以其有爲爲之，故不與得已不已者同稱也。不月，略其事也。據晉敗狄三，皆不月。《陳氏傳》曰：「中國敗夷狄，不書，據隱九年鄭人大敗戎師、閔二年虢公敗犬戎之類。唯晉特書之。特書晉者，皆病晉也。晉帥天下諸侯以攘夷存中國也。前年狄侵齊，去年狄侵衛，而晉不能救。於是伐，晉蓋僅而後勝之也。以是爲盟主，病矣。」

冬十月，公如齊。

不如晉而如齊，謂晉無能爲也。

十有二月，公至自齊。

乙巳，公薨于小寢。

小寢，内寢也。君薨必於路寢，就群臣百官以明授受，所以正其終也。僖公秋伐邾，冬如齊，反而薨於小寢，其志荒矣。《穀梁傳》曰：「小寢，非正也。」《左氏傳》曰：「即安也。」趙伯循曰：「大位，姦之窺也；危病，邪之伺也。若敝於隱，是女子小人得行其志也。」

隕霜不殺草，李、梅實。

冬燠也。《穀梁傳》曰：「未可殺，舉重也；可殺而不殺，舉輕也。」范甯氏曰：「輕者不死，則重者可知也。」《公羊傳》曰：「記異也。」杜諤氏曰：「《春秋》記災異，不遺微細，所以謹人君之戒也。明天地之大，動植生殺，陰陽之應，皆繫人君之身也。」

晉人、陳人、鄭人伐許。

討其貳於楚也。前年春，楚鬭章請平于晉，晉陽處父報之，晉、楚始通，文公爲之也。襄公始有志於諸侯，不先定東諸侯之交，而有事于許，非其序也。雖然，伐許猶可也；伐沈，微矣。

春秋集傳卷第七

新安東山趙汸輯

文公

元年春，王正月，公即位。

踰年雖未葬，稱公，不可曠年無君也。《公羊傳》曰：「緣始終之義，一年不二君；緣臣民之心，不可一日無君也。」

二月癸亥，日有食之。

天王使叔服來會葬。

天子使大夫葬諸侯，禮也。得禮，故不月，據四月乃喪，中有閏月，王臣必無前二月至之理。略常事也。據歸、賵、會皆月。

夏四月丁巳，葬我君僖公。

天王使毛伯來錫公命。

請命而來錫也。《詩序》：「季孫行父請命于周。」以時考之，爲文公請命也。作頌，爲將躋僖公。《穀梁傳》曰：「禮有受命，無來錫命。錫命，非正也。」劉侍讀曰：「錫命者，命爲諸侯也。禮，諸侯在喪稱子，踰年即位。喪畢，以士服見於王。王乃於廟命之，錫之黻、冕、圭、璧，然後服之。歸，設奠于祖廟，然後臨其臣民焉。喪未畢而命之，非禮也。既喪畢而不受命于天子，亦非禮也。」

晉侯伐衛。

君將，非親帥不志。據僖二十城濮不書宋公，襄十四年不書晉侯。於是，晉告於諸侯而伐衛，先且居曰：「效尤，禍也。諸君朝王，臣從師。」晉侯朝王于温，先且居、胥臣伐衛。則其書晉侯何？與晉侯以紹伯也。晉文公卒，衛人侵鄭，伐緜、訾及匡。襄公既敗秦師，敗狄，伐許，然後伐衛以討貳。纘文之功，繼主夏盟，故與之也。

叔孫得臣如京師。

拜錫命也。

衛人伐晉。

《陳氏傳》曰：「此衛孔達也。其稱人何？大夫將，猶稱人也。」

秋，公孫敖會晉侯于戚。

內大夫始特會諸侯也。

冬十月丁未，楚世子商臣弒其君頵。頵，丘倫反。

公孫敖如齊。

二年春，王正月甲子，晉侯及秦師戰于彭衙，秦師敗績。

此秦人伐晉也。其不言伐何？以戰敗績見義也。晉厲公嘗及秦師戰于麻隧，秦師敗績，不書。書晉伐秦，譏在晉，則秦師敗績不足書也。晉悼公嘗及秦師戰于櫟，晉師敗績，不書。書秦伐晉，責秦之黨楚，則晉師敗績，爲中國諱之，可也。秦穆公之悔過自誓，志乎報怨攄忿而已。於是不替孟明以替殽之役，故伐晉不書，而書戰、書敗績，惡其不知自反以喪師，非國君子民之道也。程子曰：「秦人越國以襲人，雖忿，無以爲辭也。故其來不稱伐，以忿取敗，故書敗績。」

丁丑，作僖公主。

主爲練主也。作主不書，過時則書之。《公羊傳》曰：「主者曷用？虞主用桑，練主用栗。用栗者，藏主也。」《穀梁傳》曰：「立主，喪主於虞，吉主於練。作僖公主，譏其後也。」何休氏曰：「禮，作練主當以十三月。」高抑崇曰：「周人卒哭而祔，祔而易主，是謂虞主；既朞而練，練而易主，是謂練主。僖公薨十有五月，非練之時而作主，猶未祔廟也。猶未祔廟者，欲躋者故也，是以謹而日之。」

三月乙巳，及晉處父盟。

《左氏傳》曰：「晉人以不朝來討。公如晉，晉人使陽處父盟公以耻之。書曰『及處父盟』，以厭之也。適晉不書，諱之也。」《穀梁傳》曰：「不言公，處父伉也，爲公諱也。何以知其與公盟？以其日也。何以不言公之如晉？所耻也。出不書，反不致也。」張主一曰：「盟于晉之國都而君不出，耻甚矣，故諱之。」王沿氏曰：「内没公而外去氏者，既刺公以不朝致辱，又卑晉以非禮盟公也。」

夏六月，公孫敖會宋公、陳侯、鄭伯、晉士縠盟于垂隴。鄭地。

晉主夏盟恒日，雖大夫盟，日。此何以不日？以吾大夫會諸侯盟也。《春秋》日月之法，莫嚴於君臣，莫辨於中國夷狄。故吾君及諸侯盟恒日，雖有大夫，日；僖公盟洮于向。雖會大夫、盟諸侯，日。新城趙盾。其不日者，必有故也。吾大夫特盟諸侯不月，自參以上不日。桓十一盟折。雖會，大夫盟諸侯，不日，據此及文十八年虛折。所以嚴君臣之分也。必吾大夫與外大夫盟而後日，敵也。非敵而日者，異之也，不疑於伉者也。文十六齊侯，哀二邾子。舍是則夷之盟也，故夷狄之盟不月。苟吾君大夫與之盟，則皆日。隱二年盟戎，文八年公子遂盟戎。不以夷狄卑吾大夫，所以謹華夷之辨也。《陳氏傳》曰：「晉遂以大夫盟諸侯也。大夫而與諸侯敵於是始，故書。大夫專盟，自士縠也。士縠非卿也，見晉之卑諸侯也。」

自十有二月不雨，至于秋七月。

《公羊傳》曰：「記異也。大旱以災書，此亦旱也，曷爲以異書？大旱之日短而云災，故以災書。此不雨之日長而無災，故以異也。」《穀梁傳》曰：「歷時而言不雨，文不憂雨也。不憂雨者，無志乎民也。」

八月丁卯，大事于太廟，躋僖公。

大事者，禘也。譏不在用禘，故略言之。《公羊傳》曰：「躋者，升也，譏逆祀也。其逆祀奈何？先禰而後祖也。」《穀梁傳》曰：「先親而後祖也，逆祀也。逆祀則是無昭穆也，則是無祖也。無祖則無天也。君子不以親親害尊尊，此《春秋》之義也。」劉侍讀曰：「僖公於閔非父子也，然而與親父子無以異者，受國焉耳。君之，則我以臣事之；父之，則我以子奉之。是故爲人後者，則爲之子矣。」高抑崇曰：「人君以兄弟爲後者，必非有子者也。引而爲嗣，臣子一體矣。不繼所受國而繼先君，則是所受國者竟莫之嗣也。生則以臣子事之，死則以兄弟治之，非所以受國之意也。」胡侍講曰：「有天下者事七世，諸侯五世。父死子繼，兄亡弟及，名號雖不同，其爲世一也。」

冬，晉人、宋人、陳人、鄭人伐秦。

《陳氏傳》曰：「此晉先且居、宋公子成、陳轅濤塗、鄭公子歸生也。曷爲不序？大夫將，猶稱人也。自陽處父專將，書大夫。是故《春秋》之始，大夫將，恒稱人，由救鄭之後略之，始稱人矣。」胡侍講曰：「晉人再敗秦師，在恒情亦可以已矣。而報復無已，殘民結怨之道也。」

公子遂如齊納幣。

納幣不書，據桓、宣、成皆取于齊，不書納幣，知納幣不使大夫乃禮之常。使大夫則書之，志禮之變也。《公羊傳》曰：「譏喪娶也。取在三年之外，則何譏乎喪取？三年之内不圖昬。三年之恩疾矣，非虚加之也，以人心爲皆有之。以人心爲皆有之，則曷爲獨於取焉譏？娶者，大吉也，非常吉也。其爲吉者，主於己。以爲有人心焉，則宜於此焉變矣。」

三年春，王正月，叔孫得臣會晉人、宋人、陳人、衛人、鄭人伐沈，沈潰。

以其服於楚也。

夏五月，王子虎卒。

王大夫不卒，據成十三成肅公、昭十一年單成公。此其卒之何？以嘗主諸侯之盟也。《左氏傳》曰：「來赴，弔如同盟。」故卒之也。曷爲不稱爵？王臣無外交，於是天子爲之赴，故不言爵也。陳莊子死，赴於魯。魯人欲勿哭，繆公召縣子而問焉，曰：「古者大夫束脩之問不出竟，雖欲哭，焉得哭諸？今之大夫交政於中國，雖欲勿哭，焉得而勿哭？」然則非禮也，蓋衰世之志也。是故翟泉之盟卒王子虎，皐鼬之會卒劉卷。舍是，王臣無書卒者矣。

秦人伐晉。

《陳氏傳》曰：「此秦伯也。曷爲稱人？殽之誓，孔子有取焉，而秦穆之連兵無虚歲，君子以爲秦人未離乎戎狄也。是故自韓原，秦不以爵見於經，至康公而遂狄之。《終南》《蒹葭》之作，秦非無人也，而秦不用，誠未離乎戎狄也。」

秋，楚人圍江。

報沈之役也。晉先僕伐楚以救江，不書，不足書也。

雨螽于宋。

《左氏傳》曰：「墜而死也。」《公羊傳》曰：「記異也。」

冬，公如晉。

晉人請改盟也。

十有二月己巳，公及晉侯盟。

晉陽處父帥師伐楚以救江。

於是，晉以江故告于王。王叔桓公、晉陽處父伐楚以救江，則其不書王叔何？不以伐楚救江累王室也。襄公敗秦師于殽，而歸縱淫，自將以敵秦怨而忘楚患。伐許之役三國，伐秦四國，伐沈五國，皆以大夫專之；而楚人圍江，以微者往救。襄公之志荒矣。於是不能親率諸侯以救江絀楚，而屈王臣與其大夫俱以伐楚，無益於救江之實，而使天子受其名，是故特書陽處父，而王叔桓公不書，不以累王室也。伐不言以救，於是言以救江，與之以救中國之名，所以責其實也。王沿氏曰：「諸侯大夫未有帥師而稱名氏曰某。曰處父何也？政在諸侯，則大夫皆稱人；政在大夫，故稱氏名以罪之也。始於處父者，以其盟魯侯，蒐于董，易中軍。今救江而伐楚，專之甚者也，故始之也。」《陳氏傳》曰：「晉大夫書帥師於是始，大夫强也。自是恒書大夫，略之則稱人。」

四年春，公至自晉。

夏，逆婦姜于齊。

不言逆之者，逆之者微也。曰婦者，有姑之辭。無姑，則以夫人之禮至；有姑，則以婦禮至也。姜不言氏者，異之，不正。成風以妾祖姑爲昏主而當婦，禮也。若妾姑也，則不書氏，故穆姜亦不氏，所以別適姑也。《左氏傳》曰：「卿不行也。君子是以知出姜之不允於魯也。曰：『貴聘而賤逆之，君而卑之，不允宜哉。』」

狄侵齊。

秋，楚人滅江。

晉侯伐秦。

張洽氏曰：「晉侯不以江亡爲恥，而亟報秦怨，其爲盟主，末矣。」

衛侯使甯俞來聘。

冬十有一月壬寅，夫人風氏薨。

《陳氏傳》曰：「夫人某氏薨，適稱也。此莊公之妾也，則曷爲以適稱稱之？喪之以夫人之禮也。隱公之喪桓母猶有疑焉，是故別廟也。祔姑稱謚，伉然如夫人，則自文公之喪成風始也。」胡侍講曰：「禮，庶子爲君，爲其母無服，不敢二尊者也。邦君之妻，邦人稱之曰君夫人；稱諸異邦，曰寡小君。敵體之稱也。若夫妾媵，則非敵矣。以妾媵爲夫人，徒欲尊其所愛而不虞卑其身；以妾母爲夫人，徒欲貴其所生而不虞賤其父。卑其身則失位，賤其父則無本。失位無本，不亦悖乎！」

五年春，王正月，王使榮叔歸含且賵。

王不稱天，異之也。天子於諸侯賵之、含之，小君亦如之，禮也。文公尊其妾母爲夫人，天子不能正於是，赴于京師，而天子使其大夫賵之、含之，以成其爲夫人，是亂人紀也。故王不稱天，稱天則疑於賵惠公仲子。不言來者，略之。略之，亦所以異其事也。是故來會葬亦不稱天，稱天則疑於會葬僖公。

三月辛亥，葬我小君成風。

啖叔佐曰：「葬成風，祔廟也。二夫人祔廟，非禮也。」蘇子由曰：「仲子非適，故爲之立宮，而不祔不葬，禮也。自成風以來，妾母皆葬，蓋祔也。魯禮之變自此始矣。」

王使召伯來會葬。

《陳氏傳》曰：「王不稱天，於追錫桓公見之，至是再見。其再見何？以夫人之禮葬成風也。莊、僖之際，天下知有盟主而已；而襄之季年，更有事於諸侯，於是叔服會葬，毛伯錫命，尤汲汲於魯也。尤汲汲於魯，則何爲乎成風？一人賵含之，二人會葬之，以是懷諸侯。吾見周之益陵夷也。文、武之教，著於《南》《雅》，莫急於君夫人也。桓以少篡長，成風以庶亂適，王道熄矣，而莊、襄不能正，又從而褒賞之，是以天命施之天討也。是故王不稱天。」

夏，公孫敖如晉。

秦人入鄀。鄀音若。

不月，有以來之也。《左氏傳》曰：「鄀叛楚即秦，又貳於楚。夏，秦人入鄀。」

秋，楚人滅六。

冬十月甲申，許男業卒。

六年春，葬許僖公。

夏，季孫行父如陳。

秋，季孫行父如晉。

八月乙亥，晉侯驩卒。

冬十月，公子遂如晉，葬晉襄公。

盟主薨，卿共葬事，非禮也。鄭游吉曰：「先王之制，諸侯之喪，士弔，大夫送葬。唯嘉好、聘享、三軍之事，於是乎使卿。」文、襄之伯也，君薨，大夫弔，卿共葬事；夫人，士弔，大夫送葬。此禮樂之自諸侯出也。

晉殺其大夫陽處父。

晉狐射姑出奔狄。

晉襄公卒，狐射姑殺陽處父，則稱國以殺何？兩下相殺不道。兩下相殺不道，則處父何以書？譏君也。襄公蒐于夷，使狐射姑將。陽處父請改蒐于董，易中軍。襄公卒，狐射姑使人殺陽處父，君失政也。君失政則大夫專，專則争，争則相殺。是故以國殺書之，譏不在相殺也。

閏月不告月，猶朝于廟。

不告月者，不告朔也。告月必以朔，故亦曰告朔。廟者，太廟也。天子頒十二月朔于諸侯，諸侯受而藏之太廟。月朔則朝于太廟，大夫南面奉天子之命，君北面受之，因以特羊薦，謂之告月。文公以閏非常月，閒不告廟，猶以朔日朝于太廟，故書之，志禮之所由失也。《左氏傳》曰：「閏以正時，時以作事。不告閏朔，棄時政也。」何休氏曰：「先受朔政，乃朝廟。王教尊，朝廟私也。」高抑崇曰：

「知朝廟之不可已，則告月之禮曷爲可已也？」

七年春，公伐邾。

爲須句故也。僖公取須句，反其君。邾人再滅之。

三月甲戌，取須句。遂城郚。句音俱。郚音吾。

取國不月，據僖公取須句、宣公取根牟、襄公取邿。此其日何？遂絶其祀也。《左氏傳》曰：「取須句，寘文公子焉，非禮也。」志在逼邾，而無存亡繼絶之義，故日以異之。遂城郚，避邾難也。

夏四月，宋公王臣卒。

宋人殺其大夫。

稱人以殺，衆辭也。大夫者，大司馬固也。則曷爲不名？死君難也。宋成公卒，國亂。其弟禦殺其世子而自立，國人殺禦而立昭公。襄夫人者，君祖母也，有淫行，昭不禮焉。公子鮑者，昭庶兄也，有佞才，夫人私之，於是夫人欲殺昭而立鮑。穆、襄之族攻公，殺公孫固、公孫鄭于公宫，則大夫者，昭公之所與存亡者也。是故稱人以殺而不名。名之，則疑於陳公子過。

戊子，晉人及秦人戰于令狐。

此晉趙盾及秦伯也，而皆稱人，晉敗秦師也。而曰戰，何也？交譏之也。晉襄公卒，晉人欲立長君，使先蔑逆公子雍于秦。舍適嗣不立，而外求君。晉既知罪矣，於是乎立適嗣夷皋，嘗踰年矣，且夷皋秦出也，而康公猶自將以納雍，則晉豈無辭乎？於是晉禦秦師，敗諸令狐，而趙盾、秦伯皆稱人，兩有罪也。詐戰曰敗之，戰敵不言師敗績，此敗之矣，而以敵辭書，則其罪均也。程子曰：「晉始逆公子雍，既而悔之，故秦興兵以納之。晉不謝秦，秦納不正，皆罪也，故稱人。」《陳氏傳》曰：「秦、晉之交兵，於是再世。自令狐之後，連兵不悉書矣。於八年，秦伐晉，取武城，不書；於十年，晉伐秦，取少梁，不書，而書秦伐晉也。」

晉先蔑奔秦。

《穀梁傳》曰：「不言出，在外也。」

狄侵我西鄙。

秋八月，公會諸侯、晉大夫盟于扈。

此公會諸侯宋公、衛侯、陳侯、鄭伯、許男、曹伯、晉趙盾也。則曷爲不序？無伯之辭也。晉君幼，趙盾以大夫主諸侯，而卒使晉不競於楚，於是晉弗伯而楚興，此夷夏之大變也。《春秋》辨實之際，以楚之所以興，實由中國之無伯，故於靈公之盟會，略不序諸侯，而楚君將悉從其恒稱以罪晉也。凡大夫不稱大夫，必殺而後稱大夫。非殺而稱大夫者，衆辭。襄十六湨梁。非衆辭，則國無君也。莊九年齊大夫。此非無君也，而亦以無君之辭稱之，不正其以大夫而主諸侯，故著之，是經之變文也。不日，略之也。以日爲恒，則不日爲略也，於新城書至。弗爲功也。以致爲恒，則不致以爲變也。《陳氏傳》曰：「晉始失伯也。凡稱諸侯，必前目而後凡也。前有王人，後無王人，書曰諸侯盟于某，則王人不與也。據首止王世子、葵丘宰周公。前無吾君，後有吾君，書曰公會諸侯盟于某，則吾君嘗不與也。

據僖二十年盟薄、二十七年盟宋。未始有不與者也，而但曰諸侯，一役而再有事也。僖二十八年圍許、襄十九年盟祝柯、二十五年盟重丘。非一役再有事，則非凡辭也。非凡辭者，散辭也。」《穀梁傳》曰：「其曰諸侯，略之也。」

冬，徐伐莒。❶

徐嘗稱人矣，則曷爲復其恒稱？叛諸夏也。

公孫敖如莒涖盟。

八年春，王正月。

夏四月。

秋八月戊申，天王崩。

冬十月壬午，公子遂會晉趙盾，盟于衡雍。鄭地。

大夫與外大夫盟，日，敵也。

乙酉，公子遂會雒戎，盟于暴。雒音洛，鄭地。

其日乙酉，距壬午四日爾。傳言「盟于衡雍」，「遂會伊雒之戎」，則曷爲再書公子？胡侍講曰：「《春秋》謹華夷之辨。雒邑，天地之中而戎居之。再稱公子，各日其會，以深別之，示中國、夷狄終

---

❶「徐伐莒」，原作「伐徐莒」，今據四庫本改。

不可雜也。」張洽氏曰：「此遂事也。不以遂事言之，所以別夷狄於中國也。」

公孫敖如京師，不至而復。丙戌，奔莒。

《穀梁傳》曰：「不言所至，據公子遂書「至黃乃復」。未如也。未如而曰如，不廢君命也。未復而曰復，不專君命也。」杜元凱曰：「不言出，受命而出，自外行也。」

螽。音終。

宋人殺其大夫司馬。

此公子卬也。不名，則曷爲稱其官？有殺而代之者也。宋人將弑其君，於是先殺其司馬，而以華耦代之，則司馬者，昭公之所與存亡者也。司馬既死，則兵非昭公之兵矣。兵非其兵，則公子鮑之弑械成矣。是故特書其官舉者。書其官者，以異其事也。《穀梁傳》曰：「其以官稱，無君之辭也。」

宋司城來奔。

此蕩意諸也。不名，則曷爲稱其官？宋司城者，司空也。司空既出，則國非昭公之國矣。既殺其司馬，又出其司城，則六卿之在位者皆公子鮑之黨而已。《陳氏傳》曰：「凡奔，非其罪不書。苟接我也，不可以不書，則不以稱名之例書之。是故未有書官者，於是官從其官。未有書字者，於是字從其字。」子哀。

九年春，毛伯來求金。

求金以供葬也。周室微，諸侯不助喪也。《左氏傳》曰：「非禮也。不書王命，未葬也。」《公羊傳》

曰：「毛伯，天子之大夫也。何以不稱使？當喪未君也。踰年矣，何以謂之未君？即位矣，而未稱王也。未稱王，何以知其即位？以諸侯之踰年即位，亦知天子之踰年即位也。以天子三年然後稱王，亦知諸侯於其封内三年稱子也。踰年稱公矣，則曷爲於其封内三年稱子？緣臣民之心，不可一日無君；緣始終之義，一年不二君，不可曠年無君；緣孝子之心，則三年不忍當也。王者無求，求金，非禮也。」

夫人姜氏如齊。

二月，叔孫得臣如京師。辛丑，葬襄王。

王喪，卿共葬事，於是始見也。天王崩，諸侯不奔喪而以微者行。自東遷以來，失之矣。於是襄王使大夫來會僖公葬，賵、含成風，且會之葬；魯亦以公子遂如晉葬襄公，而後得臣葬襄王。一則以其來，不可不往也；一則以其如晉，不可不如周也。是故叔弓如宋葬平公，季孫意如如晉葬昭公，而後叔鞅葬景王。舍是，葬天子，魯無使卿者矣。靈王之喪，鄭簡公在楚，上卿守國。子展使印段往。伯有曰：「弱，不可。」子展曰：「與其莫往，弱不猶愈乎？」此《春秋》之情實也。

晉人殺其大夫先都。

稱人以殺，討亂之辭也。曰大夫，在位也。討亂，雖殺世子母弟不書，此大夫也，則何以書？諸侯不得專殺大夫也。孫明復曰：「非天子不得專殺，故天王殺大夫不書。古者諸侯、大夫皆命于天子，不得專命也。大夫有罪，則請于天子，不得專殺也。春秋之世，國無大小，其大夫皆專命之，有罪、無罪皆專殺之，其無王也甚矣。」

三月，夫人姜氏至自齊。

其致，以得禮也。其月，從其恒法也。婦人無外事，故行必以禮而後致。以禮致則月之，以明得常也。劉侍讀曰：「夫人曷爲或致或不致？出入以禮則致，出入不以禮則不致。此其爲有禮奈何？父母在而歸寧也。」

晉人殺其大夫士縠及箕鄭父。

劉侍讀曰：「殺二大夫以上不言及，其事同而殺之之志均也。晉二趙、三郤，蔡二公孫。曰某及某者，以某之故而累及某也。」

楚人伐鄭。

楚君將，猶稱人也。扈之盟，嘗不序諸侯矣。於是楚子伐鄭，則猶人之何？以其人救鄭之大夫，不可以不人楚子也。春秋雖治在大夫，而蠻夷猾夏終不可以無討。當大夫與楚君遇，則《春秋》必致謹焉。其謹之如何？苟人中國之大夫，則楚雖君將，不稱君；苟楚君將稱君，則不可人諸大夫。是故侵陳，遂稱宋，書楚子，則晉趙盾救陳，從其恒稱；邲之戰，書楚子，則荀林父從其恒稱；伐鄭，書楚子，則郤缺從其恒稱。晉雖不競，而楚罪固宜討也。楚罪宜討，則其君將稱君，非予之也。

公子遂會晉人、宋人、衛人、許人救鄭。

《陳氏傳》曰：「兵將，恒書大夫矣。此晉趙盾、宋華耦、衛孔達也，曷爲稱人？晉遂不競而楚興也。」《左氏傳》曰：「卿不書，緩也，以懲不恪。」

夏，狄侵齊。

秋八月，曹伯襄卒。

九月癸酉，地震。

冬，楚子使椒來聘。

獻捷嘗稱人，來聘曷爲書君大夫？《春秋》於吴、楚，唯嘉好之事悉從其恒稱，爲其以諸侯之禮來接於我也。鬭椒何以不氏？吴、楚之有大夫，未盡同中國也，故吴子使札來聘，亦不稱公子。

秦人來歸僖公、成風之襚。襚音遂。

曰秦人來者，微也。《公羊傳》曰：「其言僖公、成風何？兼之也。兼之，非禮也。曷爲不言及成風？成風尊也。」劉侍讀曰：「諸侯無二適，故妾母繫子爲重也。」葉夢得曰：「死三日而斂，則含襚有不及其尸者矣。先王待人以情，而不責人以事，故有既葬而致含於蒲席者，稱其情而爲之節也。」《左氏傳》曰：「諸侯相弔賀也，雖不當事，苟有禮焉，書也，以無忘舊好。」張洽氏曰：「是時秦、楚交病中國。秦欲伐晉而歸襚於魯，猶楚欲圖北方而來聘也。」

葬曹共公。

十年春，王三月辛卯，臧孫辰卒。

夏，秦伐晉。

何休氏曰：「謂之秦者，夷狄之。」程子曰：「秦唯以報復爲事，夷狄之道也。」王沿氏曰：「秦、晉用兵，自殽之役、令狐之戰，一彼一此者凡十焉。故不書秦伯伐晉，而直謂之秦，狄之也。不狄晉者，晉爲盟主，有救中國之義也。至其不能救陳、蔡而伐鮮虞，則亦狄之矣。」《陳氏傳》曰：「狄秦也。歸成風之襚，使術來聘，秦習於禮矣。則其狄之何？楚之興，秦之力也。自滅庸以後，秦爲楚役。自晉主諸夏之盟，舍秦無加兵於晉者也。會于夷儀之歲，秦、晉成而不結。又明年，盟于宋，而南北之勢成。楚子曰：『釋齊、秦，他國請相見也。』是戰國之萌也。於次，《國風》退秦於魏、唐之後；於序，《書》系秦於周末；於作，《春秋》由韓原之後，秦師無君大夫，皆夫子所以深致意於秦也。『吾聞用夏變夷矣，未聞變於夷者也。』於是狄秦，夏之變於夷，秦人爲之也。又三十年而狄鄭，又五十年而狄晉。狄鄭猶可也，狄晉甚矣。」

楚殺其大夫宜申。

此鬬宜申也。但名之，謀弑其君也。討亂恒書人，此謀弑其君，則曷爲稱國以殺？楚人諱之，以他罪告也。

自正月不雨，至于秋七月。

及蘇子盟于女栗。

蘇子者，天子大夫也。孰及之？公也。曷爲不言公？諱與天子大夫盟也。向也翟泉之盟，諱公則王子虎稱人。此其書蘇子何？翟泉之盟，伯者之事也，爲王室與晉侯諱之。於是中國無伯，天子大夫自出以盟諸侯，若諸侯特相盟之爲者，其事無足諱也。其不日，所以别於及外大夫盟而不言公者也。

冬，狄侵宋。

楚子、蔡侯次于厥貉。

外次必有關於天下之故而後書。此何以書？晉靈公少，不在諸侯，楚欲圖北方，會諸侯于息而次于厥貉，故特書之，以是爲夷夏盛衰之機也。《陳氏傳》曰：「外會未有言次者，此其言次何？以楚之圖諸侯而未集也。晉雖不競，君大夫數會而不序，《春秋》重絶晉也。會于息，宋、陳、鄭嘗已從楚矣，已而爲新城之盟，則楚猶未得志於陳、鄭也。於是會息不書，書及蔡侯次厥貉，用見楚之未得志於諸侯也。於是陳侯、鄭伯會楚子于息，遂會蔡侯，次于厥貉，則其但書蔡侯何？楚未足以得陳、鄭也。蔡遷於楚，陳次之，鄭介兩閒。當中國、夷狄之勢未分，則三國恒被其禍，而未嘗無先後緩急之差也。故諸侯之反覆乎晉、楚之閒者，《春秋》必有察焉。以新城之盟，陳侯、鄭伯皆在，而靈城之際，鄭每重於叛晉，則會于息非其意也。非其意而與蔡侯列數之，則濫罰矣，故息會不書，至辰陵而後書，則中國、夷狄之勢決矣。」

十有一年春，楚子伐麇。麇音君。

楚初書君將也。其書君將何？以中國無伯也。當中國有伯，則正其名以信攘卻之義；及中國無伯，則著其實以明夷狄之彊。此《春秋》之旨也。

夏，叔仲彭生會晉郤缺于承筐。

謀諸侯之從楚者也。

秋，曹伯來朝。

公子遂如宋。

狄侵齊。

冬十月甲午，叔孫得臣敗狄于鹹。

十有二年春，王正月，郕伯來奔。

此郕太子朱儒也。則其曰郕伯何？逆以諸侯之禮也。郕伯卒，郕人立君，太子朱儒以二邑來奔。魯人喜於得地而矜其失國，故以諸侯之禮逆之。不名，異成君也。《左氏傳》曰：「不書地，尊諸侯也。」《陳氏傳》曰：「此郕太子也。魯逆以諸侯之禮，吾從而志之，無改焉，何也？唯其如二君也。廢立之際，足以亂名實，則《春秋》不可以弗辨。苟無亂於名實，則《春秋》不辨也。《春秋》之作，別嫌明微而已。有不待辨而自見，《春秋》何治焉？郕太子朱儒，魯謂郕伯；晉太子州蒲，魯謂之晉侯。從而志之，徒見其悖禮焉耳。故凡辭從主人，則非修《春秋》之辭也。」

杞伯來朝。

二月庚子，子叔姬卒。

其稱子何？周人字積叔，故或加子以自異也。此杞叔姬也，何以不言杞？《左氏傳》曰：「絶也。

杞桓公來朝，請絶叔姬而無絶昏，公許之。」内女爲大夫出言來歸，此何以不言來歸？以歸寧來也。曷爲不言歸寧？内女歸寧恒不書也。内女來歸不卒，據齊叔姬、郯伯姬不卒，蓋不以禮成其喪。此其卒之何？嘗爲君夫人矣，雖見出，猶以姑姊妹之禮成其喪也。不書葬，同於在室也。

夏，楚人圍巢。

秋，滕子來朝。

秦伯使術來聘。

冬十有二月戊午，晉人、秦人戰于河曲。

《陳氏傳》曰：「此秦伯、晉趙盾也。曷爲稱人？亟戰也。於是范山言於楚子曰：『晉君少，不在諸侯，北方可圖也。』而秦晉亟戰，秦晉亟戰，而楚君將稱君矣。是故戰必言及，而不言及，曰晉人、秦人戰于河曲，略之辭也。」《穀梁傳》曰：「不言及，秦晉之戰已亟，故略之。」

季孫行父帥師城諸及鄆。

《穀梁傳》曰：「稱帥師，言有難也。」孫明復曰：「畏莒故也。」張洽氏曰：「莒、魯之争始於此。」胡邦衡曰：「《春秋》城築二十九，言帥師者三，非惟勞民以城，又毒衆以争也。」

十有三年春，王正月。

夏五月壬午，陳侯朔卒。

邾子蘧蒢卒。音渠除。

自正月不雨，至于秋七月。

大室屋壞。

《穀梁傳》曰：「大室屋壞，有壞道也，譏不修也。大室猶世室也。周公曰大廟，伯禽曰大室，群公曰宮。禮，宗廟之事，君親割，夫人親舂，敬之至也。爲社稷之主，而先君之廟壞，極稱之，志不敬也。」高抑崇曰：「世室者，人君之所常有事者也。公每月朝之，有司以時黝堊之，豈有將壞而不知者？則其不知省也久矣。」

冬，公如晉。

衛侯會公于沓。

狄侵衛。

十有二月己丑，公及晉侯盟。

公還自晉。

鄭伯會公于棐。二音：匪、吠。鄭地。

十有四年春，王正月，公至自晉。

凡公如而至不月。此至以四時首月，故書之。

邾人伐我南鄙。

叔彭生帥師伐邾。

夏五月乙亥，齊侯潘卒。

六月，公會宋公、陳侯、衛侯、鄭伯、許男、曹伯、晉趙盾。癸酉，同盟于新城。

《陳氏傳》曰：「向也扈之盟，不序諸侯，此其復序何？諸夏之志也。晉侯救江無功，救鄭無功，與秦亟戰，而楚浸彊，交聘乎中國，得蔡，次厥貉矣，而晉遂不競。於是公朝晉，衛侯來會；公還自晉，鄭伯來會，諸夏之懼甚矣。汲汲於晉而爲此盟，如之何勿序也？以諸夏之汲汲於晉也，而徒以趙盾主是盟。書曰同盟，自幽以來未之有也。」

秋七月，有星孛入于北斗。

《穀梁傳》曰：「孛之爲言猶茀也。其曰入于北斗，斗有環域也。」孫明復曰：「孛，彗之屬。偏指曰彗，光芒四出曰孛。」

公至自會。

晉人納捷菑于邾，弗克納。菑，側其反。

《穀梁傳》曰：「其曰人，微之也。何爲微之？長轂五伯乘，過宋、鄭、滕、薛，夐入千乘之國，欲變人之主。至其城下，然後知之，何知之晚也！未伐而曰弗克，何也？弗克其義也。捷菑，晉出也。貜且，齊出也。貜且正也，捷菑不正也。」《陳氏傳》曰：「此趙盾也，曷爲稱人？以晉爲不競也。楚方交聘于上國，得蔡，次厥貉矣。而晉區區納亡公子於邾，又以少陵長，見辭於邾人。自敗于令狐，盟于扈，救鄭，戰河曲，趙盾皆不書。由是訖靈公之篇，兵車之會自參以上皆人之，趙盾爲之也。」十七年伐宋、宣二年侵鄭。

九月甲申，公孫敖卒于齊。

《穀梁傳》曰：「奔大夫不言卒，而言卒何也？爲受其喪，不可不卒也。其地，於外也。」卒于外，則公未嘗臨其喪，其日何？❶敖已絶卿位，惠叔毀請于朝，感于敖父，恩實過隆，故書其日。

齊公子商人弑其君舍。

舍未踰年，其曰君何也？正君臣之名以定篡弑之罪也。《記》曰：「君薨，大子號稱子，待猶君也。」是故未踰年不曰君，緣孝子之心而爲之號也。弑未踰年君稱君，緣臣民之義以正其名也。嗣子繼世以爲先君主後，社稷宗廟之所繫而存也。其曰不成君者，豈臣子之所得言哉？其不日，則以未踰年也。孫明復曰：「弑未踰年君稱君，嫌與成君異也。」

宋子哀來奔。

奔大夫恒名之，此其不名何？以别於有罪而見出於其君者也。

冬，單伯如齊。單音善。

《左氏傳》曰：「襄仲使告于王，請以王寵求昭姬于齊。冬，單伯如齊，請子叔姬。」❷

---

❶ 「日」，原作「曰」，今據金曰鏞本、四庫本改。

❷ 「子」，原作「于」，今據夏鏜本、金曰鏞本、四庫本改。

齊人執單伯。

《陳氏傳》曰：「《春秋》書周大夫如吾大夫然，内之也。伯者作天下，不知有王久矣。於是魯之請昭姬，晉之命隨會，猶假寵於王室。而文、宣之際，王卿士數有事于四方，救江之役、黑壤之盟，王叔桓公在焉，蓋汲於晉。葬僖公、錫文公命、賵含成風、王季子來聘，尤汲於魯也。而齊人執單伯，以天子之使而見執於齊商人，諸侯莫爲之變焉，則王室益不競矣。以天子之使而見執，《春秋》所甚懼也。」

齊人執子叔姬。

十有五年春，季孫行父如晉。

爲單伯與子叔姬故也。

三月，宋司馬華孫來盟。

來盟未有稱官者，此華耦也，曷爲以官稱？不稱官，則無以見其伐公子卬也。其不稱使，且不名何？非君命也。向也書齊高子來盟，猶曰我無君也。使非我無君也，而不稱使，且不名，則非其君命也。非其君命而來盟於我，必有異志於其君者矣。宋昭公立，不勝群公子之偪，又不寧於其大夫以及君祖母。公子鮑禮於國人，饋飴其老者而賑其飢，日遊於六卿之門而交其材士，國人謂君無道，謂鮑爲賢。因襄夫人以殺其大夫、公子之忠於君者，而盡以鮑之黨爲卿，是故華耦爲司馬，華元爲右師。華元，司寇華禦事之子也，而爲右師，蓋鮑與夫人所進以成其事者也。於是使華孫來盟於魯。明年，宋人弑其君，晉、衛、陳、鄭伐宋討弑君者，而魯不與。則昭公之弑，皆華氏之族爲之也，書曰「宋人殺其大夫」「宋人殺其大夫司馬」「宋司城來奔」「宋司馬華孫來盟」「宋人弑其君杵臼」，則獄有所歸矣。亂臣賊子無所遯其情矣，故來盟恒不月。據來盟九，四皆不月。於是特書月以異之。

夏，曹伯來盟。

齊人歸公孫敖之喪。

大夫喪還不致，據仲遂、公孫嬰齊。此奔大夫也，則何以志？有君命也。歸則何以不言來？無專使也。齊人爲孟氏謀，飾棺寘諸堂阜，惠叔取而殯之，則無專使可知矣。其曰齊人歸之何？見其所以歸也。策書之大體存，而世卿之失見矣。吕居仁曰：「敖雖廢命奔莒，而其子猶繼立於朝，則大夫之汰甚矣。以其子之汰，請其父之喪，雖欲勿許，得乎？於是以見大夫之專也。」

六月辛丑朔，日有食之。鼓，用牲于社。

單伯至自齊。

《陳氏傳》曰：「吾大夫不致，必見報而後致。《春秋》書周大夫如吾大夫然，故至單伯也。」

晉郤缺帥師伐蔡。戊申，入蔡。

入不言伐，而言伐，晉有辭也。踐土、翟泉之役，蔡無不在焉；厥貉之次，會楚者三國，而經獨書蔡；於是新城之盟不致，則蔡之罪宜討。其日，謹之也。外入國，雖君將不日。苟伯者有討於諸侯，雖大夫將日。據此及襄二十五年鄭公孫舍之入陳皆日。晉雖不競，而諸侯叛夏盟者，終不可以無討也。

秋，齊人侵我西鄙。

季孫行父如晉。

冬十有一月，諸侯盟于扈。

新城嘗序諸侯矣，於是蔡始服，而晉侯、宋公、衞侯、蔡侯、陳侯、鄭伯、許男、曹伯盟，以謀伐齊，則曷爲不序？晉終不足與有爲也。齊商人弑其君，執天子之使，三綱絶矣。又將閒晉以紬魯，而晉不能討，由是并失齊、魯，雖得蔡，無能爲也。故終靈公之篇，凡合諸侯皆不序，而頃王崩葬復不書。自有伯以來，中國之勢又一變也。《春秋》予晉以伯者，以其能率諸侯尊王室也。以齊商人弑其君，執天子之使，而諸侯不爲之變。中國無伯則王室愈卑，雖弔葬，猶不弔葬也。

十有二月，齊人來歸子叔姬。

其曰齊人來歸何？既有其本，必録其末。以叔姬嘗見止，故著其見釋也。其月何？非罪出也。據宣十六郯伯姬不月。然則子叔姬始歸于齊何以不書？以其卒見絶於齊，故略之。略之，所以異之也。

齊侯侵我西鄙，遂伐曹，入其郛。

《陳氏傳》曰：「一役而再有事，不悉書也。苟悉書也，則以遂言之。兵事言遂，必天下之大故也。此其言遂何？齊始敗夏盟也。晉文公卒，襄公能合諸侯，靈雖不競，而新城之盟諸夏汲汲焉固結之，則猶有屬也。而齊獨爲亂階，執天子之使，加兵於魯，於是伐曹，晉遂不競而諸侯貳，故悉書之也。」《左氏傳》曰：「謂諸侯不能也。」是故入郛皆不書，於齊特書之。

十有六年春，季孫行父會齊侯于陽穀，齊侯弗及盟。

及齊平也。

夏五月，公四不視朔。

四不視朔者，自二月至五月，此不視其朔政也。諸侯非有疾，無不視朔者。有疾而不視朔，無以議爲也。計十二公，豈無以疾不視朔者？經皆不書，此何以書？以公之絀於齊也。陽穀之會，公稱疾不行。齊侯不與季孫盟，曰「請俟君閒」，故公比不視朔，以實其言。得請而後復初，則公非有疾也，絀於齊也。

六月戊辰，公子遂及齊侯盟于郪丘。二音：西、妻。齊地。

特相盟，雖大夫稱及，内爲志也。《春秋》書大夫盟諸侯，皆惡其伉。吾君及外大夫盟，則不言公而日。不言公以示義，則日以見實也。吾大夫及諸侯盟，則稱君而不月。不月以示義，則稱君以見實也。吾大夫盟諸侯而日者，異之也。哀二年及邾子盟于拔。不然，則夷狄之君也。此齊侯也，而與夷狄之君同日，惡其瀆貨以要盟，故異之也。

秋八月辛未，夫人姜氏薨。

毁泉臺。

臺而曰毁，壞而除之也。《穀梁傳》曰：「喪不貳事。貳事，緩喪也。以文爲多失道也。自古爲之，今毁之，不如勿處而已矣。」孫明復曰：「惡勞民也。築之勞，毁之勞，既築之而又毁之，可謂勞矣。」劉侍讀曰：「以爲祥而毁之，非明民之道也。」

楚人、秦人、巴人滅庸。

夷狄滅國，恒不月也。

冬十有一月，宋人弑其君杵臼。

弑君者曷或稱名氏，或稱國，或稱人，或稱閽，或稱卒？以賊赴者稱名氏，微者稱人，閽曰閽，盜曰盜。不以賊赴者稱國，以卒赴曰卒。以賊赴者，獄有所歸也。弑君，天下之大惡也，而獄有所歸，是國猶有臣子也。不以賊赴，有獄無所歸也。弑君，天下之大惡也，而獄無所歸，則有受其惡者矣。吾魯史也，他國之獄何知焉？從而書之，辟不敏也。《春秋》爲亂臣賊子而作，於是宋人殺其大夫而弑其君，魯與聞乎故者也，而以微者書，則亂臣賊子何懼焉？故正之曰「宋人殺其大夫」「宋人殺其大夫司馬」「宋司城來奔」「宋子哀來奔」「宋司馬華孫來盟」「宋人弑其君杵臼」，則獄有所歸矣。稱人，非微者矣。其不日，據十八年齊人弑其君日。所以别其非微者矣。

十有七年春，晉人、衛人、陳人、鄭人伐宋。

大夫稱人，失討賊之義也。《左氏傳》曰：「晉荀林父、衛孔達、陳公孫寧、鄭石楚伐宋，討曰：『何故弑君？』猶立文公而還。卿不書，失其所也。」

夏四月癸亥，葬我小君聲姜。

齊侯伐我西鄙。

六月癸未，公及齊侯盟于穀。

諸侯會于扈。

宋及晉平，宋文公受盟于晉，晉侯遂會諸侯于扈，以定其位。鄭穆公曰：「晉不足與也。」遂受盟于楚。書曰諸侯，無伯之辭也。

秋，公至自穀。

公會諸侯不致，據僖以前公與諸侯盟會皆不書至。此何以致？始會晉而事齊也。盟于穀而後，魯知有齊而已。不致以爲恒，則致之以見義也。

冬，公子遂如齊。

十有八年春，王二月丁丑，公薨于臺下。

《穀梁傳》曰：「臺下，非正也。」

秦伯罃卒。罃音鶯。

夏五月戊戌，齊人弒其君商人。

六月癸酉，葬我君文公。

秋，公子遂、叔孫得臣如齊。

使舉上客而不稱介，此其列數之何？以二事行也。惡與視皆齊出也，仲遂將殺惡與視而立宣公，恐齊人不從，故托二事，偕叔孫以請于齊也。季孫行父曰：「使我殺適立庶者，仲也。」故告立于齊，請會于齊，皆季孫專之。葉少藴曰：「自僖以來，三桓子孫浸强，遂視三家爲最親。如齊、如晉、如楚、伐杞、伐邾皆遂爲之，魯之政盡在遂矣。文公立而遂益專，叔孫、季孫雖進而未能與之抗也。於是，得臣、行父皆與聞乎，故其所由來者漸矣。」

冬十月，子卒。

既葬未踰年曰子，弑而曰卒，諱之也。孫明復曰：「未踰年，故不日以别之。」

夫人姜氏歸于齊。

子弑故母出。《左氏傳》曰：「大歸也。」家鉉翁氏曰：「齊人弑舍而歸叔姬于魯，魯人弑赤而歸出姜于齊。弑君出母，内外一轍，上無天子，下無方伯，莫能討也。」

季孫行父如齊。

許翰氏曰：「前乎子卒如齊，後乎子卒如齊，齊與聞乎故也。」

莒弑其君庶其。

弑其君者，太子僕也。曷爲不書僕弑？僕見黜而因國以弑其君，以其寶玉來奔，故不以賊赴也。其不日，以别於富國大臣之弑君而稱國者也。據晉弑其君州蒲書日。

春秋集傳卷第八

新安東山趙汸輯

宣　公

元年春，王正月，公即位。

《穀梁傳》曰：「繼故言即位，與聞乎故也。」

公子遂如齊逆女。

三月，遂以夫人婦姜至自齊。

《穀梁傳》曰：「大夫不以夫人，以夫人，非正也，刺不親迎也。」《公羊傳》曰：「遂何以不稱公子？一事而再見者，卒名也。其稱婦，有姑之辭也。」高抑崇曰：「稱婦姜，見敬嬴妾也，而姑之也。」

夏，季孫行父如齊。

請會也。

晉放其大夫胥甲父于衛。

大夫非殺不言其大夫，此放也，則其大夫何？諸侯無專放，放與殺一體也。曰放其大夫者，譏其專也。或稱國以放，或稱人以放，義與殺其大夫同也。《穀梁傳》曰：「放，猶屏也。」高抑崇曰：「放者，投之遠方也。晉與衛同爲列國，而放其有罪之臣於衛，是鄙衛也。衛人受晉之逐臣而不辭，迫於勢也。」

公會齊侯于平州。

宣公簒立而請會于齊，求列於諸侯，免於討也。

公子遂如齊。

《左氏傳》曰：「拜成也。」

六月，齊人取濟西田。

《左氏傳》曰：「爲立公故，以賂齊也。」《陳氏傳》曰：「外取邑不書，雖取諸我不書，據傳襄二十六年齊取我高魚。必有歸之者也然後書。是故濟西田書取，讙闡書取。」

秋，邾子來朝。

齊故也。

楚子、鄭人侵陳，遂侵宋。

《陳氏傳》曰：「書遂侵宋，言不在陳也，南北之勢於是始也。後十五年而宋、楚平，後五十年而晉趙武、楚屈建同盟于宋，諸夏之君分爲晉、楚之從矣。南北之勢於是始，故謹而書之也。自是訖《春秋》，師再有事無言遂者矣。言遂者，非與國伐盟主，齊侯伐衛遂伐晉，事在襄二十二年。則盟主伐與國也。晉士鞅侵鄭，遂侵衛。傳曰：「衛叛晉也。」事在定八年。

晉趙盾帥師救陳。

宋公、陳侯、衛侯、曹伯會晉師于棐林，伐鄭。

靈公之會諸侯不序大夫，自參以上人之。此趙盾之師也，則其列數諸侯會之何？嫌以中國絀於夷狄也。自中國無伯而諸侯不序，而楚君將稱君，是《春秋》所以辨名實也。然晉雖弗伯，而中國之大義不以無伯而亡。以楚得鄭、侵陳遂侵宋，稱君將矣，而救陳人、晉大夫會伐鄭，不序諸侯，是遂無中國也。《春秋》正其義不謀其利，明其道不計其功，故當楚書君將，則中國君大夫禦楚，雖無功，從其恒稱，明晉雖不競，而楚終不可以無討，所以信大義於天下也。《公羊傳》曰：「此趙盾之師也，曷爲不言趙盾之師？君不會大夫之辭也。」

冬，晉趙穿帥師侵崇。

趙穿者，盾之族也。

晉人、宋人伐鄭。

二年春，王二月壬子，宋華元帥師及鄭公子歸生帥師戰于大棘。宋師敗績，獲宋華元。

鄭伐宋，受命于楚也。不言伐，以及戰見之也。大夫生死皆曰獲，言獲言敗績，師敗績而身又見獲也。君獲不言師敗績，重君也；大夫獲言師敗績，師重與大夫等也。

秦師伐晉。

以報崇也。

夏，晉人、宋人、衛人、陳人侵鄭。

此晉趙盾以諸侯之師，曷爲稱人？以罪晉也。鄭爲楚伐宋，獲其大夫，晉之恥也。盾興諸侯之師以伐鄭，而畏楚輒還，中國益以卑矣。《陳氏傳》曰：「以晉爲甚不競也。楚方圖中國，而晉以大夫用諸侯。由是兵車之會，自參以上皆人之，而楚皆稱子矣。」

秋九月乙丑，晉趙盾弑其君夷皋。

《穀梁傳》曰：「穿弑也。盾不弑而曰盾弑何也？以罪盾也。其以罪盾何也？曰靈公朝諸大夫而暴彈之，觀其辟丸也。趙盾入諫，不聽。出亡，至郊。趙穿弑君而後反趙盾。史狐書曰：『趙盾弑公。』盾曰：『天乎！天乎！予無罪，孰爲盾而忍弑其君者乎？』史狐曰：『子爲正卿，入諫不聽，出亡不遠。君弑，反不討賊，則志同。志同則書重，非子而誰？』故書之曰『晉趙盾弑其君夷皋』者，過在下也。」胡侍講曰：「趙穿弑君而盾首惡，是盾與聞乎故也。」薛士龍曰：「君將殺盾而穿弑君，則主弑者盾也，穿受命而行事者也。」吴先生曰：「穿，盾之族子，穿之弑爲盾之弑也。書曰『趙盾弑其君』，誅首惡也。」

冬十月乙亥，天王崩。

三年春，王正月，郊牛之口傷，改卜牛。牛死，乃不郊，猶三望。

未牲曰牛，牛傷改卜，禮也。改卜牛又死，異也。乃不郊，重其變，不敢瀆也。言免牲不言不郊，從可知也。言牛死，則言不郊。牛死得再卜，須言不郊，義乃盡也。此何以書？記異，且言猶三望也。

葬匡王。

楚子伐陸渾之戎。

夷狄相伐不書，據文十六年戎伐楚，哀四年楚克夷虎、蠻氏之類，皆不書。此何以書？近王都也。《陳氏傳》曰：「窺周室也。」

夏，楚人侵鄭。

鄭即晉也。晉侯伐鄭及郔，鄭及晉平。即何以不書？以鄭之反覆乎晉、楚之閒，非得已也。故書晉、楚之侵伐，則鄭向背可知。而凡以侵伐取成者不悉書，雖晉君自將亦不書，以見《春秋》雖責備於鄭而察其情也。然猶書侵伐者，所以譏晉而罪楚也。

秋，赤狄侵齊。

宋師圍曹。

冬十月丙戌，鄭伯蘭卒。

葬鄭穆公。

四年春，王正月，公及齊侯平莒及郯。莒人不肯，公伐莒，取向。

《穀梁傳》曰：「及者，内爲志焉爾。平者，成也。不肯者，可以肯也，莒人辭不受治也。伐莒，義兵强也。取向,非也,乘義而爲利也。」劉侍讀曰:「平莒及郯,義也。莒人不肯,吾有不義焉。伐莒,取向,利也,非君子之道也。小邾射以邑歸魯,魯使大夫盟之,辭曰:『使子路要我,無所用盟。』千乘之國,不信其盟而信子路之一言,子路可謂能以言信矣。推子路之心,居郯、莒之閒,安有不聽者哉?」

秦伯稻卒。

夏六月乙酉,鄭公子歸生弑其君夷。

弑君者公子宋也,則曷爲蔽罪歸生?歸生,正卿也,而與聞乎故,則歸生固爲逆首也。然則公子宋無罪與?以歸生受誅,而宋獲免,是《春秋》爲法書之論也。法者具獄以定刑,故有出入之患。《春秋》立教,誅首惡以正人心。人心正則君臣父子之分明,而禍亂息矣。故謂晉趙穿、鄭宋爲佚罪,必欲成盾與歸生爲首弑,然後無累於《春秋》,是法書之謂也。

赤狄侵齊。

秋,公如齊。

公至自齊。

冬,楚子伐鄭。

五年春,公如齊。

夏,公至自齊。

秋九月，齊高固來逆子叔姬。

《穀梁傳》曰：「諸侯之嫁子於大夫，主大夫以與之。來者，内也。」《陳氏傳》曰：「公自主之也。於是公如齊，高固使齊侯止公請叔姬焉，則高固伉也。」吴先生曰：「宣公負篡國之罪，倚齊以自安，數朝數聘，猶以爲未也，甚至齊臣强委禽焉，亦與之女而不敢違，又且自爲之主，蓋其身爲不義，故能忍恥辱而屈於人下。彼曹子臧、吴季札果何人哉？强與之國，義不肯受，故能不降其志，不辱其身，而常信於人上。」

叔孫得臣卒。

不日，公弗臨也。

冬，齊高固及子叔姬來。

《左氏傳》曰：「反馬也。」家鉉翁氏曰：「反馬不躬至，歸寧無並行。高固，卿也，而與婦俱來，非禮也。」

楚人伐鄭。

楚將稱君矣，此曷爲稱人？一役而再有事也。楚比伐鄭，不能服，於是楚子再見，故略之也。略之，則荀林父救鄭伐陳何以不書？陳、鄭一體也。力不足以保陳，而伐陳以救鄭，非伯者救中國之道也，故書侵陳舉重。

六年春，晉趙盾、衞孫免侵陳。

討貳也。

夏四月。

秋八月，螽。

冬十月。

七年春，衛侯使孫良夫來盟。

謀會晉也。

夏，公會齊侯伐萊。

秋，公至自伐萊。

大旱。

冬，公會晉侯、宋公、衛侯、鄭伯、曹伯于黑壤。

晉靈之會盟皆不序，黑壤而下何以復序諸侯？成公初有志於諸侯也。晉靈公再合諸侯于扈，既失齊，又失魯，且失陳、失鄭，晉是以無能爲。成公立而自將以伐鄭，鄭既服，則有事於陳。於是請王命以合諸侯于黑壤，而王叔桓公以涖之，庶乎文、襄之餘烈矣。故晉之盟會復序諸侯於是始。雖然，猶未書君將也。

八年春，公至自會。

夏六月，公子遂如齊，至黄乃復。

此有疾而復也。曷爲不言有疾？據昭公如晉，有疾乃復。義不可言也。國君外如，有疾而復，君禮也。人臣不以死生貳君命，無以疾還之道也。禮，賓入竟，有疾而死，遂也。若賓死未得將命，則既斂于棺，造于朝，介將命，朝聘而終。以尸將命，禮也。黄，齊竟也。以疾還，非禮也。

辛巳，有事于大廟。仲遂卒于垂。

有事，謂禘也。大廟曰大事，群公曰有事。此大廟也，則其言有事何？雖大廟也，爲君事言曰大事，爲臣事言曰有事，各以其故言之，譏不在用禘，故不言禘也。遂，公子也，其曰仲何也？録異恩也。垂，齊地也。《陳氏傳》曰：「其不言公子仲遂，據公子季友卒、公子叔肸卒。蒙上文也。大夫卒竟内不地，竟外地。諸侯雖不出竟，地之。」

壬午，猶繹。萬入，去籥。

《穀梁傳》曰：「猶者，可以已之辭。繹者，祭之旦日之享賓也。」《公羊傳》曰：「萬者何？干舞也。籥者何？籥舞也。其言萬入去籥何？去其有聲者，廢其無聲者，知其不可而爲之也。」何休氏曰：「禮，大夫死，爲廢一時之祭，有事于廟而聞之者，去樂卒事；卒事而聞之者，廢繹。」

戊子，夫人嬴氏薨。

以夫人之禮喪妾母也。

晉師、白狄伐秦。

楚人滅舒蓼。

群舒皆東夷之國也。據成十七舒庸、襄二十五舒鳩。

秋七月甲子，日有食之，既。

冬十月己丑，葬我小君敬嬴。雨，不克葬。庚寅，日中而克葬。

己丑，葬之日也。雨不克葬者，禮，君葬用四綍，執綍五百人，遣車七乘，❶其物備，其事嚴，不可以冒雨而葬也。庶人縣窆，不封不樹，不爲雨止，則大夫以上葬，爲雨止矣。《左氏傳》曰：「雨，不克葬，禮也。禮，卜葬先遠日，辟不懷也。」何休氏曰：「死，葬之以禮，故不得行禮則不葬也。」

城平陽。

楚師伐陳。

九年春，王正月，公如齊。

公如不月。苟如以四時首月，則書其月。非王事不敢廢時首也，故如京師，月。

公至自齊。

夏，仲孫蔑如京師。

齊侯伐萊。

秋，取根牟。

---

❶「遣」，原作「遺」，今據四庫本改。

根牟，微國也。國而曰取，不絶其祀也。

八月，滕子卒。

九月，晉侯、宋公、衛侯、鄭伯、曹伯會于扈。

晉荀林父帥師伐陳。

胡邦衡曰：「成公再合諸侯，而以林父帥師，大夫猶專伐也。」

辛酉，晉侯黑臀卒于扈。

高抑崇曰：「不言卒于會者，諸侯已散也。」

冬十月癸酉，衛侯鄭卒。

宋人圍滕。

楚子伐鄭。

晉郤缺帥師救鄭。

陳殺其大夫洩冶。

殺諫臣也。

十年春，公如齊。

公至自齊。

齊人歸我濟西田。

歸田邑不言我，其言歸我何？公親受于齊也，故不言來歸，見公如齊而後反之也。胡侍講曰：「魯宣自卑以事齊，齊侯以其能事己而後歸之也。」

夏四月丙辰，日有食之。

己巳，齊侯元卒。

齊崔氏出奔衛。

《穀梁傳》曰：「氏者，舉族而出之之辭也。」

公如齊。

五月，公至自齊。

其月，以奔諸侯之喪，異之也。據成十年公如晉，月。奔喪，臣子之事也。諸侯於天子，親之者也，而公不行；於大國，使人者也，而公親之。宣公之事齊恭矣，而莫甚於奔其喪，是故異之。異之者，譏之也。其後則成公如晉，奔晉侯之喪；甚則襄公如楚，且送其喪；又甚則昭公弔少姜，晉人不納。魯道日以卑矣，而其失自宣公始。然宣公所以自屈於齊者，由其本之不正也。

癸巳，陳夏徵舒弑其君平國。

六月，宋師伐滕。

《春秋》舉重，前年宋人圍滕，今又伐滕，其悉書之何？閔晉之不競也。滕，小國也，介於大國之間，上無天子，下無方伯，則爲之私而已。齊桓卒而宋人執其君，晉伯衰而宋人圍其國，中國之無伯，小國之憂也。然宋襄執滕子而身亦見執於楚，宋文圍滕而國亦見圍於楚，諸夏之無道，夷狄之資也。

公孫歸父如齊，葬齊惠公。

晉人、宋人、衛人、曹人伐鄭。

時鄭及楚平，而諸侯之師伐鄭，取成而還，則必非微者矣，其稱人何？當九年郤缺救鄭，鄭伯敗楚師而子良憂之；至是而及楚平，豈得已也哉？懼晉不足恃也。於是伐鄭取成矣，俄而楚子遂盟陳、鄭于辰陵。以晉大夫專伯討罪，不能信義以屬諸侯，又不能威楚，徒紛争耳，故人之也。

秋，天王使王季子來聘。

王季子，先王之子也。《公羊傳》曰：「天子之大夫也。其稱王季子何？據叔服不繫王不稱子，王札子不稱季。貴也。其貴何？母弟也。」何休氏曰：「子者，王子也。天子不言子弟，據卒稱王子，殺乃稱弟。故上季繫先王以明之。」陳岳氏曰：「天王使卿大夫來聘多矣，或爵之，或字之，未有使母弟下聘諸侯者。斯母弟矣，名之不可也。爵之字之，則何以別於卿大夫？斯不名、不爵、不字者，是貴王母弟之義也。」《陳氏傳》曰：「自頃王而下，王室無聘魯者。於是再聘，而王貴子實來，則已尊已。」

公孫歸父帥師伐邾，取繹。

大水。

季孫行父如齊。

閒齊也。

聘嗣君也。

冬，公孫歸父如齊。

伐邾故也。

齊侯使國佐來聘。

未踰年稱君，以嘉好之事來，録其從吉也。

饑。

劉侍讀曰：「凶年，補敗不足曰饑，死傷流亡曰大饑。」

楚子伐鄭。

於是晉士會救鄭，逐楚師于潁北。以諸侯之師戍鄭不書，晉終不競於楚，不足書也。

十有一年春，王正月。

夏，楚子、陳侯、鄭伯盟于辰陵。

厥貉不書陳、鄭，以非其意也。盟于辰陵，楚猶未得志焉，則曷爲書之？晉終失陳、鄭也。其不月何？夷狄之盟恒不月也。據僖二十年、二十二年狄盟同不月。

公孫歸父會齊人伐莒。

秋，晉侯會狄于欑函。

外相會曰會于某，内曰會之。此其以内辭書何？外夷狄也。夷狄不可使與諸侯序，故殊之。殊之者，外之也。以夷狄與諸侯序，不殊者，必夷狄而自相會者也。故申之會不殊淮夷。《陳氏傳》曰：「楚方倡義於天下，而晉汲汲於群狄，至往會焉，晉卑甚矣。」

冬十月，楚人殺陳夏徵舒。

夷狄殺諸侯之大夫，不月。凡三皆爲上事，月。其月，爲中國討賊也。於是楚子伐陳，遂入陳，殺夏徵舒，則其先書殺後書入何？據晉侯書入曹執曹伯。修《春秋》之辭也。入人之國者，夷狄之强也；討賊者，天下之公也。不以夷狄之强廢天下之公，故先正其討賊也。《穀梁傳》曰：「此入而後殺，其不言入何也？明楚之討有罪也。」《陳氏傳》曰：「不書入而後殺，與之以討賊之義也。是討賊一事也，入一事也。楚亟稱子矣，自宋萬而下無討賊者，雖討之不以其罪，且百年於此，則楚之討夏徵舒，其曰楚子何？《春秋》之法，惟討賊不以内外貴賤，恒稱人也。」《公羊傳》曰：「諸侯之義不得專討。上無天子，下無方伯，天下諸侯有爲無道者，臣弑其君，子弑其父，力能討之，則討之可也。」

丁亥，楚子入陳。

夷狄入中國不日，據荆入蔡、狄入衛、楚人入鄆。此其日何？既正其討賊，則入陳不可與猾夏同文，故日以别之。

納公孫寧、儀行父于陳。

《陳氏傳》曰：「凡奔非其罪納之者，罪也。則但書納公孫寧、儀行父，與君淫者也。則其不書奔何？

微二子則楚師不出，徵舒不討，靈公不葬。❶然則宜納者也，則其書納何？二子足以免於奔而已。而納之者，楚子之過也。」

十有二年春，葬陳靈公。

楚子圍鄭。

夏六月乙卯，晉荀林父帥師及楚子戰于邲，晉師敗績。

此救鄭而敗績于楚，則曷爲從其恒稱？不絕晉之禦楚也。晉，率諸侯以攘夷狄者也，當晉大夫自將以禦楚子，雖無功猶不奪其恒稱，楚終不可以無討也。

秋七月。

冬十有二月戊寅，楚子滅蕭。

夷狄滅小國不月，大國則日。此附庸也，其日何？危及宋也。楚既得陳與鄭，即圖宋。蕭，宋之附庸也，滅蕭所以偪宋也。

晉人、宋人、衛人、曹人同盟于清丘。

此晉先穀、宋華椒、衛孔達也，曷爲稱人？楚子圍鄭滅蕭矣，而晉大夫區區强三國以同盟，由是衛背晉救陳，楚圍宋三時而晉師不出，晉盟不足賴矣。故晉主夏盟恒日，略不序諸侯，不日，此又不月

---

❶ 自「微二子」至「靈公不葬」，原重文，今删。

以異之。《左氏傳》曰：「於是卿不書，不實其言也。」《陳氏傳》曰：「中國無伯也。由救鄭之後，會伐

自參以上皆不書，大夫會盟亦不書矣。」

宋師伐陳。

衛人救陳。

十有三年春，齊師伐莒。

夏，楚子伐宋。

秋，螽。

冬，晉殺其大夫先縠。

十有四年春，衛殺其大夫孔達。

爲救陳故，以説于晉也。

夏五月壬申，曹伯壽卒。

晉侯伐鄭。

晉君將嘗不書矣。楚入陳得陳，圍鄭得鄭，且將圍宋也。而晉師不出，楚之得志於諸侯，未有甚於此時也。景公爲邲故伐鄭，告於諸侯，蒐焉而還，則其書之何？中國不可以終無伯也。楚之得志於諸侯，未有甚於斯時者，而晉師不出，則諸侯皆楚之從矣。上無天子，下無方伯，諸侯皆楚之從，而無伯者以斥之，是無中國也。景公始有志於文、襄之業，自伐齊而後，一合諸侯伐鄭，四同盟，皆

其君親之，於是齊、魯從而鄭服，楚亦無能爲。是故晉侯伐鄭始書之，予之以復伯也。

秋九月。

爲下葬月也。凡圍國著例不月。

楚子圍宋。

葬曹文公。

冬，公孫歸父會齊侯于穀。

十有五年春，公孫歸父會楚子于宋。

楚以兵加宋，魯常迎而會之，僖二十一年公會諸侯盟于薄，二十七年公會諸侯盟于宋。以宋絀則及魯也。

夏五月，宋人及楚人平。

《陳氏傳》曰：「凡平不書，必關於天下之故也而後書。有爲楚平者矣，於陳不書，文九年。於鄭不書，宣十年。至宋始書之。宋及楚平矣，僖二十四年宋及楚平。至莊王始書之，必宋從楚，必莊王得宋。天下將有南北之勢，《春秋》特致意焉。」

六月癸卯，晉師滅赤狄潞氏，以潞子嬰兒歸。

此荀林父也，曷爲稱師？以晉人之釋楚而甘心於群狄也。荀舍其大而圖細，則中國之威頓而伯業墮，非經遠之略也。宋人距楚踰三時，庶幾晉之能恤病也。晉人以爲天方授楚，不可與争。顧閒赤狄之衰而逞其志，是故晉大夫將以禦楚，雖無功悉書其人。而荀林父滅潞氏不書，隨會滅甲氏不書，凡滅夷狄，雖君將不書日。此以其君歸，故日。

秦人伐晉。

此秦桓公也，曷爲稱人？晉秦之不交兵十有四年矣。晉既敗績于楚，又方有事于狄。秦人不懲再世連兵之禍，乃乘其隙而伐之，以啓釁于晉焉，故秦君自將稱人。而晉敗秦師于輔氏，不書，略晉而罪秦也。

王札子殺召伯、毛伯。

《陳氏傳》曰：「兩下相殺，雖王卿士不書。據傳昭十二年劉獻公殺甘悼公，十八年毛得殺毛伯過之類。此何以書？斥王之辭也。於是王孫蘇與召氏、毛氏争政，使王子殺召戴公及毛伯衛。王孫家人也而争政，王子一日而殺二卿，則譏不但其人也。是故終《春秋》纔一再書之。王札子殺召伯、毛伯，陳侯之弟招殺陳世子偃師，皆斥君之辭也。」《穀梁傳》曰：「王札子者，當上之辭也。殺召伯、毛伯，不言其何也？兩下相殺也。兩下相殺不志乎《春秋》，此其志何也？矯命以殺之，非忿怒相殺也。故曰以王命殺也。以王命殺則何志焉？爲天下主者，天也；繼天者，君也；君之所存者，命也。爲人臣而侵其君之命而用之，是不臣也；爲人君而失其命，是不君也。君不君，臣不臣，此天下所以傾也。」

秋，螽。

仲孫蔑會齊高固于無婁。

初税畝。

初税畝者何？井田之法，十取其一。今又履其私田之畝，復十取其一，故哀公曰：「二，吾猶不足。」蓋十取其二始於宣公也。《穀梁傳》曰：「初者，始也。古者十一，籍而不税。初税畝，非正也。古者三百步爲里，名曰井田。井田者，九百畝，公田居一。私田稼不善，則非吏；公田稼不善，則非民。初税畝，非公之去公田而履畝，十取一也，以公之取民爲已悉矣。古者公田爲居，井竈葱韭盡取焉。」《公羊傳》曰：「始履畝而税也。古者什一而籍。什一者，天下之中正也。什一行而頌聲作矣。」

冬，蝝生。

蝝，螽子也。不月，不成螽也。不成螽何以書？爲一歲再生，記異也。

饑。

十有六年春，王正月，晉人滅赤狄甲氏及留吁。

夏，成周宣榭災。災，從《公》《穀》經文。

《公羊傳》曰：「成周者，東周也。據成周乃王城下都之總名。宣榭者何？宣宮之榭也。」胡侍講曰：「以宗廟之重書之也。」據《考古圖》，郱敦稱「王格于宣榭」。❶

秋，郯伯姬來歸。

---

❶「郱」，原闕，今據《考古圖》補。

伯姬始歸于郯，何以不書？以其見出。書來歸，重其變故，略其常也。

冬，大有年。

十有七年春，王正月庚子，許男錫我卒。

丁未，蔡侯申卒。

夏，葬許昭公。

葬蔡文公。

六月癸卯，日有食之。

己未，公會晉侯、衛侯、曹伯、邾子同盟于斷道。

魯復事晉也。《陳氏傳》曰：「同盟至新城而再見，斷道而後不曰同盟者寡矣。」

秋，公至自會。

冬十有一月壬午，公弟叔肹卒。

先君之子稱公子，有謂稱弟。肹，公子也，則其稱弟以卒何？以公之喪其母弟，舉其重者卒之也。非大夫不卒，此何以卒？喪以大夫之禮也。公以大夫之禮喪其弟，則卒之，記禮之變也。蓋内女非夫人不卒，卒紀叔姬；外夫人非内女不卒，卒齊王姬，皆禮之變也。記禮之變則曷爲兼稱字？録異恩也。宣公以庶篡適，於是喪其母弟，恩視季友、仲遂而得爲世卿，以比桓、莊之族也。

十有八年春，晉侯、衛世子臧伐齊。

晉文公卒，齊不復從晉盟。魯侯伐莒，皆以閒晉也。晉是以不競于楚，而歷三君問不及齊。齊，東方大國也，晉不得齊，則諸侯不附。景公爲斷道之會，始徵會于齊，而齊侯不至，於是自將以伐齊，庶乎知所伐矣。

公伐杞。

《陳氏傳》曰：「自是内不言君將，征伐在大夫矣。」

夏四月。

秋七月，邾人戕鄫子于鄫。

戕，弑也。《左氏傳》曰：「凡自虐其君曰弑，自外曰戕。」其不名鄫子卒，不志於魯也。例在僖十九年。不日，以别於在外而罹難者也。據邾人執鄫子用之書日。何休氏曰：「刺鄫無守備也。」范甯氏曰：「惡其臣子不能距難也。」

甲戌，楚子旅卒。

楚人始告喪而往弔也。楚何以卒而不葬？卒舉周爵而正其名，則來赴以諸侯之禮也。喪者以號配謚，楚僭王號，雖我有往，不可言也。《公羊傳》曰：「吴、楚之君不書葬，辟其號也。」

公孫歸父如晉。

冬十月壬戌，公薨于路寢。

歸父還自晉，至笙，遂奔齊。

大夫還不至，其曰還自晉何？爲奔言故也。奔不言出，道亡也。不日，例見閔二。其罪有關乎一國之故，與他大夫之出奔者異也。魯自東門遂弑適立庶，而大夫益專。歸父知三桓之强而公室之弱也，欲以晉去之，謀於公，而遂如晉。其濟，則仲氏一三桓也；不濟，則君受其名。此亂臣之濟惡者也。夫爲國者不能以禮馭臣，而欲援大國之力以鉏其强宗，未有不亂且亡者。故公子憖奔齊亦不日，憖欲援晉以出季氏也。

春秋集傳卷第九

新安東山趙汸輯

成公

元年春，王正月，公即位。

二月辛酉，葬我君宣公。

無冰。

終時無冰則志之。周之二月，夏之季冬也。孔穎達氏曰：「以盛寒之月書之也。此月無冰，則終無冰矣。」

三月，作丘甲。

志重賦也。丘，四邑十六井也。甲，猶兵也。古者謂甲兵，魯之言丘甲，猶晉之言州兵，鄭之言丘賦也。見僖十五年、昭四年。周制，軍賦起於井而成於甸，自天子至於諸侯大夫，皆以甸賦之。甸，四丘也。自諸侯不給於征伐而後加賦於民，故晉有爰田而後作州兵，魯初稅畝而後作丘甲。《公羊傳》曰：「始丘使之也。」其車徒卒伍之數不可知矣。

夏，臧孫許及晉侯盟于赤棘。

不月，略之也。凡内大夫特盟諸侯恒略之，惡其伉也。

秋，王師敗績于茅戎。

夷狄敗中國不日。據外相敗日。王師敗績于茅戎何以不月？王師天下莫得較，故異之於諸侯也。劉康公曰：「伐戎不書，諱之也。」《公羊傳》曰：「曷爲不言敗之者？王者無敵，莫敢當也。」《穀梁傳》曰：「不言戰，莫之敢敵也。」《陳氏傳》曰：「戰然後言敗績，此不戰何以書敗績？言自敗也。」劉質夫曰：「書曰『王師敗績于茅戎』，而尊尊之義與王師自取敗之道咸見矣。」

冬十月。

二年春，齊侯伐我北鄙。

貳於晉也。

夏四月丙戌，衛孫良夫帥師及齊師戰于新築，衛師敗績。

齊師者，齊侯也。一役而再有事者略言之，用衆焉稱師。齊侯伐魯反過衛，衛侯使孫良夫侵齊，遇齊師戰焉，故但言師也。

六月癸酉，季孫行父、臧孫許、叔孫僑如、公孫嬰齊帥師會晉郤克、衛孫良夫、曹公子首及齊侯戰于鞌，齊師敗績。

内會師不月，雖君將不月。苟會戰也，則月。會而日戰，據桓十三年公會紀、鄭，及鄭、宋、衛、燕戰。此其取戰之日加之會之上何？不正其四卿帥師會戰以自爲功，故異其事也。《穀梁傳》曰：「日其悉也。曹無大夫，據經不書大夫。其曰公子何也？以吾之四大夫在焉，舉其貴者也。」《陳氏傳》曰：「凡帥非卿不書。據傳文三年晉救江不書先僕，襄十七年衛伐曹不書孫蒯之類。雖卿也，非元帥亦不書。據傳襄元年宋圍彭城，書晉欒黶不書荀偃；宣三年戰大棘，書宋華元不書樂呂之類。書四卿，是各自帥也。會伐不言帥師，此其言帥師何？四卿並出，各自爲帥也。自文之季年而無使介，至是而無將佐，魯三家之勢成矣。於是，衛未有大夫將，書孫良夫；曹無大夫，書公子首；而賞鞌之功，晉於是有六卿，征伐在大夫，不獨魯也。以四國之臣戰齊君，甚矣鞌戰之忿也。」胡侍講曰：「成公初立，四卿興師並出，雖無人乎成公之側，有不恤也。然後政自季氏出矣。」

秋七月，齊侯使國佐如師。己酉，及國佐盟于袁婁。

如師者，講盟也。曷如不言求盟于師？據楚屈完言來盟于師。來盟于師，前定也。如師者，盟非前定也。可不可，未可知之辭也。《公羊傳》曰：「逮乎袁婁而後與之盟也。」《穀梁傳》曰：「鞌去國五百里，袁婁去國五十里。據《傳》，國佐言背城借一，則袁婁近齊國都明矣。今臨淄縣西有袁婁。壹戰綿地五百里，焚雍門之茨，侵車東至海。君子聞之，曰：『夫甚甚之辭焉。齊有以取之也。』齊有以取之，何也？敗衛師于新築，侵我北鄙，敖郤獻子，齊有以取之也。」《陳氏傳》曰：「齊桓合九國之師以臨楚，屈完來盟于師。桓不欲以臨楚盟屈完也，退而盟召陵，以禮於楚子。齊侯使國佐如師，而進盟之於袁婁以偪齊君。桓公之所不敢，而四國之臣敢爲之，甚矣鞌戰之忿也。」

八月壬午，宋公鮑卒。

庚寅，衛侯速卒。

取汶陽田。

汶陽田本魯田也，齊人歸我汶陽之田，則其曰取何？受之于師，其歸非齊人意也，魯實乘勝以取之耳。

冬，楚師、鄭師侵衛。

此公子嬰齊也。其稱師何？楚未書大夫將也。侵衛，遂侵我，以救齊也。

十有一月，公會楚公子嬰齊于蜀。

楚無大夫，其曰公子何也？嬰齊，楚令尹也，而以諸侯大夫之禮與之接，不可以但名之也。不名之而曰公子，據楚稱王子。則亦假周制以録其君臣焉耳。公及大夫盟則諱，公會之何以不諱？盟甚矣，會不待變文而後爲譏也。凡《春秋》辭從主人而善惡自見，皆不待變文而後爲譏者也。故盟諱公以示義，則會從其恒辭以見實。然則公何以會嬰齊？侵我而與之成也。侵我何以不書？以公之會之，諱之也。

丙申，公及楚人、秦人、宋人、陳人、衛人、鄭人、齊人、曹人、邾人、薛人、鄫人盟于蜀。

會而後盟，間無事，則地會不地盟；據溴梁大夫盟。間有事，則地會地盟。據葵丘及諸侯大夫盟于宋。此非有事也，則其再言地何？會與盟事異也。公與盟，自參以上不言及，雖會大夫不言及。據翟泉。

會與盟事異，則曷爲言公及之？一役而再有事者，因上文也。會稱公子嬰齊，盟曷爲稱人？會從其恒稱以見實，則明變文以示義。故宋華元、陳公孫寧、衛孫良夫、鄭公子去疾皆不書，楚大夫初會盟中國也。晉大夫會盟王人則不言公，楚大夫會盟中國則其言公何？楚師侵衛，遂侵我。宿師魯地，合南北諸侯之大夫十有一國以爲是盟，而晉師不出，於魯何譏焉？故不諱公也。其日，以公在也。例在僖十一年。

三年春，王正月，公會晉侯、宋公、衛侯、曹伯伐鄭。

辛亥，葬衛穆公。

二月，公至自伐鄭。

甲子，新宮災，三日哭。

《穀梁傳》曰：「新宮災者，禰宮也。迫近不敢稱謚，恭也。」《公羊傳》曰：「宣公之宮也。宣公則曷爲謂之新宮？不忍言也。廟災，三日哭，禮也。何以書？記災也。」

乙亥，葬宋文公。

夏，公如晉。

鄭公子去疾帥師伐許。

《陳氏傳》曰：「鄭初書，大夫將也。」

公至自晉。

秋，叔孫僑如帥師圍棘。
《公羊傳》曰：「棘者何？ 汶陽之不服邑也。 其言圍之何？ 不聽也。」趙伯循曰：「内言圍，皆叛也。」
大雩。
晉郤克、衛良夫伐廧咎如。
冬十有一月，晉侯使荀庚來聘。
衛侯使孫良夫來聘。
丙午，及荀庚盟。
丁未，及孫良夫盟。
公與大夫盟，雖來涖盟，猶諱之。 大夫終不可以盟諸侯也。《陳氏傳》曰：「聘而遂盟之於是始。」
鄭伐許。
何休氏曰：「謂之鄭者，惡鄭與楚比周，數侵伐諸夏，故夷狄之也。」孫明復曰：「鄭襄公背華即夷，一歲而再伐許，故狄之。」
四年春，宋公使華元來聘。
三月壬申，鄭伯堅卒。
杞伯來朝。

夏四月甲寅，臧孫許卒。

公如晉。

葬鄭襄公。

秋，公至自晉。

冬，城鄆。

戴少望曰：「鄆有二：東鄆，莒邑，魯所争也；西鄆，魯邑，今新城者也。鄆、讙、龜陰三邑，皆汶陽之田，本杜氏。魯既得汶陽，故城鄆以爲固也。」

鄭伯伐許。

狄之則曰鄭伯何？易世矣，故著其恒稱也。其未踰年而自將以濟惡，因可見矣。

五年春，王正月，杞伯姬來歸。

此非罪出也，據卒書杞叔姬。其以出辭書之何？婦人之義，從一者也。苟乖從一之義，一以出辭書之。於是特書其月，據郯伯姬不月。以别於罪出者。然則叔姬始歸于杞何不書？以書來歸，故略其恒辭以異之。

仲孫蔑如宋。

夏，叔孫僑如會晉荀首于穀。

《左氏傳》曰：「晉荀首如齊逆女，宣伯餫諸穀。」然則非國事也，書之如國事然，政在大夫也。

梁山崩。

梁山，晉望也。曷爲不言晉？古者名山大川不以封諸侯，故不繫之國。《公羊傳》曰：「爲天下記異也。」

秋，大水。

冬十有一月己酉，天王崩。

十有二月己丑，公會晉侯、齊侯、宋公、衞侯、鄭伯、曹伯、邾子、杞伯同盟于蟲牢。

六年春，王正月，公至自會。

二月辛巳，立武宮。

《公羊傳》曰：「武宮，武公之宮也。立者，不宜立也。立武宮，非禮也。」高抑崇曰：「武公佐宣王南征北伐有功，故謚曰武。季孫行父以鞌之功再立武宮，與魯公爲二祧，蓋僭天子之禮，若文、武二世室也。」劉侍讀曰：「魯，諸侯也，而僭天子之禮，雖欲尊其祖，鬼神不享也。而學者習於魯之故，更大之曰『魯公之廟，文世室也；武公之廟，武世室也』。久矣夫！其以僭僞爲典也。」

取鄟。

衞孫良夫帥師侵宋。

《左氏傳》曰：「以其辭會也。」晉伯宗、鄭人不書，非卿，略之也。

夏六月，邾子來朝。

爲下日卒月也。據來朝著例不月。

公孫嬰齊如晉。

《左氏傳》曰：「命伐宋也。」

壬申，鄭伯費卒。

秋，仲孫蔑、叔孫僑如帥師侵宋。

《左氏傳》曰：「晉命也。」

楚公子嬰齊帥師伐鄭。

《陳氏傳》曰：「楚初書大夫將也。」

冬，季孫行父如晉。

晉欒書帥師救鄭。

七年春，王正月，鼷鼠食郊牛角，改卜牛。鼷鼠又食其角，乃免牛。

爲不郊言故，且記異也。

吴伐郯。

《陳氏傳》曰：「吴初入伐中國也。」《左氏傳》曰：「吴伐郯，郯成。季文子曰：『中國不振旅，蠻夷入伐，而莫之或恤，無弔者也夫！吾亡無日矣。』」

夏五月，曹伯來朝。

爲下事月也。

不郊，猶三望。

言免牛，不言不郊。言不郊，閒有事也。

秋，楚公子嬰齊帥師伐鄭。

公會晉侯、齊侯、宋公、衞侯、曹伯、莒子、邾子、杞伯救鄭。

八月戊辰，同盟于馬陵。

公至自會。

吴入州來。

杜元凱曰：「州來，楚邑。」《陳氏傳》曰：「吴、楚之交兵不書，據傳，伐楚、伐巢、伐徐，子重七奔命。至是始書之。」《左氏傳》曰：「是以始大，通吴於上國。」晉人爲之也。盟於蒲，景公將始會吴，吴不至，於鍾離而後至。盟於雞澤，悼公又逆吴子，吴子不至，於戚而後至。吴之爲蠻久矣，其不敢自列於諸夏，而晉求之急，將以罷楚也。楚罷，晉亦不復伯矣。入州來，不可以不録其始也。

冬，大雩。

不月，異之也。例在桓五年。

衞孫林父出奔晉。

見惡於其君也。

八年春，晉侯使韓穿來言汶陽之田，歸之于齊。

晉欒書帥師侵蔡。

公孫嬰齊如莒。

宋公使華元來聘。

夏，宋公使公孫壽來納幣。

來納幣不書，據紀伯姬、齊子叔姬不書來納幣。使卿則書之，從史文也。

晉殺其大夫趙同、趙括。

秋七月，天子使召伯來賜公命。

其曰天子賜之何？不請命而來錫也。昔者文公即位，天王使毛伯來錫之命，而叔孫得臣如周拜，則以魯人嘗請之也。據《詩序》，季孫行父請命于周，即此事作頌，爲將躋僖公。成公即位八年矣，而召伯以錫命來。以錫命來而不往拜，則魯人未嘗有請也。天子之爲天王也，賜之爲錫也，一也。向也追命桓公，則王不稱天；此未嘗有請而來錫，其曰天子何也？隱、桓之際，王命數及于魯，則猶足以寵諸侯也。王命猶足以寵諸侯而追命桓公，則非禮莫大乎是，故爲王惜之。伯者不作，王室愈卑。定王崩，魯人蓋弔而不葬，然且來錫公命，自是終春秋，無來錫命，而王人亦鮮至於魯，則王命不足以寵諸侯焉耳。王命不足以寵諸侯，而不請來錫，於王何譏焉？故不曰天王而曰天子，不曰錫而曰賜，異其文以異其事而已。

冬十月癸卯，杞叔姬卒。

内女爲夫人來歸，卒不繫其國。據子叔姬。叔姬來歸，則曷爲以杞卒之？非罪出也。非罪出而繫之以杞者，無絶道也。内女來歸不卒，此卒而繫之杞，則以夫人之禮成其喪也。

晉侯使士燮來聘。

《左氏傳》曰：「言伐郯也，以其事吴故。」

叔孫僑如會晉士燮、齊人、邾人伐郯。

衛人來媵。

來媵常事也，不志。志晉、衛與齊人來媵，見非常也。

九年春，王正月，杞伯來逆叔姬之喪以歸。

異其事也。《穀梁傳》曰：「夫無逆出妻之喪而爲之也。」李堯俞曰：「叔姬既絶矣，生不復奉其祭祀，死豈可成婦於祖宗乎？是則魯不得使逆之，杞不得歸葬之。杞、魯之不正均矣。其不書葬何？魯不會也。」

公會晉侯、齊侯、宋公、衛侯、鄭伯、曹伯、莒子、杞伯同盟于蒲。

自馬陵以來，諸侯未有二也。則其曰同盟何？晉懼失諸侯也。諸侯之從於晉者，類非誠服也。晉人亦知自反矣乎？馬陵未幾，而受孫林父之奔以隙衛，反汶陽之田以攜魯，志不得於楚而侵蔡，威不足以及吴而伐郯，以是道宗諸侯，雖日同盟無益也。故晉主夏盟恒日，於是特不日以異之。王貫道曰：「甚哉晉景公之不智也！盟而可保蟲牢足矣，何必馬陵？馬陵足矣，何必于蒲？五年之間凡三同盟，不即乎人心甚矣！」

公至自會。

二月，伯姬歸于宋。

不言逆者，親迎也。

夏，季孫行父如宋致女。

致女常事也，不志。使卿則志之。孫明復曰：「致女使卿，非禮也。」何休氏曰：「古者婦人三月而後廟見，成婦。父母使大夫操禮而致之。必三月者，取一時足以別貞信也。貞信著，然後婦禮成。故婦人未廟見而死，則歸葬女氏之黨。」

晉人來媵。

秋七月丙子，齊侯無野卒。

晉人執鄭伯。

於是鄭伯如晉，晉人討其貳於楚也，執諸銅鞮，則其稱人以執何？非伯討也。中國無伯，鄭之反覆乎晉、楚之閒，有自來矣。楚人以重賂求鄭，鄭伯竊會公子成于鄧，即往朝于晉，鄭非果於叛晉也。晉人執鄭伯以伐鄭，而歸鍾儀使求成於楚，則何以罪鄭爲哉？故雖討貳但稱人，而鄭伯歸于鄭不書。

晉欒書帥師伐鄭。

冬十有一月，葬齊頃公。

楚公子嬰齊帥師伐莒。庚申，莒潰。

潰者不日。據蔡潰、沈潰、鄆潰皆不日。其日，以譏晉也。同盟潰于夷狄而不能救，譏之，故日以詳之也。

楚人入鄆。

一役而再見者恒稱人。

秦人、白狄伐晉。

鄭人圍許。

示晉不急君也。

城中城。

中城者，郛内之城也。高抑崇曰：「莒以無備而潰，楚人入鄆，故懼而城之也。」

十年春，衛侯之弟黑臀帥師侵鄭。

晉命也。

夏四月，五卜郊，不從，乃不郊。

《穀梁傳》曰：「夏四月，不時也。五卜，强也。」吴先生曰：「二月下旬初卜，三月上旬二卜，三月中旬三卜，不從則不郊矣。乃於三月下旬四卜，四月上旬五卜，不從而後不郊，瀆神甚矣。」《公羊傳》

曰：「其言乃不郊何？不免牲，故言乃不郊也。」

五月，公會晉侯、齊侯、宋公、衛侯、曹伯伐鄭。

於是鄭伯歸于鄭，曷爲不書？罪不及失國也。執君歸不書，據襄十六年莒子、邾子，十九年邾子，哀四年小邾子。必伯主釋有罪而後書。據曹伯襄、衛侯鄭、曹伯負芻。苟罪不及失國，則固宜歸者也。公會伯國侵伐恒書至，此其不致何？晉景公疾，晉人急於得諸侯，乃立太子州蒲爲君而會伐鄭，悖其父子之教，異於他君討貳，故不致以異之。

齊人來媵。

《公羊傳》曰：「三國來媵，非禮也。」《左氏傳》曰：「凡諸侯嫁女，同姓媵之，異姓則否。」

丙午，晉侯獳卒。

秋七月，公如晉。

奔喪也。不言葬，公在晉也。《左氏傳》曰：「晉人止公，使送葬。冬，葬晉景公。公送葬，諸侯莫在。魯人辱之，故不書，諱之也。」

冬十月。

十有一年春，王三月，公至自晉。

凡九月乃得歸也。其月，以奔諸侯喪異之也。據公如、至至皆不月。《左氏傳》曰：「晉人以公爲貳於楚，故止公。公請受盟，而後使歸。」

晉侯使郤犨來聘。

己丑，及郤犨盟。

夏，季孫行父如晉。

秋，叔孫僑如如齊。

冬十月。

十有二年春，周公出奔晉。

不名，天子之三公也。王者無外，此其言出何？王人内京師也。

夏，公會晉侯、衞侯于瑣澤。

晉、楚成也。杜元凱曰：「晉既與楚成，合諸侯以申成好。」然則宋華元克合晉、楚之成，盟于宋西門之外，何以不書？《陳氏傳》曰：「晉、楚嘗同盟矣，不書。至襄二十七年特書之。」語出《章指》。

秋，晉人敗狄于交剛。

不月，以中國敗夷狄，略之也。據外相敗日。《陳氏傳》曰：「中國敗夷狄皆不書，惟晉特書之，病晉也。楚方聘魯，平宋，合諸侯之大夫于蜀，討陳夏徵舒，觀兵于雒矣。而晉區區争地於群狄，是故宣、成之《春秋》，晉有事於秦、楚，或略不書，而甚詳於滅狄，以是爲晉衰也。晉之衰也，諸夏之憂也。」

冬十月。

十有三年春，晉侯使郤錡來乞師。

《陳氏傳》曰：「外乞師不書，必盟主也而後書。乞，卑辭也，見晉之無以令與國也。」

三月，公如京師。

其月，尊京師也。諸侯相如不月，雖來朝不月，必公如京師而後月。諸侯朝天子，正也。范甯氏曰：「實會晉伐秦過京師也。因其過而朝，故正其文，使若本自往然。」《公羊傳》曰：「不敢過天子也。」

夏五月，公自京師，遂會晉侯、齊侯、宋公、衛侯、鄭伯、曹伯、邾人、滕人伐秦。

於是公從劉康公、成肅公會晉侯伐秦，則其但言自京師何？不以伐秦累王室也。秦、晉之交兵，以復怨也。而晉侯以諸侯朝王，而後會伐，乃若受王命以伐秦然。無益於中國之故，而使天子受其名，故但序諸侯，而劉子、成子不書，不以伐秦累王室也。《陳氏傳》曰：「於是戰于麻隧，秦師敗績，則其但書伐何？略之也。自狄秦以來，秦、晉人相加兵皆略之。是故戰于麻隧，秦師敗績，但書伐秦；戰于櫟，晉師敗績，但書伐晉。以爲不足詳也。」

曹伯盧卒于師。

秋七月，公至自伐秦。

冬，葬曹宣公。

十有四年春，王正月，莒子朱卒。

莒初志卒，以同盟也。徐邈氏曰：「莒行夷禮，君終無謚，故不書葬。」

夏，衛孫林父自晉歸于衛。

晉侯强歸之也。衛侯如晉，晉侯强見孫林父，不可。既歸，使郤犨送而復之。

秋，叔孫僑如如齊逆女。

鄭公子喜帥師伐許。

九月，僑如以夫人婦姜氏至自齊。❶

《陳氏傳》曰：「夫人婦姜氏，有姑之恒稱，❷若妾姑也，則不書氏。是故有成風則出姜不氏，有敬嬴則穆姜不氏，所以別適姑也。」

冬十月庚寅，衛侯臧卒。

秦伯卒。

十有五年春，王二月，葬衛定公。

三月乙巳，仲嬰齊卒。

《公羊傳》曰：「仲嬰齊者何？公孫嬰齊也。公孫嬰齊則曷爲謂之仲嬰齊？爲兄後也。爲兄後則曷爲謂之仲嬰齊？爲人後者，爲之子也。爲人後者爲其子，則其稱仲何？孫以王父字爲氏也。然則嬰齊孰後？後歸父也。歸父使乎晉，還自晉，至檉，聞君薨家遣，墠帷哭君成踊，反命于介，自

❶「婦」，原脱，今據夏鏜本、金曰鏞本、四庫本補。

❷「恒稱」下，原衍「之」字，今據四庫本删。

是走之齊。魯人徐傷歸父之無後也，於是使嬰齊後之也。」

癸丑，公會晉侯、衛侯、鄭伯、曹伯、宋世子成、齊國佐、邾人同盟于戚。

晉侯執曹伯歸于京師。

《陳氏傳》曰：「執未有稱爵者，此其爵晉侯何？討有罪也。曹伯之罪不著於《春秋》，曷以爲討辭書之？曹伯，殺太子而自立者也。然則負芻之罪曷不著於《春秋》？曹伯廬卒，未有即位者，公子與太子争立，猶兩下相殺而已矣。書殺太子，是有二尊也。猶兩下相殺而已矣，則其討之何？不討之，則適庶之亂將接迹於天下，是故特書晉侯。」陸淳氏曰：「稱晉侯者，以執當其罪，又歸京師，得侯伯討罪之禮也。」

公至自會。

夏六月，宋公固卒。

楚子伐鄭。

背晉成也。

秋八月庚辰，葬宋共公。

宋華元出奔晉。

宋華元自晉歸于宋。

再書宋華元，從史文也。《春秋》有因上文者，謂一事而再見者也。奔大夫有出以罪而歸非其罪者，有歸以罪而出非其罪者，其事殊，其義異，則雖無中事，不得因上文也。華元以宋公卒，公室卑，不能討有罪而去位，僅足以免於罪而已。既有許之討者，然後歸，卒討之，庶幾能立法者也。大夫歸言所自者，必嘗有力者也。此未至晉，則其言自晉何？見其所以得歸也。華元非挾晉以自重，則爲魚石矣。大夫出入非罪不書，此非有罪也，曷爲出書之、歸書之？爲其殺一司馬，出左師、大司寇、少師寇、大宰、少宰五大夫，不可不詳其故也。

宋殺其大夫山。

此蕩山也。不氏，例見僖二十八年。弱公室，殺公子肥，則討當其罪也。

宋魚石出奔楚。

於是魚石、向爲人、鱗朱、向帶、魚府出奔楚。皆卿也，則其但書魚石何？魚石，左師也，其族同，其志同，則書重而已。

冬十有一月，叔孫僑如會晉士燮、齊高無咎、宋華元、衛孫林父、鄭公子鰌、邾人，會吴于鍾離。

吴者，其君也。曰吴，以號舉也。其言會又會何？是兩會也：大夫會大夫，一也；大夫又相與會吴，一也。不以夷狄會中國，故自相爲會，然後會之也。《穀梁傳》曰：「會又會，外之也。」《公羊傳》曰：「曷爲殊會吴？外吴也。」《陳氏傳》曰：「晉初以諸侯之大夫會吴也。於是大夫自爲會矣。」《左氏傳》曰：「始通吴也。」

許遷于葉。

遷國，月，據邢遷于夷儀、衛遷于帝丘皆月。此何以不月？從夷狄也。許偪于鄭，請遷于楚，故遷于葉、于夷、于白羽、于容城，皆不月，以別於中國之避夷狄而遷者也。

十有六年春，王正月，雨，木冰。

《穀梁傳》曰：「雨而木冰也，志異也。」

夏四月辛未，滕子卒。

鄭公子喜帥師侵宋。

鄭叛晉也。楚人力不足以争鄭，於是以賂求之。楚不得鄭，則不能圖中國也。

六月丙寅朔，日有食之。

晉侯使欒黶來乞師。

甲午晦，晉侯及楚子、鄭伯戰于鄢陵，楚子、鄭師敗績。

《穀梁傳》曰：「日事遇晦曰晦。楚不言師，君重於師也。」然泓之戰宋公身傷而但言師敗績，則爲中國諱也。此不爲楚子諱，外夷狄也。

楚殺其大夫公子側。

秋，公會晉侯、齊侯、衛侯、宋華元、邾人于沙隨，不見公。

謀伐鄭也。不見公者，晉侯也，以公後鄢陵戰期，且用僑如之譖也。何以書？據見止不書。譏不在内也。程子曰：「君子正己而無恤乎人。魯之後期，國難故也。晉侯不見公，非矣。彼曲我直，故不恥也。」

公至自會。

公會尹子、晉侯、齊國佐、邾人伐鄭。

王人會伐，自單伯而後不書。據王叔桓公、劉康公、成肅公。此其書尹子何？不能服鄭也。鄢陵之役，自城濮以來於是再見，而鄭不服。厲公無道，其大夫方欲釋楚以爲外懼，則雖一戰勝楚，鄭人固有以量之也。厲公不能自反修其所以復伯者，而請以王臣會師，於是三合諸侯伐鄭，而鄭人從楚益堅，則中國之威頓矣。故尹子、單伯相繼而出，悉書之。

曹伯歸自京師。

釋有罪也。天子嘗釋衛侯矣，不言自京師，此何以言自京師？負芻之罪宜廢，而天子不能正，則以累乎京師也。但曰曹伯何？以天子釋之，故不名，以別異之也。《公羊傳》曰：「執而歸者名，曹伯何以不名？而不言復歸于曹何？據曹伯襄復歸于曹。易也。其言自京師何？言甚易也。」孫明復曰：「曹伯歸自京師，天子釋之之辭也。」

九月，晉人執季孫行父，舍之于苕丘。

用僑如之譖也，舍，寘也。劉侍讀曰：「不稱行人，從公也。執之者，以歸也。伐而未至，而著『舍之于苕丘』，故不言以歸也。」《穀梁傳》曰：「執者致，據婼至。而不至，公在也。執者不舍，據晉執叔孫婼，囚之於箕，不言舍。而舍公所也。」據公在苕丘。

冬十月乙亥，叔孫僑如出奔齊。

於是出叔孫僑如而盟之，則其但書奔何？以奔告諸侯也。齊出高無咎、放高止，但書奔，皆從告也。

十有二月乙丑，季孫行父及晉郤犨盟于扈。

公至自會。

鄭康成曰：「伐而致會，於伐事不成。」

乙酉，刺公子偃。

内殺公子，言其故。據公子買不卒戍。此其但言刺之何？其故不可言也。公將有行，穆姜以僑如之意欲去夫二家者，指偃與鉏曰：「汝不可，是皆君也。」僑如之情，非偃與鉏之所知也。既魯人出僑如，季孫歸而刺偃，遷怒也。

十有七年春，衛北宫括帥師侵鄭。

鄭子駟侵晉虛、滑。衛北宫括侵鄭，救晉也。

夏，公會尹子、單子、晉侯、齊侯、宋公、衛侯、曹伯、邾人伐鄭。

王人未有書二卿者，其以二子會伐何？伐鄭而鄭不服也。厲公親以六國之師伐鄭而過楚輒還，能驟合諸侯而不敢復當楚，則二卿之行失威廢命而已。

六月乙酉，同盟于柯陵。

不重言諸侯，二子與盟也。狄泉之盟諱王子虎，此其不諱何？中國無伯，王室之憂也。以二卿奉王命以伐鄭，而鄭不服，於是下盟諸侯，不足諱矣。自是晉有諸侯之事，王人與盟皆不諱矣。據雞澤、平丘。

秋，公至自會。

齊高無咎出奔莒。

九月辛丑，用郊。

用郊者，用其禮也。郊之祭，以祈農事也。以其非爲農事而以郊禮爲之，故曰用郊。古者天子有大事，則類造于上帝。類之言類也，其禮類乎郊也。成公以頻年出師未已，故竊類造之義，用郊禮以祈焉，僭且異矣。

晉侯使荀罃來乞師。

冬，公會單子、晉侯、宋公、衞侯、曹伯、齊人、邾人伐鄭。

十有一月，公至自伐鄭。

壬申，公孫嬰齊卒于貍脤。

嬰齊卒于外，公實未嘗臨喪，其日何？勢不得臨，非恤典薄也。

十有二月丁巳朔，日有食之。

邾子貜且卒。

晉殺其大夫郤錡、郤犨、郤至。

楚人滅舒庸。

楚書大夫將矣，此公子橐師也。其稱人何？橐師未嘗爲中國患也。《春秋》書楚與中國異，以楚大夫將而稱名氏，必其人能爲中國患者也。《春秋》爲中國而作，苟其人爲患不及中國，《春秋》奚治焉？是故公子嬰齊帥師凡四見，公子貞帥師凡七見，則雖伐吳，從其恒稱。而陽丐、囊瓦交兵於吳，橐師滅舒庸，但人之，則皆未嘗爲中國患者也。以其未嘗爲中國患，則不復詳其名氏，志夷狄之相攻滅而已。

十有八年春，王正月，晉殺其大夫胥童。

此欒書、中行偃將弒其君而殺其大夫也。其曰國殺何？書、偃之罪不著於《春秋》，則其殺胥童，固不以兩下相殺告也。

庚申，晉弒其君州蒲。

弒君者，欒書、中行偃也，則其稱國以弒何？不以賊赴也。例在文十六年。晉厲公欲盡去諸大夫而立其所嬖，一朝而尸三卿。書、偃爲政，懼將及也，幽厲公而殺其與爲亂者。既則弒公而葬以庶人，不入于兆，逆孫周于京師以立之，踰月即位，是蓋以易位來告者也。吾魯史也，於書、偃之事何知焉？書曰晉弒其君，而有受其惡者矣。其日，謹之也。然則古者有貴戚之卿，何也？非天子不得廢置諸侯，以貴戚之卿而易置人君，非臣禮也。蓋古者有社稷之臣，國亡與亡，國存與存，義足以匡君，而弗聽，則有易位之權，謂若伊尹者然後可也。春秋世卿之柄國者，皆其君之罪人也。欒書搆郤氏而陷之死，將以擅晉也。與中行偃殺胥童而弑其君，以紓死也，豈曰社稷之云乎？《春秋》辭從主人，苟有受其惡者，斯已矣。

齊殺其大夫國佐。

公如晉。

朝嗣君也。

夏，楚子、鄭伯伐宋。

宋魚石復入于彭城。

於是楚子、鄭伯伐宋彭城，納宋魚石、向爲人、鱗朱、向帶、魚府，以三百乘戍之，則其曰復入何？譏不在於納也。納者，復其位之辭也。大夫歸則言復歸，入言復入者，位已絶者也。杜諤氏曰：「復入重於入，入重於復歸，復歸重於歸，志惡之淺深也。此叛也，則曷爲不言叛？罪不止於叛也。楚既得鄭，即圖宋。魚石援仇讎以賊其宗國，其事同，其罪異，則各書其重焉耳。是故大夫入邑必言叛。據宋公之弟辰、晉荀寅、士吉射。荀言復入則不言叛，入必言所自。據宋華亥、向寧、宋公之弟辰及公子地皆言自陳入。荀言故則不言所自。舍宋魚石，言復入者，惟晉欒盈，皆言故者也。」

公至自晉。

晉侯使士匄來聘。

《左氏傳》曰：「拜朝也。」

秋，杞伯來朝。

八月，邾子來朝。

爲下曰薨月也。據來朝著例不月。

築鹿囿。

《公羊傳》曰：「譏有囿矣，又爲也。」孫莘老曰：「《春秋》興作皆書，雖城池之固、門廄之急，無遺焉，重民力也。況耳目之玩、一身之娱哉？」

己丑，公薨于路寢。

冬，楚人、鄭人侵宋。

公子嬰齊帥師，見於經者詳矣。侵宋曷爲稱人？不足以病宋也。於是宋師圍彭城，嬰齊侵宋救彭城也。既而諸侯圍彭城，楚師不復出，故略言之。當悼公之興，楚將失鄭，何宋之及圖？是故雖晉侯自將以救宋，亦不書，略之也。

晉侯使士魴來乞師。

十有二月，仲孫蔑會晉侯、宋公、衛侯、邾子、齊崔杼同盟于虛朾。

謀救宋也。其不日，以吾大夫會之也。《陳氏傳》曰：「崔杼嘗奔衛，不言歸，其再見何？齊納以爲大夫也。齊之禍，靈公爲之也。前年逐高無咎，今年殺國佐，而杼當國，已而殺高厚，齊無世臣矣。

於是伐莒、伐魯，皆杼帥師焉，而後弑。齊之禍，靈公爲之也。」

丁未，葬我君成公。

春秋集傳卷第十

新安東山趙汸輯

襄公上

元年春，王正月，公即位。

仲孫蔑會晉欒黶、宋華元、衛甯殖、曹人、莒人、邾人、滕人、薛人圍宋彭城。

圍有宋人，曷爲言宋彭城？據衛石曼姑圍戚不言衛。嫌非宋地也。於是晉悼公合諸侯爲宋討，魚石不與。楚之取彭城以置叛人，故繫彭城於宋，見諸侯之爲宋討也。諸侯分地有制，非惟楚不當取，雖晉亦不可受。彭城降晉而歸之宋，宜也。事見襄二十六年傳。

夏，晉韓厥帥師伐鄭。

仲孫蔑會齊崔杼、曹人、邾人、杞人次于鄫。

曰會以次何？以備楚也。鄫，鄭地。

秋，楚公子壬夫帥師侵宋。

救鄭也。

九月辛酉，天王崩。

邾子來朝。

冬，衛侯使公孫剽來聘。

晉侯使荀罃來聘。

二年春，王正月，葬簡王。

鄭師伐宋。

楚令也。

夏五月庚寅，夫人姜氏薨。

六月庚辰，鄭伯睔卒。

晉師、宋師、衛甯殖侵鄭。

秋七月，仲孫蔑會晉荀罃、宋華元、衛孫林父、曹人、邾人于戚。

己丑，葬我小君齊姜。

叔孫豹如宋。

冬，仲孫蔑會晉荀罃、齊崔杼、宋華元、衛孫林父、曹人、邾人、滕人、薛人、小邾人于戚，遂城虎牢。

虎牢，鄭邑也。其不繫之鄭何？以伯令城之也。鄭棄於夷久矣，於是悼公有討於鄭，以諸侯城其巖邑，將以絀鄭焉耳。孫明復曰：「鄭叛中國，與楚比。晉荀罃再會于戚，城虎牢以逼之。故虎牢不繫鄭，使若中國自城邑然。」劉賓之曰：「不言伐取，且不繫之鄭，皆予晉也。」

楚殺其大夫公子申。

三年春，楚公子嬰齊伐吳。

《陳氏傳》曰：「於是楚伐吳。吳人伐楚，取駕，則其但書伐吳何？《春秋》於晉、楚之際嚴矣，於吳、楚未嘗無差等也。是故楚伐吳悉書之，吳伐楚必若遏門于巢卒而後書。」

公如晉。

高抑崇曰：「禮，童子侯不朝，不可以成人之禮接也。其可以朝伯國乎？」

夏四月壬戌，公及晉侯盟于長樗。

蘇子由曰：「晉侯修禮於諸侯，故去其國都而與公盟也。」

公至自晉。

六月，公會單子、晉侯、宋公、衛侯、鄭伯、莒子、邾子、齊世子光。己未，❶同盟于雞澤。

陳侯使袁僑如會。

《公羊傳》曰：「其言如會何？後會也。」杜元凱曰：「陳疾楚政而來，本非召會，故言如會也。」

戊寅，叔孫豹及諸侯之大夫，及陳袁僑盟。

---

❶ 「己未」，原脱，今據夏鏜本、金日鏞本、四庫本補。

《公羊傳》曰：「曷爲殊及陳袁僑？爲其與袁僑盟也。」杜元凱曰：「諸侯既盟，袁僑乃至，故使大夫別與之盟。殊袁僑者，明諸侯之大夫所以盟，盟袁僑也。」《陳氏傳》曰：「以大夫盟袁僑，晉侯不欲以袁僑絀諸侯也。雖然，有諸侯在而大夫盟於是始，晉悼公爲之也。諸侯在焉，而大夫自爲盟，而後大夫專盟矣。大夫專盟自宋始。」《穀梁傳》曰：「諸侯盟，又大夫相與私盟，是大夫張也。故雞澤之會，諸侯始失正矣。」孫明復曰：「諸侯既盟，而陳袁僑至，無盟可也。據踐土陳穆公如會，文公不再盟。己未，諸侯盟。戊寅，大夫又盟。是大夫强也。」

秋，公至自會。

冬，晉荀罃帥師伐許。

四年春，王三月己酉，陳侯午卒。

夏，叔孫豹如晉。

秋七月戊子，夫人姒氏薨。

葬陳成公。

八月辛亥，葬我小君定姒。

冬，公如晉。

陳人圍頓。

五年春，公至自晉。

夏，鄭伯使公子發來聘。

叔孫豹、鄫世子巫如晉。

杜元凱曰：「俱受命於魯，故不書及。」《左氏傳》曰：「覲鄫大子于晉，以成屬鄫。書曰『叔孫豹、鄫大子巫如晉』，言比諸魯大夫也。」陸淳氏曰：「鄫，列國也，使其世子同於我大夫，魯與晉俱失正矣。」

仲孫蔑、衛孫林父會吴于善道。

杜元凱曰：「魯、衛俱受命于晉，故不言及。」《左氏傳》曰：「吴子使壽越如晉，辭不會於雞澤之故，且請聽諸侯之好。晉人將爲之會諸侯，使魯、衛先會吴，且告會期。」

秋，大雩。

楚殺其大夫公子壬夫。

楚八年而殺三卿也。《左氏傳》曰：「君子謂『楚共王於是不刑』。」莊王卒以大夫盟諸侯，納宋魚石，殺公子側、公子申、公子壬夫，楚遂不競而晉復伯。是故晉悼公之《春秋》，楚有諸侯之事，亦不悉書。據《傳》襄三年公子何忌侵陳不書，四年彭名侵陳不書。

公會晉侯、宋公、陳侯、衛侯、鄭伯、曹伯、莒子、邾子、滕子、薛伯、齊世子光、吴人、鄫人于戚。

吴何以稱人？其大夫也。以諸侯大夫之禮接，故得序於齊世子之下，稱人而不殊也。鄫人者，鄫大夫也。魯以屬鄫爲不利，故使鄫大夫聽命於會。《陳氏傳》曰：「於是盟于戚，吴初與諸侯盟也。不書盟，爲晉諱也。吴、晉之盟，《春秋》終諱之。見襄十三年。蒲之役，將始會吴，吴不至；事在成九年。

雞澤之役，又逆吳子，吳不至。吳固不敢自列於諸夏也。而晉求之急，於是滅州來，敗頓、胡、沈、蔡、陳、許之師，滅巢入郢矣。」高抑崇曰：「晉之亟於進吳，以其能病楚也。吳能病楚，則亦能病中國矣。既伐楚，則伐齊、伐魯、伐衛、伐陳，以至與晉争盟，則其病中國也甚矣。」

公至自會。

冬，戍陳。

晉命也。不言其人，微者也。《穀梁傳》曰：「内辭也。」《公羊傳》曰：「孰戍之？諸侯戍之。曷爲不言諸侯戍之？離至不可得而序，故言我也。」《陳氏傳》曰：「戍不書。桓六年戍齊、宣六年戍鄭之類。晉悼公之戍陳也，特書之。君子以悼公之伯業，桓、文之所不屑爲也。桓公不戰而屈楚，文公戰而屈楚，自悼公而通吳以制楚矣。會于戚、于向、于柤，皆東境也。而又戍陳、鄭以守之。楚誠强，而晉亦誠下策也。」

楚公子貞帥師伐陳。

公會晉侯、宋公、衛侯、鄭伯、曹伯、齊世子光救陳。

十有二月。

爲下卒月也。

公至自救陳。

《穀梁傳》曰：「善救陳也。」范甯氏曰：「善之，故以救陳致。」

辛未，季孫行父卒。

六年春，王三月壬午，杞伯姑容卒。

《左氏傳》曰：「始赴以名，同盟故也。」

夏，宋華弱來奔。

秋，葬杞桓公。

滕子來朝。

莒人滅鄫。

滅國有取而有之者，則不言滅。例在僖二十二。我嘗取鄫矣，事見昭四年。則其言滅何？譏晉也。鄫人與莒子同列於會，而莒卒滅鄫，以爲悼公病矣。

冬，叔孫豹如邾。

季孫宿如晉。

十有二月，齊人滅萊。

《公羊傳》曰：「不言萊君出奔，國滅，君死之，正也。」

七年春，郯子來朝。

夏四月，三卜郊，不從，乃免牲。

《穀梁傳》曰：「三卜，禮也。夏四月，不時也。」孟獻子曰：「吾乃今而知有卜筮。夫郊祀后稷，以祈農事也，是故啓蟄而郊，郊而後耕。今既耕而卜郊，宜其不從也。」

小邾子來朝。

城費。

秋，季孫宿如衛。

八月，螽。

冬十月，衛侯使孫林父來聘。

壬戌，及孫林父盟。

楚公子貞帥師圍陳。

十有二月，公會晉侯、宋公、陳侯、衛侯、曹伯、莒子、邾子于鄬。

救陳也。不言救陳者，陳侯逃歸，不成救也。不致，無成事也。是故盟主之會恒不月，於是無成事，特月以別之。

鄭伯髡頑如會，未見諸侯。丙戌，卒于鄵。

鄭伯髡頑，弑也，則其書卒何？史承赴而書，辟不敏也。史承赴而書，《春秋》曷爲不正之？正之則無以見國之無臣子也。《春秋》於鄭髡頑、齊陽生、楚子麇實弑書卒者，皆從而志之無改焉，是併其臣子之不能討賊，而姑爲隱諱者治之也。《穀梁傳》曰：「未見諸侯，其曰如會，何也？致其志也。禮，諸侯不生名。此其名之，何也？卒之名也。卒之名，則何爲加之如會之上？見以如會卒也。

其見以如會卒，何也？鄭伯將會中國，其臣欲從楚，不勝其臣，弒而死。其地，於外也。」《陳氏傳》曰：「此公子騑弒其君也，則其書卒何？以君薨赴也。君弒矣，晏然赴於他國，但如恒喪，自鄭騑始。甚矣無人紀也！而鄭之臣子聽焉。自有討賊，至於不討，自不討矣。至於赴告如恒喪，《春秋》之所甚懼也。是故書卒，所以誅鄭之臣子聽賊之所爲也。崔杼弒其君，齊大史書之，杼殺之；其弟嗣書之，又殺之；南史執簡以往。陳恒弒其君，孔子沐浴而朝，告於哀公曰：『請討之。』弒君，天下之大變也。名在諸侯之策，誰能没之？史見其事，《春秋》著其心，後世有考焉矣。」

陳侯逃歸。

陳大夫貳於楚而脅其君，使逃諸侯以歸也。

八年春，王正月，公如晉。

夏，葬鄭僖公。

鄭人侵蔡，獲蔡公子燮。

此鄭公子發也。何以稱人？惡其將叛中國，而侵蔡以欺盟主也。王沿氏曰：「鄭人弒其君，志欲從楚，故侵蔡以致楚。楚師至，然後告絶於晉而與楚平也。」《公羊傳》曰：「侵而言獲者，適得之也。」

季孫宿會晉侯、鄭伯、齊人、宋人、衛人、邾人于邢丘。

《左氏傳》曰：「會于邢丘，以命朝聘之數，使諸侯之大夫聽命。鄭伯獻捷于會，故親聽命。大夫不書，尊晉侯也。」《陳氏傳》曰：「此齊高厚、宋向戌、衛甯殖也。其稱人何？不以大夫敵盟主也。不以大夫敵盟主，桓、文之盛也。自同盟于戚，而大夫與諸侯序矣。於是再見。其再見何？復予晉以伯也。」

公至自晉。

莒人伐我東鄙。

秋九月，大雩。

冬，楚公子貞帥師伐鄭。

晉侯使士匄來聘。

《左氏傳》曰：「拜公之辱。」

九年春，宋災。

夏，季孫宿如晉。

五月辛酉，夫人姜氏薨。

秋八月癸未，葬我小君穆姜。

冬，公會晉侯、宋公、衞侯、曹伯、莒子、邾子、滕子、薛伯、杞伯、小邾子、齊世子光伐鄭。

十有二月己亥，同盟于戲。

伐鄭而書同盟，鄭與盟也。其不致何？盟後復伐鄭。伐與盟皆非功也。

楚子伐鄭。

十年春，公會晉侯、宋公、衛侯、曹伯、莒子、邾子、滕子、薛伯、杞伯、小邾子、齊世子光會吴于柤。

《左氏傳》曰：「會吴子壽夢也。」

夏五月甲午，遂滅偪陽。

其日，以譏晉也。晉悼公合十有二國爲衣裳之會以會吴，而滅小國。異其事，故日以譏之。以偪陽子歸，不書，略之也。以其會而遂滅，則以歸不足言也。

公至自會。

楚公子貞、鄭公孫輒帥師伐宋。

晉師伐秦。

此荀罃也。曷爲書師？以其釋楚而敵秦怨也。楚方得鄭而伐宋，晉人不圖其所以絀楚者而急於伐秦，曰以報其侵也，則非伯者之事矣。

秋，莒人伐我東鄙。

公會晉侯、宋公、衛侯、曹伯、莒子、邾子、齊世子光、滕子、薛伯、杞伯、小邾子伐鄭。

齊世子光始與盟會，序小邾子之下，諸侯世子未誓於天子之制也。於是又以先至，躋之滕、薛、杞三君之上。明年，乃次之曹伯、莒子之閒，則誓於天子而攝其君之制也。此禮樂之自諸侯出者也。若夫滕、薛、杞三君之後於邾、莒則宜。悼公不能正也。《陳氏傳》曰：「隱、桓之諸侯皆序爵也。伯者作，而後小國或序大國之上，有以子、男長於伯者矣。於是以世子長於小國之君，則悼公爲之也。」

冬，盜殺鄭公子騑、公子發、公孫輒。❶

盜殺不言其大夫。盜，賤者，不可以上下道也。《公羊傳》曰：「大夫相殺稱人，賤者窮諸盜。」孫明復曰：「盜一日而殺三卿，故列數之，惡鄭伯之失政也。」

戍鄭虎牢。

《公羊傳》曰：「諸侯已取，曷爲繫之鄭？諸侯莫之主有，故反繫之鄭。」《左氏傳》曰：「言將歸焉。」杜元凱曰：「鄭服則以還鄭，故追書繫之以見晉志。」

楚公子貞帥師救鄭。

《陳氏傳》曰：「楚救鄭矣，不書。《傳》宣元年蔿賈，二年鬬椒，成九年子重，十六年楚子，十七年子重、公子申之類。於是始書，以爲晉悼復伯，楚欲救而不能也。」

公至自伐鄭。

十有一年春，王正月，作三軍。

作三軍何？作中軍也。以其言舍中軍，昭五年。知此爲作中軍也。作中軍則何以言作三軍？始改作也。魯人外弊於征伐，内擅於三家。軍賦之出於三郊三遂者，非其舊矣；車乘卒伍之成於甸者，非周制矣。則曷爲言改作於是始？三家始分魯也。前乎此，三家之擅魯者專其政爾，未嘗有其民

❶「孫」，原涉上誤作「子」，今據《春秋》三傳改。

也。於是乃三分其民，家爲一軍而盡征之。而叔、孟之僅不取者以歸公，則魯之民皆三家之民矣。魯君之所存者，亦□與祭而已。❶此非公命也，其書之若公命何？政在三家也。

夏四月，四卜郊，不從，乃不郊。

鄭公孫舍之帥師侵宋。

晉人欲服鄭，而諸侯皆憚戰，於是爲分兵敝楚之策。鄭人欲從晉而畏楚，以爲必得諸侯盡力於我，楚弗敢敵，而後可固與也，故侵宋以致諸侯之師。二國之謀若出於一，此晉之所以得鄭也。蓋晉之師武臣力，非復文、襄之舊矣。

公會晉侯、宋公、衛侯、曹伯、齊世子光、莒子、邾子、滕子、薛伯、杞伯、小邾子伐鄭。

秋七月己未，同盟于亳城北。

公至自伐鄭。

楚子、鄭伯伐宋。

公會晉侯、宋公、衛侯、曹伯、齊世子光、莒子、邾子、滕子、薛伯、杞伯、小邾子伐鄭，會于蕭魚。

《公羊傳》曰：「此伐鄭也。其言會于蕭魚何？蓋鄭與會爾。」孫明復曰：「言伐言會者，得鄭之辭也。晉、楚爭鄭久矣，悼公比歲大合諸侯以伐鄭，今始得之，雖不能遠斥强楚以紹二伯之烈，然亦能

---

❶「與」上，底本爲闕空，夏鏜本、金曰鏞本有「號」字，四庫本有「朝」字。

有鄭者二十年。此悼公之績也。」《陳氏傳》曰：「有地會而後伐者矣，據會于袲伐鄭、會于召陵侵楚。未有伐而後地會者也。地會而後伐，未集事之辭也；伐而後地會，集事之辭也。伐鄭，會于蕭魚，序績也。」

公至自會。

楚人執鄭行人良霄。

冬，秦人伐晉。

《穀梁傳》曰：「伐而後會，不以伐鄭致，得鄭之辭也。」

以救鄭也。於是戰于櫟，晉師敗績，不書，不足書也。秦人自絕于中國而爲楚救鄭，雖戰勝晉師，而不足以病晉，故略之也。

十有二年春，王二月，莒人伐我東鄙，圍台。

外伐我，不書圍也。據成二年齊伐北鄙圍龍。書圍台，以病晉也。莒人滅鄫，晉不問。伐我東鄙者再，不能討，於是圍台也。

季孫宿帥師救台，遂入鄆。

夏，晉侯使士魴來聘。

秋九月，吳子乘卒。

吳來告喪而往弔也。楚卒日，吳何以不日？吳始通於上國，弔贈之往來者若楚也。

冬，楚公子貞帥師侵宋。

公如晉。

十有三年春，公至自晉。

夏，取邿。

秋九月庚辰，楚子審卒。

冬，城防。

十有四年春，王正月，季孫宿、叔老會晉士匄、齊人、宋人、衛人、鄭公孫蠆、曹人、莒人、邾人、滕人、薛人、杞人、小邾人會吳于向。

會吳子諸樊也。《左氏傳》曰：「會于向，爲吳謀楚故也。」其言二大夫會之何？並列於會也。禮，卿使則大夫介，大夫使則士介。同倫不相介。同倫相介，是爲恭也。則曷爲並列於會？晉人嘉之也。諸侯之大夫惰矣，進吾二卿以勵之，見悼公之令不行於諸侯也。蓋蕭魚而後，悼德衰矣。抑中國之不競，諸侯亦有罪焉，故晉、鄭大夫書名氏，而齊崔杼、宋華閱、衛北宫括但人之。一役之中而有予奪於是始。譏不徒在晉也。《春秋》之辨名實，所以正伯者之事也。苟非伯者之事，《春秋》奚治焉？是故自伐秦而後，凡大夫將皆從其恒稱；澶淵而後，大夫之會皆從其恒稱。苟晉之君卿無志於中國，則其名實不足辨矣。

二月乙未朔，日有食之。

夏四月，叔孫豹會晉荀偃、齊人、宋人、衛北宫括、鄭公孫蠆、曹人、莒人、邾人、滕人、薛人、杞人、小邾人伐秦。

《左氏傳》曰：「於是齊崔杼、宋華閱、仲江會伐秦。不書，惰也。❶向之會亦如之。衛北宫括不書於向，書於伐秦，攝也。」《陳氏傳》曰：「諸侯之大夫從晉侯伐秦，而悼不自將。諸侯之師及涇，不濟。荀偃、欒黶二師争而大還，晉人謂之『遷延之役』，則君令不行於大夫矣。」

己未，衛侯出奔齊。

諸侯出奔不日，此何以日？異其事也。春秋諸侯奔走失國者蓋有之矣，而未有以臣出君如衛孫林父、甯殖者。衛獻公不禮於孫林父、甯殖。孫子曰：「君忌我矣！弗先必死。」公使子蟜、子伯、子皮與孫子盟，孫子皆殺之。公如鄄，使子行於孫子，孫子又殺之。公出奔齊，孫氏追之，敗公徒于阿澤。故雖鄭祭仲殺雍糾而厲公出，燕大夫比以殺公之外嬖而簡公出，不日。必若孫林父、甯殖出其君而後日。日之者，異之也。劉侍讀曰：「奔而名者，兩君之辭也。剽已立矣，而衎不名，何也？剽以公孫爲貴卿交於諸侯矣，逐其君而自取之，惡有甚焉，故絶其兩君之稱，以見所惡也。叔武攝位而鄭不名，剽篡國而衎不名，其不名也同，而所以不名也異。叔武讓而剽篡也。」

莒人侵我東鄙。

---

❶「惰」，原作「隋」，今據四庫本改。

秋，楚公子貞帥師伐吴。

冬，季孫宿會晉士匄、宋華閱、衛孫林父、鄭公孫蠆、莒人、邾人于戚。

《左氏傳》曰：「謀定衛也。」於是衛人立公孫剽，孫林父、甯殖相之以聽命於諸侯。晉侯問衛故於荀偃，對曰：「衛有君矣，不如因而定之。」❶晉，盟主也，不能詢諸國人，求衛侯去國之故，一大正其君臣，乃因之以定衛焉。此晉大夫私於孫氏之過，而悼公不能察也。蓋晉人釋君助臣於是始，悼公爲之也。是故大夫皆從其恒稱，譏不在大夫也。

十有五年春，宋公使向戌來聘。

二月己亥，及向戌盟于劉。

此來聘而涖盟也。吾君及大夫盟，《春秋》終諱之，則曷爲及向戌盟于劉？向戌伉也。去其國以盟諸侯，是伯主所以爲吾君禮也。據公及晉侯盟于長樗。以伯主爲吾君禮者盟外大夫，則向戌伉也。三家專，襄公弱，大夫自相結以卑其君，而魯道衰矣。

劉夏逆王后于齊。

劉夏者，天子之士也。《左氏傳》曰：「官師從單靖公逆王后于齊。卿不行，非禮也。」逆后非我主之，不書。《穀梁傳》曰：「過我，故志之也。」杜元凱曰：「單靖公不書，劉夏獨過魯告昏也。」胡侍講

---

❶「如」，原作「知」，今據夏鏜本、金日鏞本、四庫本改。

曰：「昏姻，人倫之本；王后，天下之母。卿往逆而公監之，禮也。官師從單靖公逆后也，士而逆后也，是不重人倫之本矣。」

夏，齊侯伐我北鄙，圍成。

書圍成以病晉也。《左氏傳》曰：「齊侯圍成，貳於晉故也。」

公救成，至遇。

言至遇何？不成救也。

季孫宿、叔孫豹帥師城成郛。

公至遇而齊侯還，故二子以師進而城之。

秋八月丁巳，日有食之。

邾人伐我南鄙。

冬十有一月癸亥，晉侯周卒。

十有六年春，王正月，葬晉悼公。

三月，公會晉侯、宋公、衛侯、鄭伯、曹伯、莒子、邾子、薛伯、杞伯、小邾子于溴梁。戊寅，大夫盟。

此諸侯會而使大夫盟，則曷爲不言諸侯之大夫？據三年雞澤。閒無異事也。《穀梁傳》曰：「溴梁之會，諸侯失正也。諸侯會而大夫盟，政在大夫也。」《公羊傳》曰：「諸侯皆在是，其曰大夫盟何？信在大夫也。何言乎信在大夫？遍刺天下之大夫也。曷爲遍刺天下之大夫？君若贅旒然。」

晉人執莒子、邾子以歸。

　為我故也。

齊侯伐我北鄙。

夏，公至自會。

五月甲子，地震。

叔老會鄭伯、晉荀偃、衛甯殖、宋人伐許。

　不能服齊而伐許，非務也。宋稱人而後於衛大夫，將卑師少也。

秋，齊侯伐我北鄙，圍郕。

大雩。

冬，叔孫豹如晉。

十有七年春，王二月庚午，邾子牼卒。

宋人伐陳。

夏，衛石買帥師伐曹。

秋，齊侯伐我北鄙，圍桃。

高厚帥師伐我北鄙，圍防。

　不曰齊高厚，甚之也。見齊侯一舉而分兵圍吾之二邑，故繫之於齊侯也。

九月，大雩。

宋華臣出奔陳。

冬，邾人伐我南鄙。

《左氏傳》曰：「爲齊故也。」

十有八年春，白狄來。

《公羊傳》曰：「白狄者，夷狄之君也。不言朝，不能朝也。」劉侍讀曰：「夷狄於中國無事焉，其於天子世一見。則諸侯雖善其交際，不得而通，所以懲淫慝、一内外也。周公致太平，越裳氏重九譯而獻其白雉。公曰：『君子德不及焉，不享其贄。』此乃天子而讓也，況列國之君、守藩之臣乎？」

夏，晉人執衛行人石買。

《左氏傳》曰：「爲曹故也。」

秋，齊師伐我北鄙。

此齊侯也，曷爲稱師？齊侯伐我，《春秋》悉從其恒稱，其惡著矣。於是略言之，以同圍齊，見義而已。

冬十月，公會晉侯、宋公、衛侯、鄭伯、曹伯、莒子、邾子、滕子、薛伯、杞伯、小邾子同圍齊。

圍未有言同者，其言同圍齊何？晉弗伯也，猶曰諸侯同圍之焉耳。《陳氏傳》曰：「自圍齊之後，晉師無君將。雖大夫之師出，無與於諸夏之義矣。」

曹伯負芻卒于師。

楚公子午帥師伐鄭。

春秋集傳卷第十一

新安東山趙汸輯

襄公下

十有九年春，王正月，諸侯盟于祝柯。

凡晉主夏盟恒日。此以既盟而即執邾子于會，故不日以異之。《陳氏傳》曰：「會無王卿士，其亦申言諸侯何？閒有事也。」

晉人執邾子。

不言以歸，既服而釋之也。劉侍讀曰：「已得其地，故釋之。❶執君、取地，皆不以王命，何以正其罪而服人心乎？」

公至自伐齊。

取邾田，自漷水。

❶「釋」，原作「失」，今據金曰鏞本、四庫本改。

《公羊傳》曰：「自漷水，以漷爲竟也。」黄震氏曰：「晉救魯，可也；動天下之兵以執邾子，而取邾田以歸魯，不可也，未足以服齊也。」

季孫宿如晉。

拜師也。

葬曹成公。

夏，衛孫林父帥師伐齊。

齊未服也。

秋七月辛卯，齊侯環卒。

晉士匄帥師侵齊，至穀，聞齊侯卒，乃還。

《公羊傳》曰：「還者，善辭也。何善爾？大其不伐喪也。此受命于君而伐齊，則何大乎其不伐喪？大夫以君命出，進退在大夫也。」《穀梁傳》曰：「受命而誅，生死無所加其怒，不伐喪，善之也。」

八月丙辰，仲孫蔑卒。

齊殺其大夫高厚。

鄭殺其大夫公子嘉。

冬，葬齊靈公。

城西郛。

叔孫豹會晉士匄于柯。

城武城。

二十年春，王正月辛亥，仲孫速會莒人盟于向。

夏六月庚申，公會晉侯、齊侯、宋公、衛侯、鄭伯、曹伯、莒子、邾子、滕子、薛伯、杞伯、小邾子盟于澶淵。

秋，公至自會。

仲孫速帥師伐邾。

蔡殺其大夫公子燮。

蔡公子履出奔楚。

陳侯之弟黄出奔楚。

奔非其罪不書。於是蔡人患公子燮欲以蔡之晉，殺之。公子履，其弟也，故出之於楚。陳人患公子黄之偪，譖於楚曰：「與蔡司馬同謀。」亦出之於楚。皆非其罪也，則何以書？惡陳、蔡之不國也。陳、蔡之君，有國不能自爲政，而惟大夫之爲；有臣不能馭，而惟楚之令。故國人皆得挾楚以制其君，殺其公子之爲大夫者，出其弟之同母者，而其君聽焉，則二國之命懸於楚矣。故曰：「家有既亡，國有既滅。滅而不自知，由别之而不别也。」陳、蔡之卒滅於楚，則有自來矣。

叔老如齊。

冬十月丙辰朔，日有食之。

季孫宿如宋。

二十有一年春，王正月，公如晉。

邾庶其以漆、閭丘來奔。

《公羊傳》曰：「庶其者，邾婁大夫也。邾婁無大夫，此何以書？重地也。」《穀梁傳》曰：「來奔者不言出，舉其接我者也。漆、閭丘不言及，據昭五年莒牟夷以牟婁及防兹來奔。小大敵也。」劉侍讀曰：「漆一邑，閭丘一邑，不言及，所受於君而食之者也。私邑不言及，公邑言及。」杜元凱曰：「大夫以邑出爲叛，適魯言來奔，内外之辭。」何休氏曰：「舉地言奔，則魯坐受與庶其叛兩明矣。」吕大圭氏曰：「非公命不書。此公在晉，何以書？政在大夫也。政在大夫，則公雖在内不得爲政矣。蓋自宣、成以來志之，策書之變也。」黄震氏曰：「邾庶其、莒牟夷、邾黑肱，所謂三叛人也。襄公在晉，而邾庶其以漆、閭丘來；昭公在晉，而莒牟夷以牟婁、防兹來；昭公在乾侯，而黑肱以濫來。魯之受之，皆非君命，則爲逋逃淵藪者，季孫氏也。」

夏，公至自晉。

秋，晉欒盈出奔楚。

九月庚戌朔，日有食之。

冬十月庚辰朔，日有食之。

許翰氏曰：「比年日食，又比月而食，蓋自是八年之閒而日七食，爲變大矣。」

曹伯來朝。

公會晉侯、齊侯、宋公、衛侯、鄭伯、曹伯、莒子、邾子于商任。

《左氏傳》曰：「錮欒盈也。」

二十有二年春，王正月，公至自會。

夏四月。

秋七月辛酉，叔老卒。

冬，公會晉侯、齊侯、宋公、衛侯、鄭伯、曹伯、莒子、邾子、薛伯、杞伯、小邾子于沙隨。

於是欒盈自楚適齊，會于沙隨，復錮欒氏也。高抑崇曰：「晉以一欒盈之故，期年之間，再合諸侯，見晉失伯者之義，不足以令諸侯矣。齊侯於是終保欒盈，明年伐衛，遂伐晉也。」胡侍講曰：「古者大夫去國，君不掃其社稷，不收其田邑，使人導之出疆，又先之於其所往，厚人倫也。晉人不念欒氏世勳而逐盈，又將搏執之，而命諸侯無得納焉，則亦過矣。」

公至自會。

楚殺其大夫公子追舒。

二十有三年春，王二月癸酉朔，日有食之。

三月己巳，杞伯匄卒。

夏，邾畀我來朝。

葬杞孝公。

陳殺其大夫慶虎及慶寅。

陳侯之弟黄自楚歸于陳。

於是陳侯如楚，公子黄愬二慶於楚。楚人召之，慶氏以陳叛楚。屈建從陳侯圍陳，而陳人殺慶虎、慶寅，則曷爲以國殺書之？以楚人不釋君而助臣，故陳侯得致其討也。二慶，導陳侯以逃晉即楚者也。於是以陳叛不書，非叛其君也。楚圍陳不書，非爲寇也。曰「陳殺其大夫慶虎及慶寅，陳侯之弟黄自楚歸于陳」，則二慶見殺之由可見矣。

晉欒盈復入于晉，入于曲沃。

先言復入後言入何？齊侯潛納欒盈於曲沃，欒盈率曲沃之甲以入晉，敗而後奔曲沃也。不言叛，罪不止於叛也。齊侯將伐盟主，而欒盈因之以賊其國，故各書其重也。

秋，齊侯伐衛，遂伐晉。

《陳氏傳》曰：「此其書遂何？齊始伐盟主也。自袁婁以來，齊世從晉，於是始叛，則晉伯之衰而諸侯貳矣。晉之衰，諸夏之憂也。」

八月，叔孫豹帥師救晉，次于雍榆。

先言救後言次，次以成救也。齊侯伐晉，取朝歌。爲二隊，入孟門，登大行。而晉人不出。叔孫豹帥師從晉人次于雍榆與邯鄲，勝擊齊之左，獲晏氂焉，齊師退而後還。則次以成救者，晉命也。據

《外傳》子服惠伯云。《陳氏傳》曰：「晉遂失伯也。是故自救盟主，他救皆不書。」據《傳》昭二十一年晉以諸侯之師救宋，三十年楚沈尹戌救徐之類。

己卯，仲孫速卒。

冬十月己亥，臧孫紇出奔邾。

晉人殺欒盈。

《左氏傳》曰：「書曰『晉人殺欒盈』，不言大夫，言自外也。」《公羊傳》曰：「不言殺其大夫，非其大夫也。」何休氏曰：「稱人，從討賊辭。」

齊侯襲莒。

杜元凱曰：「掩其不備曰襲。」

二十有四年春，叔孫豹如晉。

仲孫羯帥師侵齊。

晉故也。

夏，楚子伐吴。

秋七月甲子朔，日有食之，既。

齊崔杼帥師伐莒。

大水。

八月癸巳朔，日有食之。

公會晉侯、宋公、衛侯、鄭伯、曹伯、莒子、邾子、滕子、薛伯、杞伯、小邾子于夷儀。

《左氏傳》曰：「會于夷儀，將以伐齊。水，不克。」

冬，楚子、蔡侯、陳侯、許男伐鄭。

伐鄭以救齊也。諸侯還救鄭。

公至自會。

陳鍼宜咎出奔楚。

叔孫豹如京師。

魯不上聘京師再世矣。於是穀、洛鬭，毀王宫，齊人叛晉，故爲王城郟，以示義于諸侯。魯嘗有惡于齊而懼晉之不競也，故使大夫如周聘且賀城，將以假寵焉。自是終春秋，魯大夫無如京師者矣。

大饑。

何休氏曰：「有死傷曰大饑，無死傷曰饑。」

二十有五年春，齊崔杼帥師伐我北鄙。

夏五月乙亥，齊崔杼弑其君光。

弑君稱名氏者，以賊赴也。崔杼弑其君，立景公而相之，則孰爲以崔杼弑君告諸侯者？國猶有人也。杼盟國人于太宫，而不能要晏子以非義之盟；殺大史三人，而不能止其弟之又書與南史之繼往；陳文子有馬十乘，棄而違之。猶爲國有人也。

公會晉侯、宋公、衛侯、鄭伯、曹伯、莒子、邾子、滕子、薛伯、杞伯、小邾子于夷儀。

此伐齊也。不書伐齊，齊人逆服也。於是齊人以弒君説于晉，晉人重於得齊而輕舍弒君之賊，則功利之弊，有自來矣。

六月壬子，鄭公孫舍之帥師入陳。

其日何？鄭有辭也。鄭伯以陳怨，故請伐陳於晉。而陳侯會楚伐鄭，當陳隧者，井堙木刊。於是鄭子展、子産帥師入陳，則異乎陵弱暴寡之師矣。

秋八月己巳，諸侯同盟于重丘。

晉平公之盟不言同，據溴梁、祝柯。雖澶淵服齊，猶不言同也。此齊成也，則曰同盟何？以齊之即楚也。向也齊雖背晉，猶未叛中國也。莊公既伐晉而懼，遂自通于楚，且乞師焉。而楚爲伐鄭以救之，使莊公不見弒，則不待盟于宋而諸侯皆楚之從矣。其曰同盟，晉懼失諸侯也。重言諸侯，間有事也。

公至自會。

衛侯入于夷儀。

會于夷儀者，剽也。則衎入夷儀何以不名？據鄭伯突入于櫟名。晉逆之也。衎之出也不名，以大夫無出其君而伐之之道也。既而晉人爲戚之會以定衛。自溴梁以來，剽無會不在。衛有二君者十年，則固不可以無辨矣，故復歸名之。於是晉侯使魏舒、宛没逆衛侯，使衛與之夷儀，則於衎何譏焉？是故入夷儀不名，名之，則疑於鄭伯突。《陳氏傳》曰：「衛侯入國矣，而晉納之，則異於他入者矣。是故衛有二君，俄而甯喜之弑械成，則晉人爲之也。」

楚屈建帥師滅舒鳩。

楚大夫將稱大夫，必嘗爲中國患者也。屈建未嘗寇中國，則滅舒鳩何以稱名氏？屈建爲宋之盟，使南北之從交相見，其罪有甚於爲寇者，則不可以不詳其人也。是故薳罷未嘗寇中國也，以楚靈吞滅諸夏而罷爲之相，其罪有甚於爲寇者，則亦不可以不詳其人也。故二子者雖有事蠻夷，皆斥其名氏。《春秋》之用法嚴矣。

冬，鄭公孫夏帥師伐陳。

十有二月，吴子遏伐楚，門于巢，卒。

《穀梁傳》曰：「諸侯不生名。取卒之名加之伐楚之上者，見以伐楚卒也。吴子遏伐楚，至巢，入其門，門人射吴子，有矢創，反舍而卒。非吴子之自輕也。」《陳氏傳》曰：「自入州來至是而書伐楚，略之也。於是吴子親門于巢，巢牛臣隱於短牆以射之。則其但書門于巢何？不以咎巢人也。諸樊始通於上國，争長於楚，而喪身於匹夫，是自取之也。」

二十有六年春，王二月辛卯，衛甯喜弑其君剽。

不與剽之立，則其曰甯喜弑其君何？甯氏立之，諸侯定之，衛人戴以爲君者十有餘年，非喜之所得貳矣。《左氏傳》曰：「書曰『甯喜弒其君剽』，言罪之在甯氏也。」劉侍讀曰：「出衛君而立剽者，甯殖也。則曷爲於喜加稱弒焉？嫌以喜之受命于殖而弒剽也。夫據其位而享其禄，臨禍不死，聞難不圖，偷得自全之計，使篡弒因己而立，後雖悔之，不可及矣。然則爲甯喜者宜奈何？宜乎效死勿聽爾。」《陳氏傳》曰：「國無二尊，《春秋》之法也。衎列於諸侯之會十有三而後出，其入也，將焉名之？剽列於諸侯之會七而後弒，其弒也，又將焉名之？削一而存一，是有予奪矣。故《春秋》不没其實而正。不正，不與存焉。」

衛孫林父入于戚以叛。

《陳氏傳》曰：「書叛，必不能討者也。據二十九年季札過衛，將宿於戚，聞鐘聲焉。春秋之季，家有藏甲，邑有百雉之城矣。書叛始於此。」

甲午，衛侯衎復歸于衛。

昔者鄭厲公自櫟侵鄭，傅瑕弒子儀而厲公歸，皆不書。據莊十四年《傳》文。則剽之弒、衎之歸何以書？春秋之世，篡立苟未列於諸侯之會，魯人始終君突。則子儀之弒，鄭必不告，史必不書。子儀之弒既不見於經，則突之歸罪不加於奪適，不足詳矣。衎見出於大臣，而剽立列於諸侯之會數矣。於是見弒而著于經，則衎之復歸不可不詳矣。《穀梁傳》曰：「日歸，據莊六年衛侯朔、僖二十八年衛侯鄭皆不書日。見知弒也。」孫明復曰：「喜弒剽四日而衎復歸于衛。言『辛卯，衛甯喜弒其君剽。甲午，衛侯衎復歸于衛』，以見衎待弒而歸也。」

夏，晉侯使荀吴來聘。

公會晉人、鄭良霄、宋人、曹人于澶淵。

於是會于澶淵以討衛。疆戚田，取衛西鄙六十以益孫氏，晉大夫爲之也，故趙武稱人。宋向戌者，武之所善也。然則公無譏與？季孫之專魯，甚於孫氏。當荀吴以君命來聘且召公，而公無辭焉，公進退在季孫矣。是故内不諱公，見公之爲大夫役也。胡侍講曰：「趙武不書，諸侯助孫氏也。鄭良霄稱名氏者，鄭伯爲衛侯故如晉，知鄭獨不釋君而助臣也。」

秋，宋公殺其世子痤。

晉人執衛甯喜。

《公羊傳》曰：「此執有罪，何以不爲伯討？不以其罪執也。」劉侍讀曰：「甯喜如晉，晉人執之曰『爾曷爲納君而伐孫氏』云爾，非伯討也。」高抑崇曰：「晉人執甯喜，非討其弑君也，討其伐戚而殺晉成也。」王沿氏曰：「執衛侯不書者，爲盟主諱也。衛侯之君也，林父出之；其反也，林父叛之。晉侯召諸侯殺林父，以戚歸衛，則方伯之事也。今爲臣而執其君，斯中國爲義之士所恥聞也。故不書。」家鉉翁氏曰：「是時晉趙武爲政，叔向爲之謀主。二子者，亦何益於人之國乎？」

八月壬午，許男甯卒于楚。

《左氏傳》曰：「許靈公如楚，請伐鄭也。」

冬，楚子、蔡侯、陳侯伐鄭。

葬許靈公。

二十有七年春，齊侯使慶封來聘。

夏，叔孫豹會晉趙武、楚屈建、蔡公孫歸生、衛石惡、陳孔奐、鄭良霄、許人、曹人于宋。

《陳氏傳》曰：「晉、楚初同主夏盟也。晉、楚嘗盟矣，會于瑣澤之歲，宋華元克合晉楚之成，士燮會公子罷，盟于宋西門之外。不書，猶曰特相盟也。兩君之好而非天下之大變也，以諸侯分爲晉、楚之從而交相見也。於是始，天下之大變也。於溴梁而無君臣之分，於宋而無夷夏之辨。昭、定、哀之《春秋》將以終於吴、越焉爾矣。」高抑崇曰：「自是中國諸侯兩事晉、楚，齊桓、晉文數十年之業一朝而壞之。生民雖暫免於兵革，而天下之勢遂大潰而不可收拾矣。」

衛殺其大夫甯喜。

《穀梁傳》曰：「稱國以殺，罪累上也。甯喜弑君，其以累上之辭言之，何也？嘗爲大夫，與之涉公事矣。甯喜立君、弑君，而不以弑君之罪罪之者，惡獻公也。」孫莘老曰：「喜弑剽而納衎，衎反國而復用之，既而以其私殺之，則殺之不以其罪也。故晉里克、衛甯喜皆曰『殺其大夫』。」

衛侯之弟鱄出奔晉。

《公羊傳》曰：「衛殺其大夫甯喜，則衛侯之弟曷爲出奔晉？爲殺甯喜出奔也。衛甯殖與孫林父逐衛侯而立公孫剽。甯殖病，將死，謂喜曰：『黜公者非吾意也，孫氏爲之。我即死，汝能固納公乎？』喜曰：『諾。』甯殖死，喜立爲大夫，使人謂獻公曰：『黜公者非甯氏也，孫氏爲之。吾欲納公，何如？』獻公曰：『子苟欲納我，吾請與子盟。』喜曰：『無所用盟，請使公子鱄約之。』獻公謂公子鱄，公子鱄辭。獻公怒曰：『黜我者非甯氏與孫氏，凡在爾！』公子鱄不得已而與之約。已約，歸至，殺甯喜。公子鱄挈其妻子而去之。」家鉉翁氏曰：「鱄自以失信於死者，逃其兄而去之。書曰『衛侯之弟』，譏不友也。公非鱄不得反國，既反國而不能安鱄之身，不友甚矣。」

秋七月辛巳，豹及諸侯之大夫盟于宋。

夷狄之盟不月。此其日何？兩主之也。《陳氏傳》曰：「自宋以來，晉不專主盟矣。虢之盟，讀舊書加于牲上而已。至鄢陵，則齊主諸侯。至皐鼬，則魯及諸侯。晉之不足以主夏盟自宋始。宋之盟，趙孟之偷也。孔子曰：『庭燎之百，❶由齊桓公始也；大夫之奏肆夏，由趙文子始也。』是王伯之所以興衰也。豹云者，蒙上文也。僑如以夫人至自齊，婼至自晉，皆蒙上文也。」

冬十有二月乙亥朔，日有食之。

二十有八年春，無冰。

夏，衛石惡出奔晉。

《左氏傳》曰：「衛人討甯氏之黨，故石惡出奔晉。」

邾子來朝。

---

❶「燎」，原作「僚」，今據四庫本改。

秋八月，大雩。

仲孫羯如晉。

《左氏傳》曰：「告將爲宋之盟，故如楚也。」❶

冬，齊慶封來奔。

十有一月，公如楚。

公如大國不月。如楚月，異其事也。是故公至不月，必至自楚而後月。據昭公如楚、至自楚書月著例。何休氏曰：「如楚皆月者，危公朝夷狄也。於是公及漢，聞楚子卒，公欲反。魯人曰：『我楚國之爲，豈爲一人行也？』公遂行。宋人曰：『我一人之爲，非爲楚也。』宋公遂反。甚矣魯之不競於諸侯也！於是鄭使游吉如楚，及漢，楚人還之，而後鄭伯始行；衞侯違三歲而後行；而魯人獨汲汲於楚，此所以來薳啓疆之召也。」

十有二月甲寅，天王崩。

乙未，楚子昭卒。

不書葬，魯不會也。

二十有九年春，王三月，公在楚。

❶「如」，原作「爲」，今據金曰鏞本改。

何言于公在楚？《左氏傳》曰：「釋不朝正于廟也。」吾君嘗以正月在齊、在晉矣，據莊公二十二年如齊、二十三年春至自齊、文公三年如晉、四年春至自晉之類。❶不書。在楚何以書？此所以爲筆削也。以不朝正而釋之者，史氏之文，雖在齊、在晉而必書；必在楚乃書者，《春秋》之法，譏公之失其所也。陳岳氏曰：「公在外不朝正多矣，不書者，在中國也。在楚，則書之。楚，夷狄也。」孫明復曰：「在中國猶可，在夷狄甚矣。」

夏五月，公至自楚。

庚午，衛侯衎卒。

閽弒吴子餘祭。

《穀梁傳》曰：「閽門者，寺門也。不稱名姓，閽不得齊於人；不稱其君，閽不得君其君也。禮，君不使無恥，不近刑人，不狎敵，不邇怨。賤人非所貴也，貴人非所刑也，刑人非所近也。舉至賤而加之吴子，吴子近刑人也。閽弒吴子餘祭，仇之也。」程允夫曰：「謂之弒，蓋其君也。不曰其君，賤閽也。盜殺蔡侯申書殺，閽書弒何也？以閽食庶人在官者之禄也。」

仲孫羯會晉荀盈、齊高止、宋華定、衛世叔儀、鄭公孫段、曹人、莒人、滕人、薛人、小邾人城杞。

《陳氏傳》曰：「會盟必有故也。《春秋》書會盟而不言故，屬辭比事而功過分矣。於是，書城杞；於

❶「莊」，原作「在」，今據金曰鏞本、四庫本改。

澶淵，書宋災。衛甯喜弑其君，孫林父以邑叛，蔡世子般弑其父，吴、楚之大夫交聘於中國，天下亦多故矣。晉爲盟主而區區於宋、杞，是晉之已細也。晉之已細，而後有執齊慶封、放陳招、殺蔡侯般，假討賊之義以盟諸夏，如楚靈王者矣。」

晉侯使士鞅來聘。

杞子來盟。

《左氏傳》曰：「拜城杞也。」

來盟不月者，大夫之事也。據大夫來盟不月。杞介大國以治，魯歸田而杞伯親來涖盟，於是魯人卑之，以子男之禮接。故雖國君不月，譏杞伯之自同於大夫與魯人之卑之也。

吴子使札來聘。

吴子，餘祭也。孫明復曰：「先書殺後書聘者，吴子既弑而札始至魯也。」

秋九月，葬衛獻公。

齊高止出奔北燕。

《穀梁傳》曰：「其曰北燕，從史文也。」

冬，仲孫羯如晉。

三十年春，王正月，楚子使薳罷來聘。

來聘雖吴、楚不月，此何以月？爲其以聘報朝，疑於中國伯者也。伯主以聘報朝，自晉悼公始。於是公如楚，楚人使公親襚，與陳侯、鄭伯、許男送葬于西門之外。改歲而薳子來，非椒與吴札之比矣。故特月以異之。

夏四月，蔡世子般弑其君固。

世子弑君日，此何以不日？所由來者異也。先王之法，内外亂，鳥獸行，則滅之。蔡侯淫而不父，播其惡於諸侯，故不日以異其事，非弑君者法有輕重也。以許世子止非故弑而書日，則《春秋》之旨明矣。

五月甲午，宋災。宋伯姬卒。

其日，外災例時。爲伯姬之卒也。《穀梁傳》曰：「取卒之日加之災上，見以災卒也。」君子曰：「災莫大於君母之焚死。」其日，罪宋之君臣不能救其君母，而使之逮乎火也。然則《左氏傳》曰「伯姬待姆者」非與？此宋人所以自文也。伯姬已老矣，使其傅姆在，且加老，而可待之以下堂乎？鄭國之火也，子産使子上巡群屏攝，至于大宫；使公孫登徙大龜；祝史徙主祏於周廟，告于先君；使府人、庫人各儆其事；商成公儆司宫，出舊宫人，寘諸火所不及，而況於其君母乎？宋公無臣子矣。於是懼其惡於諸侯也，而爲之辭以自文曰「伯姬待姆而逮乎火也」。學者不能察，以爲伯姬病則曰「女而不婦也」；以爲賢伯姬則曰「伯姬之婦道盡矣」。徒以空言爲訓，而不知其非實，豈有合乎《春秋》？

天王殺其弟佞夫。

《陳氏傳》曰：「凡王殺不書，本何休，據《傳》，莊王殺周公黑肩、敬王殺召伯盈尹固類。雖王子不書，據惠王殺子類。甚者母弟亦不書。據襄王殺母弟帶。必殺無罪而後書。於是，靈王崩，景王立。儋括欲立王子佞夫，佞夫弗知也。尹氏、劉氏殺佞夫，括奔晉。」《左氏傳》曰：「書曰『天王殺其弟佞夫』，罪在王也。」孫明復曰：「天子得專殺，故天王殺大夫不書。此言殺其弟佞夫者，譏景王尊爲天子，不能容一母弟也。」《穀梁傳》曰：「諸侯且不首惡，況於天子乎？君無忍親之義。天子、諸侯所親者，唯長子母弟爾。天王殺其弟佞夫，甚之也。」

王子瑕奔晉。

周公黑肩嘗欲立王子克矣，桓十八年。莊王殺周公黑肩，❶而王子克奔燕。不書，罪不在王子也。子瑕，儋括之黨也。佞夫殺，而括與瑕奔晉，則佚賊矣，故書之。佚賊則何以不月？據莊十二年宋萬奔書月著例。蒙上事月也。《春秋》有蒙上事月者，以著例決之。奔不言出，自外也。儋據不書，賤也。

秋七月，叔弓如宋，葬宋共姬。

杜元凱曰：「卿共葬事，禮過度也。」

鄭良霄出奔許，自許入于鄭。

駟、良之爭聞於諸侯久矣。於是伯有爲政，使公孫黑如楚，辭，將强使之。黑以駟氏之甲伐之，則出非其罪也。其書良霄出奔何？爲自許入鄭言故也。自許入鄭，則曷爲不申言鄭良霄？據宋華元出

❶「王」，原作「土」，今據夏鏜本、金曰鏞本、四庫本改。

奔晉，書「宋華元自晉歸于宋」。蒙上文也。出非其罪，入罪也。故閒無異事，得蒙上文以見之，明其出入爲一事書也。是故書入而不言復入者，惡入也。不言復者，位未絶也。駟、良兄弟也，而争。於是良霄未絶于位而出，出而以惡入。甚矣鄭伯之失政也。

鄭人殺良霄。

稱人以殺，討賊之辭也，故不言其大夫。良霄之出入皆爲駟氏也，則曷爲以討賊之辭書之？良霄出而駟氏得君。鄭伯及其大夫盟于大宫，盟國人於師之梁之外，而良霄自墓門之瀆入，介於襄庫以伐舊北門，則鄭人固以賊討也。

冬十月，葬蔡景公。

晉人、齊人、宋人、衛人、鄭人、曹人、莒人、邾人、滕人、薛人、杞人、小邾人會于澶淵，宋災故。

大夫會，從其恒稱矣。此叔孫豹會晉趙武、齊公孫蠆、宋向戌、衛北宫佗、鄭罕虎也，曷爲復不序？分災，侯伯之事也。晉爲宋災故，合諸侯之大夫，疑於伯者之會，故略之。凡伯者之會不言故，於是特言故，則非伯者之辭也。《左氏傳》曰：「爲宋災故，諸侯之大夫會，以謀歸宋財。既而無歸於宋，故不書其人。不書魯大夫，諱之也。」《陳氏傳》曰：「凡諸侯不序，吾君在焉而書吾君。大夫不序，吾大夫在焉而書吾大夫。與有議也。據文七年公會諸侯，晉大夫盟于扈。九年公子遂會晉人、宋人、衛人、許人救鄭。譏不在魯矣，則不書吾君、吾大夫。」劉侍讀曰：「蔡人弑其君而不謀，宋災而謀之，微矣！夫災雖諸侯之所當救，然而一時之變，一國之禍也，非天下之憂。彼天下之憂者，臣弑其君，子弑其父。如是，則夷狄矣。雖有粟，吾得而食諸？」

三十有一年春，王正月。

夏六月辛巳，公薨于楚宮。

楚宮者，别宮也。公朝楚，好其宮，歸而作之。薛士龍曰："小寢猶非正也，況别宮乎？」

秋九月癸巳，子野卒。

子名者，襄公未葬也。不薨不地，且不書葬，降成君也。

己亥，仲孫羯卒。

冬十月，滕子來會葬。

諸侯相會葬，非禮也。《左氏傳》曰："諸侯之喪，士弔，大夫送葬。」《陳氏傳》曰："諸侯來會葬於是始。晉景公之喪，成公弔焉，亦已卑矣。晉於是止公，使送葬。諸侯莫在，魯人辱之。雖伯主未有君會葬者也。葬楚康王也，公及陳侯、鄭伯、許男送於西門之外，則天下諸侯有會葬於楚者矣。於是滕子會葬於魯，是春秋之季也。會葬猶可，奔喪甚矣。」

癸酉，葬我君襄公。

十有一月，莒人弑其君密州。

稱人以殺君，日。苟非微者，則不日。據宋人弑其君杵臼。此稱人，其不日何？莒子生去疾及展輿，既立展輿又廢之。莒子虐，展輿因國人以弑之，立而以微者告也。

春秋集傳卷第十二

新安東山趙汸輯

昭公上

元年春，王正月，公即位。

叔孫豹會晉趙武、楚公子圍、齊國弱、宋向戌、衛齊惡、陳公子招、蔡公孫歸生、鄭罕虎、許人、曹人于虢。

《左氏傳》曰：「會于虢，尋宋之盟也。楚令尹圍請用牲，讀舊書，加于牲上而已。晉人許之。」杜元凱曰：「楚恐晉先歃，故不歃，此所以不書盟。」

三月取鄆。

鄆者，莒、魯所争邑也。文十二年季孫帥師城鄆，襄十二年救台，遂入鄆。莒嘗取之，不書。外取邑，雖取之我，猶不書也。據成二年齊取龍不書。此季孫宿伐莒取鄆，則其不言伐莒何？爲内諱也。叔孫豹及諸侯之大夫會楚公子圍于虢，以弭兵尋宋之盟。而宿背叔孫，違盟伐莒以取鄆。於是莒人愬于會，叔孫幾爲戮，賴晉趙武固請於楚而後免。故不言伐，使若不以師得然，而特月以異之，據内取邑不月。譏在内也。

夏，秦伯之弟鍼出奔晉。

《左氏傳》曰：「書曰『秦伯之弟鍼』，罪秦伯也。」《穀梁傳》曰：「諸侯之尊，兄弟不得以屬通。其弟云者，親之也。親而奔之，惡也。」《公羊傳》曰：「有千乘之國，而不能容其母弟也。」

六月丁巳，邾子華卒。

晉荀吴帥師敗狄于大鹵。

《陳氏傳》曰：「晉自悼公以來，狄師不出。敗狄至是而再見，其再見何？晉彌衰也。悼公之伯也，魏絳諫曰：『勞師於戎，而楚伐陳必弗能救，是棄陳也，諸華必叛。戎，禽獸也。獲戎失華，毋乃不可乎！』悼公卒，復有事於夷狄，至伐鮮虞，《春秋》遂狄晉矣。」

秋，莒去疾自齊入于莒。

公子恒稱公子，必篡若争國而後名之。莒犂比公生去疾及展輿，展輿弑君而立，莒人召去疾于齊，則去疾宜入者也。曷爲稱之與争國同也？《春秋》美惡不嫌同辭。展輿已立矣，而去疾自外而入，則固書之與争國者同也。苟曰公子去疾，則與大夫之以惡入者無辨矣。

莒展輿出奔吴。

展輿嘗踰年矣，不稱爵，未有成之爲君者也。

叔弓帥師疆鄆田。

《穀梁傳》曰：「疆之爲言猶竟也。」《公羊傳》曰：「與莒爲竟也。曷爲帥師而往？懼不服也。」高抑崇曰：「疆者，封溝之也。季孫嘗帥師城鄆，後復爲莒所取。今乘莒亂而取之，又帥師以疆之者，懼不服也。」

葬邾悼公。

冬十有一月己酉，楚子麇卒。

《陳氏傳》曰：「此公子圍弑其君，則其書卒何？以君薨赴也。君弑矣，晏然赴於他國之君如恒辭，猶鄭騑也。而其臣子聽焉，相與設應爲後之辭，甚矣無人紀也。從而書卒，所以誅楚之臣子聽賊之所爲也。圍之未弑也，魯、蔡、鄭之大夫固知之矣。會于申，以齊慶封徇於諸侯，曰：『無或如齊慶封弑其君，弱其孤，以盟其大夫。』慶封曰：『無或如共王之庶子圍，弑其君兄之子麇而代之，以盟諸侯。』軍人粲然皆笑。史見其事，《春秋》著其心，則後世有考矣。」

楚公子比出奔晉。

比與圍兄弟也，而爲右尹。於是不義圍而出，則非其罪矣。出非其罪，則曷爲書之？以圍殺立之罪不著於《春秋》，故書比之出，以明變也。

二年春，晉侯使韓起來聘。

夏，叔弓如晉。

秋，殺其大夫公孫黑。

此殺有罪也，曷爲從其恒稱？據楚得臣、宜申、宋山皆去族。不能以時討也。劉侍讀曰：「稱國以殺大夫者，罪累上也。黑有罪，其以累上言之何？惡鄭伯也。何惡乎鄭伯？言不得討有罪，以放乎亂也。其放乎亂奈何？黑伐良霄而逐之，君弗誅也，以爲大夫。又與公孫楚爭娶徐吾氏，君放楚而盟諸大夫，黑於是自以爲卿。又將爲亂，疾作而臥。子產使史數諸其家，則幸而勝之爾。國君專殺大夫，非王法所得爲也。然而《春秋》或與之，所以見君臣之禮，扶上而抑下也。先王之法，不誅不教，不誣無罪。及其惡成而罪見，誅之無留獄矣。豈幸而勝之哉！」

冬，公如晉，至河乃復。

公如晉，弔少姜也。及河，晉侯使人來辭，曰：「非伉儷也，請君無辱。」乃還。晉猶不敢以嬖寵之喪辱國君也。以公自卑爲已甚矣。趙武之卒也，鄭伯如晉弔，及雍乃復。諸侯自卑以事晉者，不惟魯也。

季孫宿如晉。

三年春，王正月丁未，滕子原卒。

夏，叔弓如滕。五月，葬滕成公。

杜元凱曰：「卿共小國之葬，禮過厚也。葬襄公，滕子來會，故魯厚報之。」

秋，小邾子來朝。

八月，大雩。

冬，大雨雹。

北燕伯款出奔齊。

四年春，王正月，大雨雹。

夏，楚子、蔡侯、陳侯、鄭伯、許男、徐子、滕子、頓子、胡子、沈子、小邾子、宋世子佐、淮夷會于申。

楚始專合諸侯也。申，楚地，在方城之内。合南北諸侯十有二國于方城之内，宋世子與淮夷俱繼小國之君，蓋自楚入中國以來所未有，而晉人聽焉，則宋之盟爲之也。晉侯安於宴樂，不在諸侯，公室以卑，政在大夫而軍政日弛。於是中實畏難而文以不争，則雖欲不以諸侯與楚，不可得矣。高抑崇曰：「申之會，非與國則小國而已。魯、齊、衛、曹、薛、邾、杞不會也。宋、鄭、滕、小邾雖會，而終不與也。則雖偃然肆志以專諸侯，諸侯亦不得已而從之爾。」

楚人執徐子。

《陳氏傳》曰：「以夷狄執夷狄，不書。據文十二年楚執舒子平、昭三十年吴執鍾離子。書執徐子，危會申之諸侯也。自宋之盟，中國無大盟會。越九年而十二國之君皆受命于楚，於是執徐子將以威中國也。是故夷狄相執不志，爲中國危之，故志之也。」

秋七月。

爲滅國月也。

楚子、蔡侯、陳侯、許男、頓子、胡子、沈子、淮夷伐吴。

再序諸侯，有不與伐者也。宋華遂、鄭大夫從，不書。凡諸侯以兵屬夷狄，皆不書也。

執齊慶封殺之。

《穀梁傳》曰：「爲齊討也。慶封弑其君，而不以弑君之罪罪之者，慶封不爲靈王服也，不與楚討也。《春秋》之義，用貴治賤，用賢治不肖，不以亂治亂也。孔子曰：『懷惡而討，雖死不服，其斯之謂與？』」《陳氏傳》曰：「執齊慶封何？以伐吴。慶封再奔吴，吴予之朱方。此執有罪也，曷爲不再言楚子？據會于戚，晉侯執曹伯，再言晉侯。不予楚以討齊慶封之辭也，猶曰諸侯執之焉耳。申之會，楚始專合諸侯，夷夏之大變也。訖于厥慭，諸夏無會同者十年，而楚執齊慶封、放陳招、殺蔡般，假討賊之義以號于天下，由是而滅賴、滅陳、滅蔡矣。」

遂滅賴。

遂滅國何以不日？據襄十年諸侯會于柤，遂滅偪日。異其事於中國也。諸侯滅國不日，必有謂而後日，甚則不月；夷狄滅國不月，必有謂而後月，甚則日。一滅國也，而所以詳略不同，《春秋》治夷狄固與中國異也。

九月取鄫。

其言取之何？兼之也。莒滅鄫不能救，於是鄫叛而來。不能以興滅繼絶之義請于天子，告于方伯，而遂兼之，是鄫卒滅於我也。故特月以異之。據内取國不月。

冬十有二月乙卯，叔孫豹卒。

五年春，王正月，舍中軍。

《左氏傳》曰：「卑公室也。」舍中軍則何以爲卑公室？季孫宿以三分公室爲未足，於是舍中軍，四分公室。季氏擇二，二子各取其一，皆盡征之而貢于公，則魯公寄食於三家，不復有民矣。《陳氏傳》曰：「舍中軍，從祀先公，皆善辭也。微國史無以知舍中軍爲季氏專魯，從祀先公爲陽虎專季氏也。然則《春秋》固不可以無史與！豈惟《春秋》，孔氏之述六經也，則以歷世之史筆削之焉爾。史行於天下，六經修於聖人。萬世之後，史與經並傳，有以考吾之所去取者矣。《春秋》固東遷之史也，舍中軍，從祀先公，是季孫宿、陽虎之事，魯史云然，我何加損焉？不没其實焉爾矣。苟其文不可以不是正，則有筆削。苟不必是正，雖無筆削可也。」

楚殺其大夫屈申。

公如晉。

夏，莒牟夷以牟婁及防兹來奔。

《穀梁傳》曰：「莒無大夫，據莒大夫盟會皆書人。其曰牟夷，以地來，重地也。及防兹，以大及小也。」

《公羊傳》曰：「其言及，不以私邑累公邑也。」

秋七月。

爲下事月也。

公至自晉。

戊辰，叔弓帥師敗莒師于蚡泉。

秦伯卒。

冬，楚子、蔡侯、陳侯、許男、頓子、沈子、徐人、越人伐吴。

其曰徐人、越人，便文也。故便文則曰徐人、越人，復其恒稱則曰徐、曰於越，皆從史文也。劉侍讀曰：「吴、楚、徐、越雖比於夷狄，而其實不同。吴，太伯之後也；楚，祝融之後也；徐，伯益之後也；越，大禹之後也。其上世皆有元德顯功，通乎周室，與中國冠帶之君無異。徐始稱王，楚後稱王，吴、越因亦稱王。王非諸侯可當稱也，故《春秋》比諸夷狄。雖然，猶不欲絶其類也。是以上不使與中國等，下不使與夷狄均。推之可遠，引之可來，此聖人慎絶人，亦《春秋》之意也。」

六年春，王正月。杞伯益姑卒。

葬秦景公。

始會秦葬也。

夏，季孫宿如晉。

《左氏傳》曰：「拜莒田也。」

葬杞文公。

宋華合比出奔衛。

秋九月，大雩。

楚薳罷帥師伐吴。

冬，叔弓如楚。

齊侯伐北燕。

七年春，王正月，暨齊平。

燕及齊平也。《左氏傳》曰：「暨齊平，齊求之也。」《穀梁傳》曰：「暨者，不得已也。」不言燕，蒙上文也。「州公如曹」，「六年春正月，寔來」；「齊侯伐北燕」，「七年春，王正月，暨齊平」，皆蒙上文也。《陳氏傳》曰：「平不書，必關於天下之故而後書。於是燕大夫比以殺公之外嬖，公懼奔齊。齊侯伐燕納簡公，庶幾天下之大義也，而取燕姬與其寶賂而還。不書平，是與齊以定燕也。靈公以來，齊首敗伯主之約，納晉欒盈，叛人也。納北燕伯，猶庶幾乎天下之大義，而卒與之平，是黨亂臣逆子也。是故昭、定而下，《春秋》多罪齊。書『伐衛，遂伐晉』『圍衛』『齊襲莒』『暨齊平』『盟于鹹』『次于伍氏』，皆罪齊也。夫子曰：『齊景公有馬千駟，死之日，民無得而稱焉。』蓋不予齊也。」

三月，公如楚。

叔孫婼如齊涖盟。

夏四月甲辰朔，日有食之。

秋八月戊辰，衛侯惡卒。

九月，公至自楚。

冬十有一月癸未，季孫宿卒。

十有二月癸亥，葬衛襄公。

八年春，陳侯之弟招殺陳世子偃師。

《穀梁傳》曰：「鄉曰陳公子招，今曰陳侯之弟招，何也？盡其親，所以惡招也。兩下相殺，不志乎《春秋》，此其志何也？世子，君之貳也，云可以重之，❶存焉，志之也。」《陳氏傳》曰：「兩下相殺，雖世子不書。據陳佗、曹負芻。此何以書？斥君之辭也。陳侯鮑卒，佗殺太子而自立；曹伯盧卒，負芻殺太子而自立，猶兩下相殺也。初，哀公元妃生偃師而嬖二妃，屬其子留於公子招、公子過。哀有廢疾，招殺其世子偃師而立留，哀公經而死。哀有世子矣，又屬其嬖子於二公子，爲是殺世子，則譏不但其人也。書曰『陳侯之弟招殺陳世子偃師』，『陳侯溺卒』，斥君之辭也。」

夏四月辛丑，陳侯溺卒。

叔弓如晉。

楚人執陳行人干徵師殺之。

陳公子留出奔鄭。

留已立矣，其曰公子何也？據莒展輿出奔不言公子。不以留首惡也。公子招立公子留，使干徵師告于

---

❶「可」，原作「何」，今據金曰鏞本、四庫本改。

楚，楚人執而殺之。公子留奔鄭。不曰陳留，蔽罪於立之者也。是故衛公子瑕、楚公子比嘗篡立矣，苟有立之者，則首惡不在其人，故其殺皆曰公子。

秋，蒐于紅。

師田違禮，自僖、文而後不書者五公矣，蒐于紅何以書？自僖公救齊而後將帥無公臣，凡師皆大夫師之。苟軍政不出於公，則閱治田狩之事不足譏也。於是舍中軍，三家分魯而自爲師，乃蒐于紅以大閱焉。蓋魯君無民於是始，則其事與師田違禮者不侔矣。故大蒐于比蒲、于昌閒，終春秋悉書之，詳著其世變，以譏大夫之不臣也。《陳氏傳》曰：「蒐于紅也，自根牟至于商衛，革車千乘，皆三家之師也。自是而屢蒐，皆三家所以耀武焉爾。是故莊、桓之狩必言公，昭、定之蒐不言公矣。」

陳人殺其大夫公子過。

於是公子招歸罪於公子過而殺之。陳無君者五月矣，曷爲稱人以殺？與討亂同辭。公子過，與殺偃師者也。以其罪宜討，故不曰招殺，而稱人以殺，以爲猶國人殺之也。

大雩。

冬十月壬午，楚師滅陳，執陳公子招，放之于越。殺陳孔奐。葬陳哀公。

曰滅、曰執、曰殺、曰葬，皆楚子也，據傳，楚子在師。則曷爲但稱師？異其文以異其事也。楚子奉孫吴以討於陳，曰：「將定而國。」陳人聽命，而遂縣之。十一年傳文。則是夷狄以詐滅中國而已。是故滅陳、滅蔡，皆不稱楚子。稱楚子則疑於楚莊。據滅蕭、入陳皆稱楚子。夷狄滅國不月，於是乎日，陳、蔡非近楚之小國比也。以楚滅陳、蔡而中國不能救，大其變，故皆日以謹之。陳孔奐者，公子招之黨也。放招而殺奐，見夷狄之暴，而非能用刑也。不言大夫，據放與殺皆書大夫。略外討也。黎錞氏曰：「葬陳哀公，非我往會而書也。楚既滅陳，以其君在殯，因取而葬之，事與齊侯葬紀伯姬同。經已而書楚滅陳，則執陳公子招、殺陳孔奐、葬陳哀公皆蒙上文云爾。」

九年春，叔弓會楚子于陳。

許遷于夷。

夏四月，陳災。

外災不月。其月，異亡國也。《公羊傳》曰：「陳已滅矣，其言陳火何？存陳也。」高抑崇曰：「陳雖已滅，而土地人民猶在焉，不與楚滅之，故還繫之陳。」

秋，仲孫貜如齊。

冬，築郎囿。

十年春，王正月。

夏，齊欒施來奔。

秋七月，季孫意如、叔弓、仲孫貜帥師伐莒。

《陳氏傳》曰：「舍中軍矣，曷爲書三卿帥師？四分公室，叔弓爲意如貳也。於是伐莒，叔弓佐意如，序於仲孫貜之上，而叔孫婼居守。自是訖春秋，魯有四卿，而權歸三家。」

戊子，晉侯彪卒。

九月，叔孫婼如晉。　葬晉平公。

十有二月甲子，宋公成卒。

不書冬，史闕文。

十有一年春，王二月，叔弓如宋。　葬宋平公。

夏四月丁巳，楚子虔誘蔡侯般，殺之于申。

名者，諸侯之終事也，故蔡侯般稱名。　其曰楚子虔何？　以夷狄之君殺中國之君，名之所以正其罪也。　故其自相殺不名。　據十六年楚子誘殺戎蠻子。　其日，謹之也。　據宣十八邾戕鄫子不日。　故其自相殺不月。　亦據殺戎蠻子。《穀梁傳》曰：「何爲名之？　夷狄之君誘中國之君而殺之，謹之而名之也。　稱日、稱地，謹之也。」《公羊傳》曰：「楚子虔何以名？　絶。　曷爲絶之？　爲其誘討也。　此討賊也，雖誘則曷爲絶之？　懷惡而討不義，君子不與也。」孫明復曰：「般之罪不容誅矣。　楚子貪蔡土地，殺之不以其罪，故生而名之，不得以討賊論，當坐誘殺蔡侯般也。」

楚公子棄疾帥師圍蔡。

五月甲申，夫人歸氏薨。

大蒐于比蒲。

《左氏傳》曰：「齊歸薨，大蒐於比蒲，非禮也。　晉叔向曰：『魯公室其卑乎！　君有大喪，國不廢蒐。

有三年之喪，而無一日之慼。』」

仲孫貜會邾子，盟于祲祥。

不月，略之也。例在成元年。

秋，季孫意如會晉韓起、齊國弱、宋華亥、衛北宮佗、鄭罕虎、曹人、杞人于厥憖。

謀救蔡而弗克也。楚師在蔡，晉荀吴曰：「不能救陳，又不能救蔡，爲盟主而不恤亡國，將焉用之？」於是合九國之大夫于厥憖而不能師，使狐父請蔡于楚，弗許。則韓起之懦也。

九月己亥，葬我小君齊歸。

冬十有一月丁酉，楚師滅蔡，執蔡世子有以歸，用之。

曰滅、曰執、曰用之，皆楚子也。其稱師何？以其懷詐以滅中國而絶其世，與争諸侯之日不同，故異其事也。其日，謹之也。孫明復曰：「言世子有者，有未立也。父殺，國圍，拒守危困以至于死，未立可知也。」劉侍讀曰：「楚子虔誘蔡侯般，殺之。世子有守國，楚師圍之八月而不能服，於是乎虐用之。古者父母之仇不與共天下，寢苫枕戈終身，則有之爲者，盡於世子矣。」《陳氏傳》曰：「滅而以歸，未有言執者。言執，弗臣之之辭也。是故均之爲滅國也，嘗臣之矣，書曰『以沈子嘉歸，殺之』；未嘗臣之也，書曰『執蔡世子有以歸，用之』。」

十有二年春，齊高偃帥師納北燕伯于陽。

《穀梁傳》曰：「納者，内不受也。北燕伯何以不名？不以高偃名北燕伯也。」諸侯不相名，而況於大夫，其可以名諸侯乎？

三月壬申，鄭伯嘉卒。

夏，宋公使華定來聘。

公如晉，至河乃復。

五月，葬鄭簡公。

楚殺其大夫成熊。

秋七月。

冬十月，公子慭出奔齊。

於是叔仲小、南蒯、公子慭謀出季氏而慭更其位。慭告公，而遂從公如晉。取鄆之役，莒人愬于晉，晉有平公之喪，未之治也，故辭公。公子慭遂如晉。既而南蒯懼不克，以費叛如齊。子仲還，及郊，遂奔齊。以其罪有關於一國之故，故不日以異之。例見閔二年。如晉不書，據二年公如晉至河乃復、季孫宿如晉書。不以謀季氏累吾君也。

楚子伐徐。

晉伐鮮虞。

《穀梁傳》曰：「其曰晉，狄之也。」晉，盟主也。楚滅陳，晉不能救；滅蔡，欲救而不能。棄中國諸侯於楚，聽其吞滅，莫甚於此時。而甘心於群狄，則亦夷狄而已矣。《陳氏傳》曰：「晉主諸夏之盟，

《春秋》之狄秦，以晉故也；狄鄭，亦以晉故也。則其狄晉何？晉之君卿無中國之志也。楚虔，弒君之賊也，而執齊慶封，放陳招，殺蔡侯般，假討賊之名以盟諸夏，而晉連年有事於狄鮮虞。吳入郢，於越入吳，晉猶圍鮮虞也。詳於狄事而不詳於楚，則晉無中國之志也。於是狄晉，是故自成、襄之《春秋》，晉雖或競於楚，略之不書也。而敗狄於交剛、于大鹵，滅赤狄潞氏，滅赤狄甲氏及留吁，則詳志之。」

十有三年春，叔弓帥師圍費。

内邑言圍，皆叛也。費叛曷爲不書？據獲麟後有成叛。家臣叛其大夫而非叛君也。是時三家分魯，尺地一民皆非魯君之有，故家臣得假張公室之美以亢其大夫。故圍鄆、圍郈皆不言叛。苟非叛其君，則不足志也。劉侍讀曰：「使周之王必無廢文、武之法，諸侯雖大國，誰敢慢？諸侯必無僭天子，其大夫孰陵？大夫必無脅其君，其陪臣孰叛？故南蒯雖以費叛入齊，而《春秋》不書，非釋蒯不治也。事有本末，法有原告，其不正相乘，非一日之積。季氏不得以叛名蒯，正己而物正，此之謂王者之術。」

夏四月，楚公子比自晉歸于楚，弒其君虔于乾谿。

公子比自晉歸于楚，則何以言弒其君？以比首惡也。楚子虔弒立而比出奔，比與虔未嘗一日相君臣也。則以比首惡，何也？虔，兄也；比，弟也。虔君楚十有三年，則比一亡公子爾。於是比歸自立而虔縊，則比首惡矣。比歸自立，則其見殺，猶曰公子何？據篡立者見殺不稱公子。比之歸，非其意也。棄疾脅比而立之，又殺而代之，則比不得爲簒國矣。故《春秋》加比以弑君，而不罪比之簒國。加以弑君，則君臣之義正；不罪比之簒國，則棄疾之惡萬世不可掩矣。弑君者日，不日，加弑也。《穀梁傳》曰：「歸一事也，弑一事也，而遂言之，以比之歸弑，比不弑也。」《公羊傳》曰：「比之義宜乎效死不立。」

楚公子棄疾殺公子比。

《陳氏傳》曰：「比蒙首惡之名，則殺之宜稱人。其曰『楚公子棄疾殺公子比』何？靈王之弑，棄疾爲之也，則是以公子殺公子爾，非討賊也。」杜元凱曰：「不書弑，君位未定也。」《左氏傳》曰：「棄疾即位，名曰熊居。」

秋，公會劉子、晉侯、齊侯、宋公、衛侯、鄭伯、曹伯、莒子、邾子、滕子、薛伯、杞伯、小邾子于平丘。

八月甲戌，同盟于平丘。

《左氏傳》曰：「齊服也。」《陳氏傳》曰：「晉復合諸侯也。晉之合諸侯由是止。鄢陵之後，參盟復作，晉非盟主矣。」孫明復曰：「自宋之會，大夫專盟會者十年。申之會，楚子專盟會者又十年。晉昭公一旦與劉子合諸侯同盟于此，乘楚靈弑逆之禍而已。晉乘楚靈弑逆之禍，與劉子合諸侯同盟，果何所爲哉？故自是訖召陵，諸侯復不出者二十四年，而爲鄢陵之盟矣。」胡侍講曰：「其曰同盟，劉子與盟也。」

公不與盟。

《陳氏傳》曰：「會于沙隨，不見公，則譏不在魯也。於是邾子、莒子愬魯于晉，晉侯不見公，書曰『公不與盟』，譏魯之辭也。向也黑壤，公不與盟，則諱不書盟。今也不諱，譏魯之辭也。於溴梁、於祝柯，嘗爲魯執邾、莒矣，而魯亟出師，又納其叛人。於是邾、莒愬於晉，晉爲有辭於魯也，而公遂不與盟。晉之不自彊於主盟，由重丘而後，皆大夫爾。以晉之不自彊於主盟而復合諸侯，於是劉子臨之，叔向謀之，謀夏猶有屬焉。而齊人不可，鄭人争承，魯人不與盟，晉之合諸侯由是止。鄢陵之後，參盟復作，則魯誠與譏焉爾。」

晉人執季孫意如以歸。

胡侍講曰：「稱人以執，非伯討也。季氏伐莒取鄆以自封殖，而使其君民食於家，不臣甚矣。晉人若按邾、莒所愬之狀，究南蒯、子仲奔叛之因，告於諸侯，以其罪執之，請於天子，以大義廢之，則方伯之職修矣。今乃辭魯君而執意如，則是貨財而已，非責其無君臣之義也，安得爲伯討乎？」

公至自會。

蔡侯盧歸于蔡。

陳侯吴歸于陳。

盧者，蔡靈侯之孫也。吴者，陳哀侯之孫也。其曰蔡侯、陳侯，既即位後而來告也。皆稱名，繼絶也。此自楚也，其不言自楚何？楚滅而後楚復之，不爲功也。此皆滅國也，其言歸何？何休氏曰：「故使若有國自歸者也。」孫明復曰：「二國之命，制在夷狄。以自歸爲文，所以抑彊夷而存中國也。」《穀梁傳》曰：「此未嘗有國也，使如失國辭然者，不與楚滅也。」

冬十月，葬蔡靈公。

趙伯循曰：「既復國，以禮改葬，魯往會也。」

公如晉，至河乃復。

吴滅州來。

十有四年春，意如至自晉。

《陳氏傳》曰：「大夫不至，必見執也而後致，亦危之也。」

三月，曹伯滕卒。

夏四月。

秋，葬曹武公。

八月，莒子去疾卒。

冬，莒殺其公子意恢。

殺意恢者，蒲餘侯也。曷爲以國殺書？譏不在相殺也。莒子卒，國人欲出郊公而立莒子之弟庚輿。蒲餘侯殺公子意恢，郊公奔齊，則意恢者，郊公之所與存亡者也。故書其殺，以明變也。然則郊公出而庚輿入何以不書？《春秋》公子争國，非有辨於疑似之際，則不書也。既郊公見出，而庚輿以公弟立，苟無嫌於亂適，《春秋》奚議焉？是故書鄭忽、曹羈，不書莒郊公；書鄭突、曹赤，不書莒庚輿。

十有五年春，王正月，吴子夷末卒。

二月癸酉，有事于武宫。籥入，叔弓卒，去樂卒事。

《左氏傳》曰：「禘于武宫，叔弓涖事，籥入而卒，去樂卒事，禮也。」胡侍講曰：「衞有太史柳莊，疾，君曰：『若疾革，雖當祭必告。』是知禮不告也。有事於宗廟，大臣涖事，籥入而卒，於其所去樂卒事，可也。」

夏，蔡朝吴出奔鄭。

六月丁巳朔，日有食之。

秋，晉荀吴帥師伐鮮虞。

伐鮮虞，嘗狄晉矣，曷爲復書荀吴？一伐鮮虞也，當楚人滅中國而晉不能救，則狄之以示義；當中國無楚患而晉大夫亟從事於戎狄，則復其恒稱以見實。《春秋》於晉、楚之際，無不盡其辭矣。

冬，公如晉。

春秋集傳卷第十三

新安東山趙汸輯

昭公下

十有六年春，齊侯伐徐。

齊復貳於晉也。《左氏傳》曰：「齊師至于蒲隧。徐人行成。徐子及莒人、郯人會齊侯，盟于蒲隧。叔孫昭子曰：『諸侯之無伯，害哉！齊君之無道也，興師而伐遠方，會之有成而還，無伯也夫。』」盟不書，不足書也。書伐徐，則齊之貳於晉可知矣。

楚子誘戎蠻子殺之。

《公羊傳》曰：「楚子何以不名？夷狄相誘，君子不疾也。」蘇子由曰：「夷狄相誘殺，略之也。」胡侍講曰：「蔡侯與戎蠻子之見殺一也。或名或不名，謹華夷之辨也。」

夏公至自晉。

秋八月己亥，晉侯夷卒。

九月，大雩。

季孫意如如晉。

冬十月，葬晉昭公。

十有七年春，小邾子來朝。

夏六月甲戌朔，日有食之。

秋，郯子來朝。

八月，晉荀吴帥師滅陸渾之戎。

冬，❶有星孛于大辰。

胡侍講曰：「大辰，心也。心爲明堂天子之象。其前星太子，後星庶子。孛加辰，象天子嫡庶將分争也。天之示人顯矣。」

楚人及吴戰于長岸。

不月，夷狄相戰，略之也。《陳氏傳》曰：「此楚令尹陽丐也，書人；吴公子光也，書國，略之也。楚之君大夫不見於《春秋》者十八年，而吴入郢矣。昭公之《春秋》莫辨於吴、楚也。吴嘗敗楚于鵲岸，不書；五年。敗楚于房鍾，不書。六年。書伐吴而已。於是始書戰，則以吴、楚敵言之也。」

十有八年春，王三月，曹伯須卒。

---

❶ 「冬」下，諸本均衍「月」字，今據《春秋》删。

夏五月壬午，宋、衛、陳、鄭災。

《公羊傳》曰：「記異也，異其同日而災也。外異不書，此爲天下記異也。」《穀梁傳》曰：「其志，以同日也。其日，亦以同日也。」據外災不月。

六月，邾人入鄅。

秋，葬曹平公。

冬，許遷于白羽。

十有九年春，宋公伐邾。

夏五月戊辰，許世子止弒其君買。

許悼公瘧，飲世子止之藥卒，則曷爲書弒其君？止進藥而藥殺也。止非心乎弒者，止進藥而藥殺，則曷爲加弒焉？止自爲藥也。君父，至尊也。藥劑，至危也。止自爲藥以進諸君而君卒，則是止殺君矣。君子曰：「藥劑所以致人死者，非一端也。」止進藥而藥殺，可不謂之殺哉？止所以異於楚商臣、蔡般者，過與故爾。然《春秋》之法一施之者，以臣子於君父不可過也。然則止奔晉曷爲不書？止誠無所逃其罪焉爾，猶不使與君殺而佚賊者同文，明止之非故也。《春秋》於臣子之獄察矣。

己卯，地震。

秋，齊高發帥師伐莒。

冬，葬許悼公。

二十年春，王正月。

夏，曹公孫會自鄸出奔宋。

奔未有書自者，此其言自何？孫明復曰：「鄸，會之邑也。言自鄸出奔，以别從國都而去也。」

秋，盗殺衞侯之兄縶。

《陳氏傳》曰：「此齊豹也，則曷爲以賤辭書之？奪之司寇，則非大夫也。盗，賤者也。以賤者而殺其君兄，於是衞侯如死鳥，則衞之失政甚矣！」范凱氏曰：「斥言衞侯之兄者，惡其不能保其兄，故稱至賤殺至貴。」《公羊傳》曰：「母兄稱兄，兄何以不立？有惡疾也。」

冬十月，宋華亥、向寧、華定出奔陳。

三大夫並出，則何以月？據後再自宋南里出奔楚不月。以犯君出也。宋元公惡華向，華亥僞有疾，以誘群公子殺之，遂劫公，取太子欒與母弟辰、公子地以爲質。公亦取華亥、向寧、華定之子以爲質。公殺華、向之質而攻之。然後出奔。故月以異之，同於佚賊也。

十有一月辛卯，蔡侯廬卒。

二十有一年春，王三月，葬蔡平公。

夏，晉侯使士鞅來聘。

宋華亥、向寧、華定自陳入于宋南里以叛。

胡侍講曰：「凡書叛，有入于戚者而不言衛，有入于朝歌者而不言晉，猶曰非自外也。有入于蕭者而不言宋，則自外入者也。此自外入，獨稱宋南里，何也？南里者，宋國城内之里名也。」《左氏傳》曰：「華氏居盧門，以南里叛。宋城舊墉及桑林之門而守之。」是華氏與宋分國而居矣，故其入其出皆以南里繫之宋。

秋七月壬午朔，日有食之。

八月乙亥，叔輒卒。

冬，蔡侯朱出奔楚。

奔君不月，必未成君也。此成君何以不月？遂失國也。

公如晉，至河乃復。

公亟如晉，而晉亟辭焉，以公不能爲有無也。晉人知有三家而不知有公矣。

二十有二年春，齊侯伐莒。

宋華亥、向寧、華定自宋南里出奔楚。

此佚賊也，何以不月？譏不在宋也。於是公子城以晉師至。曹翰胡會晉荀吴、齊苑何忌、衛公子朝救宋，大敗華氏，圍諸南里。華登如楚乞師，楚薳越帥師逆華氏。諸侯之戍謀曰：「不如出之，以爲楚功。」乃固請出之。以晉大夫會諸侯之師救宋而絀於薳越，譏不在宋矣。是故救宋不書，不足書也。

大蒐于昌閒。

夏四月乙丑，天王崩。

六月，叔鞅如京師，葬景王。

王室亂。

何言乎王室亂？亂自内作也。然則亂作曷爲不言其人？告命未及於魯也。景王崩，王子與太子之母弟争立。叔鞅歸自京師，言之而未知其所定也。吾魯史也，於王室之故何敢知焉？故志曰「王室亂」而已。《穀梁傳》曰：「亂之爲言，事未有所成也。」

劉子、單子以王猛居于皇。

以者，挈乎人之謂也。此嗣天子也，其言以之何？以其未成尊，則言以。苟成尊，則不言以。據敬王居于狄泉不言以。嗣君未踰年，嘗稱子，未葬名之，以其爲天王未踰年之子，則尊之曰王子某者，史文也。據後稱王子猛卒。此未踰年則曷爲稱王？修《春秋》之特筆也。景王太子壽早卒，猛與匄皆其母弟也。王愛庶子朝，欲立之。大臣劉、單不可。王崩，子朝作亂，尹、召奉之。魯《春秋》書曰「王室亂」，則「劉子、單子以王子居于皇」，「劉子、單子以王子猛入于王城」，「王子猛卒」，屬辭疑於群王子，則正不正何以辨焉？故正其尊稱而繫以在喪之名，以別於群王子之争立者，所以決嫌疑而定猶豫也。《陳氏傳》曰：「此争立也，則其遂稱王何？成猛之爲王也。於是劉、單奉猛，尹、召奉朝，未知其誰宜立也。成猛之爲王，則猛宜立者也。是故《春秋》之誼，苟宜立也，則糾雖未得國，成之爲子糾；猛雖未踰年，成之爲王猛。」

秋，劉子、單子以王猛入于王城。

《陳氏傳》曰：「居于皇，言失京師也。入于王城，言始得京師也。凡『以』，非順辭也。前言王室亂，後言二子以王猛居于皇，入于王城，則二子有不得已焉者爾。是故殺子朝于楚，儋翩率子朝之徒以作亂。敬王嘗處于姑蕕，踰年卒克之。子朝不書殺，天王不書出，是予劉、單以復辟之誼也。」殺朝事在定五年。

冬十月，王子猛卒。

既葬矣，何以名？據諸侯嗣子未葬稱名，既葬稱子。未及葬節也。禮，天子七月而葬，雖渴葬，猶稱名，嫌欲速也。曰卒，未成尊也。不崩不葬。《左氏傳》曰：「不成喪也。」劉侍讀曰：「以子禮治之也。」《陳氏傳》曰：「猛謚曰悼王，則其曰王子猛何？未踰年也。未踰年之君，雖嘗有謚，猶不列於廟。是故衛侯申雖謚曰戴公，猛雖謚曰悼王，均之爲不成君也。王猛矣，則其曰王子猛何？於其卒從其恒稱爾。」

十有二月癸酉朔，日有食之。

二十有三年春，王正月，叔孫婼如晉。

爲取邾師，故晉人來討也。

癸丑，叔鞅卒。

晉人執我行人叔孫婼。

《左氏傳》曰：「書曰『晉人執我行人叔孫婼』，言使人也。」

晉人圍郊。

晉大夫將從其恒稱矣。此籍談、荀躒也，曷爲復稱人？以其怠於勤王，不人之則無以見罪也。《陳氏傳》曰：「郊，天子之邑也。向者子帶之亂，晉文公嘗圍温矣，不書，以其討亂也。圍郊以伐子朝之黨也，則何以書？討亂非晉志也。於是王師敗于郊，王猛卒，敬王即位矣，而籍談、荀躒之師軍于陰、于侯氏、于谿泉，次于社。踰年子朝立焉，而復圍郊，則討亂非晉志也。是故晉自交剛之役，凡師書，君大夫於是復人之。」

夏六月，蔡侯東國卒于楚。

不日，卒于外也。

秋七月，莒子庚輿來奔。

於是郊公歸何以不書？庚輿復見出，則郊公之歸固其所也。故庚輿以接我書來奔，而郊公之歸不復詳矣。

戊辰，吴敗頓、胡、沈、蔡、陳、許之師于雞父。胡子髡、沈子逞滅。獲陳夏齧。

此皆從楚之諸侯也，則曷爲不序？凡諸侯以師從夷狄，皆略之也。例在《屬辭·辭從主人》篇，無費辭矣。

以六國之師敗焉，二君滅，大夫獲焉，故書之，哀中國諸侯從役於夷狄以取滅亡而莫之救，故舉其重也。於是吴伐州來，楚薳越帥師及諸侯之師救之，戰于雞父，則其不言敗楚何？夷狄自相敗也。是故夷狄自相敗不書，諸侯以師從夷狄不書，以其從夷狄而師敗、君滅、大夫獲則書之，筆削之義明矣。《公羊傳》曰：「其言滅、獲，别君臣也。」杜元凱曰：「國君，社稷之主，故稱滅。」啖叔佐曰：「諸侯滅則書名，以其死也。」胡侍講曰：「書頓、胡、沈、蔡、陳、許，以君大夫爲序也。」

天王居于狄泉。

稱天王者，既卒已踰年也。天子未三年不稱王，《公羊傳》文。此踰年爾，則其稱王何？必三年然後稱王，謂宅憂而未出命也。《春秋》，侯國之史也，諸侯皆踰年稱公，而天子未三年不稱王，非所以明尊尊也。孫明復曰：「敬王也。辟子朝居于狄泉，曰『天王居于狄泉』，明正也。」

尹氏立王子朝。

篡位不書，據莊十九年蘇子立子頹不書。此其書立何？以佚賊也。昔者子頹之亂，鄭、虢克復而討子頹，則臣子之責已盡。子頹之立，不書可也。今子朝之亂，敬王蒙塵四年而甫定，尹、召猶以子朝奔楚，是佚賊也。則子朝之立，不可立不志矣。《穀梁傳》曰：「不宜立也。朝之不名，何也？别嫌乎尹氏之朝也。」范甯氏曰：「不宜名而言王子者，據衛人立晉不言公子。若但言尹氏立朝，則嫌朝是尹氏之子，故言王子以别之。」《陳氏傳》曰：「此尹圉也，曷爲稱尹氏？亦非見大夫也。於是敬王即位矣，子朝入于尹，尹圉爲之殺劉佗。召伯奂、南宫極以成周人戍尹。子朝入于王城。則曷爲但言尹氏？猶曰獨尹氏所欲立也，將以王天下。獨尹氏立之，則莫之與矣。」

八月乙未，地震。

冬，公如晉。至河，有疾，乃復。

二十有四年春，王二月丙戌，仲孫貜卒。

婼至自晉。

夏五月乙未朔，日有食之。

秋八月，大雩。

丁酉，杞伯郁釐卒。

冬，吴滅巢。

葬杞平公。

二十有五年春，叔孫婼如宋。

夏，叔詣會晉趙鞅、宋樂大心、衛北宫喜、鄭游吉、曹人、邾人、滕人、薛人、小邾人于黄父。

《陳氏傳》曰：「《左氏傳》曰：『謀王室也。』於是天王謂之東王，子朝謂之西王。晉侯使湁問周故，期以明年，而後爲黄父之會，又明年而荀躒、趙鞅之師出。是故天王書出入，而晉師克鞏不書。書克鞏，是討子朝也。」

有鸜鵒來巢。

《左氏傳》曰：「書所無也。」《公羊傳》曰：「記異也。何異爾？非中國之禽也，宜穴又巢也。」

秋七月上辛，大雩。季辛，又雩。

凡雩，過祀節不遠者不月。此過祀節不遠也，則何以日？以一月而再雩，故日之，著其瀆也。例在桓五年。《左氏傳》曰：「書再雩，旱甚也。」啖叔佐曰：「季辛不言大，承上可知。」

九月己亥，公孫于齊，次于陽州。

《陳氏傳》曰：「公行書次，自莊以來未之有也，於是再見。其再見何？以昭公之失國，不可不詳其所如往也。」胡侍講曰：「次于陽州，待齊命也。昭公欲伐季氏，子家子曰：『季氏得民久矣，君無多辱焉。』公不從。意如登臺而請曰：『請待于沂上以察罪。』不許。請囚于費，弗許。請以五乘亡，不許。叔孫氏之司馬陷西北隅以入，孟氏殺郈昭伯，遂伐公徒。公遂行。以君伐臣，曷爲不勝？禄去公室，政在季氏四公矣，民賦入於其家半矣。昭公不忍一朝之忿，而以群小謀之，其及也宜。」

齊侯唁公于野井。

胡侍講曰：「唁者，弔也。生事曰唁，死事曰弔。齊侯唁公于野井，以遇禮相見。孔子曰：『其禮與其辭足觀矣。』言其無納公之實也。」

冬十月戊辰，叔孫婼卒。

婼謀納公而從公于齊，既歸而意如有異志，故因禱以自裁也。婼與叔詣卒，時公在外，而皆書日者，勢不得臨喪，非恤典薄也。

十有一月己亥，宋公佐卒于曲棘。

爲公故如晉也。曲棘，宋地。

十有二月，齊侯取鄆。

外取邑嘗稱人，此曷爲稱君？爲公取也。是故外取邑恒不月，雖取諸我不月。於是特書月，以其爲公取之也。《陳氏傳》曰：「外取邑不書，雖取我不書。取鄆將以歸公也，則何以書？病齊侯也。昭公孫于齊，齊侯將納公，以梁丘據一言而遂不果。鄟陵之盟，將以合諸侯云爾，而徒曰納公，三年而無成，則是取鄆而已矣。是以取鄆則書齊，圍成則書公。」

二十有六年春，王正月，葬宋元公。

三月，公至自齊，居于鄆。

公至不月，必有故而月。以公不得反國而居于鄆，故月以異之。後不月者，自鄆而行，不復爲之變也。《穀梁傳》曰：「居于鄆者，公在外也。至自齊，道義不外公也。」范甯氏曰：「居雖在外，猶以在國之禮録之。」杜元凱曰：「入魯竟，故書至。猶在外，故書地。」家鉉翁氏曰：「鄆，魯竟，故書居；乾侯，晉地，故書在。」劉侍讀曰：「有天下者固家天下，有一國者固家一國。雖上失民，下莫敢有也。天子棄天下而不守，諸侯失其國而不保，是以天子有曰『出居于鄭』，諸侯有曰『居于鄆』。」

夏，公圍成。

胡侍講曰：「齊侯自公子鉏帥師從公圍成，不書齊師者，景公爲義不終也。書公圍成，則季氏之不臣，齊侯不能脩方伯連師之職，其罪咸具矣。」王沿氏曰：「公以齊師圍成，且書公圍成者，惡齊人受季氏賂，雖得其師，不足用也。戰于炊鼻不書者，諱國惡。」

秋，公會齊侯、莒子、邾子、杞伯盟于鄟陵。

《左氏傳》曰：「謀納公也。」此參盟也，其不月何？納公非齊志也。齊侯貳於晉而專盟，嘗盟徐、郯、莒于蒲隧，不書，不足書也。於是矯納公以盟莒、邾、杞而卒無能爲。《春秋》存策書之大體，以吾君在焉，不可不書也，故不月以異之。

公至自會，居于鄆。

家鉉翁氏曰：「自是每歲書至、書居凡五見焉。及鄆潰，乃書『公在乾侯』，皆所以存公而繫魯國臣民之望也。」

九月庚申，楚子居卒。

冬十月，天王入于成周。

曰入，難辭也。王起師于滑，遂次于尸。晉師克鞏，召伯盈逐王子朝，逆王于尸，及劉子、單子盟。王入于成周，晉師使成公般戍周而還，則書入而已。《陳氏傳》曰：「昔者惠王出入皆不書，襄王雖書出，猶不書入也。於是悼王自皇，敬王自狄泉，則曷爲皆書入？幸之也。王室亂矣，入無足諱焉爾。于成周猶未得王都也。」

尹氏、召伯、毛伯以王子朝奔楚。

王子奔，非其罪不書。此以佚賊故書之。佚賊則何以不月？蒙上事月也。《陳氏傳》曰：「尹氏獨欲立子朝爾。則其奔楚，曷爲兼言召伯、毛伯？敬王在外四年而後入，則二子爲之也。然則曷爲不以二子首惡？以二子首惡，則有奉子朝者矣。皆卿士也，單、劉奉猛，毛、召奉朝，將又莫知其誰立也。是故始終于尹氏，以二卿序尹氏之下，則從之者而已。」

二十有七年春，公如齊。

公至自齊，居于鄆。

夏四月，吴弑其君僚。

弑吴子者，公子光也。曷爲不書光弑而代焉國人？不得以賊赴也。其不日，以別於大臣之弑君而稱國者也。《陳氏傳》曰：「於是壽夢有四子，而季子賢。諸樊也，餘祭也，夷昧也，不以國與子而與弟，凡爲季子也。季子不受，則國宜之光者。僚越光而代札，是自禍也。光，諸樊之子。僚，夷昧之子。父子兄弟苟焉以其位爲利，至於相戕賊也，天理滅矣。」

楚殺其大夫郤宛。

秋，晉士鞅、宋樂祈犂、衛北宫喜、曹人、邾人、滕人會于扈。

外大夫自爲會何？謀納公也。宋元公爲公故如晉，卒于曲棘。衛靈公欲以其公子及大夫之子質於諸侯以求納公。於是樂祈犂、北宫喜固請之，則宋、衛猶知有君臣之義也。士鞅取貨於季孫，辭二子與曹、滕之大夫而以難復。鞅與季孫同惡相濟者也。以宋、衛君大夫拳拳於納公，而公卒不獲反國，則晉人爲之也。

冬十月，曹伯午卒。

邾快來奔。

公如齊。

公至自齊，居于鄆。

二十有八年春，王三月，葬曹悼公。

公如晉，次于乾侯。

公初去國，何以不如晉而如齊？以向者五如晉而不得入，恥於奔晉也。至是何以復如晉？以三如齊而不見恤也。然則何以次于乾侯？晉人以公非見卑於齊則不來，故不使入其國都，由晉之諸臣陰黨季氏故也。夫晉與魯同出於文王，而齊、魯甥舅之國也，其卑公如此，尚望其能納公乎？

夏四月丙戌，鄭伯寧卒。

六月，葬鄭定公。

秋七月癸巳，滕子寧卒。

冬，葬滕悼公。

二十有九年春，公至自乾侯，居于鄆。

杜元凱曰：「以乾侯至，不得見晉侯也。」

齊侯使高張來唁公。

何休氏曰:「言來者,居鄆,從國内辭。」據齊侯及荀躒唁公不言來。《左氏傳》曰:「齊侯使高張來唁公,稱主君。子家子曰:『齊卑君矣,君秪辱焉。』」杜元凱曰:「唁公至晉而不見受也。」遣使唁不書,據臧紇如齊唁衛侯不書。此何以書? 胡侍講曰:「譏齊侯不能脩方伯連率之職也。諸侯失國,托於諸侯,禮也。諸侯納之,正也。齊、魯甥舅之國也。昭公朝夕立於其朝,曾不能陳師竟上,討意如逐君之罪,而遣使唁公,豈爲禮乎?」朱定氏曰:「齊、晉皆大國也,世爲牧伯,主諸侯之盟,不能即誅意如而納昭公,徒以屑屑之禮問之、唁之,所以見其從逆臣,不能平魯亂也。」

公如晉,次于乾侯。

公有感於子家子「齊卑君」之言,復如乾侯,冀晉之終見恤也。

夏四月庚子,叔詣卒。

秋七月。

冬十月,鄆潰。

内邑叛不書,鄆潰何以書? 内邑叛,非叛其君,不足志也。於是昭公見出於季孫,齊取鄆以居公有年矣。公如晉而鄆潰,民迫於季孫,不敢復寧公也,故志之。

三十年春,王正月,公在乾侯。

何言乎公在乾侯? 劉侍讀曰:「正月以存公也。向者公雖去國,然居鄆,猶在竟内。今鄆潰,公無所入,羈旅他國,故書公在以繫一國之事也。此史氏之法也。昔者吾君嘗以正月在齊、在晉矣,說見襄二十九年。史所必志而經不書，略常以明變也。魯君朝伯主而在他國，猶曰可也。昭公見出於彊臣而在乾侯，人道之大變也。」高抑崇曰：「鄆，魯地，曰居者，公之所有。乾侯，晉地，曰在者，非公得而專也。」

夏六月庚辰，晉侯去疾卒。

秋八月，葬晉頃公。

冬十有二月，吴滅徐，徐子章羽奔楚。

國滅君奔恒不名，據齊滅譚、楚滅弦、狄滅温，君奔皆不名。徐子何以名？以其奔楚也。向者曰弦、曰温，國滅於夷狄，而其君皆奔中國。譚見滅於齊，其君亦未嘗奔蠻夷也。徐韜事齊，而終服於楚。申之會，楚人以吴子徐出也，執之。狩于州來，又圍徐以懼吴。徐蓋兼事吴、楚，而卒以違吴人，執亡公子之命，見滅於吴。楚爲出師以救之，無及也。而徐子猶奔楚。以其世服蠻夷，雖取滅亡而不悟，不得與國滅君奔中國者比，故特書名以異之。

三十有一年春，王正月，公在乾侯。

季孫意如會晉荀躒于適歷。

《陳氏傳》曰：「季氏出其君而納邾快，又納黑肱，卒，大夫會葬。晉、宋、滕、薛晏然如二君矣。是故文公在晉，公孫敖會于垂隴；襄公在晉，季孫宿會于邢丘，皆伯令也。昭公在乾侯，季孫意如會晉荀躒于適歷，則非諸侯之事矣，以晉之釋君而助臣也。晉士鞅會諸侯之大夫于扈，將以納公，取貨於季孫而遂不果。荀躒復爲此會，昭公所以死于外也。襄、昭之際，大夫無君之禍，晉人爲之也。公會晉侯于夷儀，衛侯入于夷儀，衛甯喜弑其君剽，公如晉次于乾侯，公在乾侯，季孫意如會晉荀躒于適歷，公薨于乾侯，屬辭比事而晉人之罪著矣。」

夏四月丁巳，薛伯穀卒。

晉侯使荀躒唁公于乾侯。

於是晉侯將以師納公。士鞅外黨季氏，內欺其君，使荀躒召季氏會于適歷而偕至乾侯。荀躒以晉侯之命唁公，欲公爲之歸，以免季氏於討。從公于外者，皆季氏之仇也。慮公則歸矣，而已將不得反國，故脅公使毋歸，而請逐季孫于晉。不知晉侯終不能爲公討也。晉侯明不足以燭姦，使魯君困辱于我土地而不爲圖之，是自蔑其君臣之教也。

秋，葬薛獻公。

冬，黑肱以濫來奔。

《左氏傳》曰：「邾黑肱以濫來奔，賤而書名，重地也。」杜元凱曰：「不書邾，史闕文。」

十有二月辛亥朔，日有食之。

三十有二年春，王正月，公在乾侯。

公何以久在乾侯？齊、晉不納公也。薛士龍曰：「公在乾侯，而大夫出會，城成周。晉侯之令固行於魯也。」

取闞。

吴先生曰：「昭公爲魯君，四封之内皆其土地也。書取闞者，見公爲季氏所逐，雖得魯邑，猶取之於外云爾。君出入必有告于廟、有令于國而後書。於是公失國于外，令不及魯矣，則公之出處曰次、曰如、曰至、曰居、曰在、曰會盟、曰唁公、曰圍邑、曰鄆潰、曰取邑，曷爲悉書之？以爲史氏之職與？則國無君，臣非有文告之及，魯史安能得公出處歲月如是之詳？以爲季孫之志與？則君臣方讎，季孫豈以諜伺之報詳命史氏於阻兵之日哉？傳言季孫欲溝公墓爲惡謚，榮成伯止之。蓋魯之臣子猶有人焉。當定、哀之閒，史臣豈無職思其憂者詳考昭公出處以補策書之闕乎？《史記》言昭公奔齊，魯亂，孔子亦適齊。當時之事，見聞所及，使魯史未嘗追補，《春秋》亦特書之，以明君臣之義不可一日而渝。季孫雖不臣，國不可一日無君也。」

夏，吴伐越。

秋七月。

冬，仲孫何忌會晉韓不信、齊高張、宋仲幾、衛世叔申、鄭國參、曹人、莒人、薛人、杞人、小邾人城成周。

此京師也。其曰城成周何？以地舉也。凡王者所都皆曰京師，周自東遷定都王城久矣，於是王室亂，天王復辟入于成周，遂命諸侯城焉，故以地舉而不言京師。言京師，則疑于王城。是役也，晉魏舒、韓不信合諸侯之大夫尋盟于狄泉，則盟何以不書？魏舒何以不序？大夫自爲盟也。魏舒南面，韓不信專執于京師，宋仲幾不受功，齊高張後。大夫自爲盟而無王如此，此狄泉之盟所以不書也。其城成周也，魏舒屬役於韓簡子，既削狄泉之盟，則魏舒固宜不序矣。《穀梁傳》曰：「天子之在者，惟祭與號。故諸侯之大夫相帥以城之，此變之正也。」

十有二月己未，公薨于乾侯。

於是公七年於外矣，而卒以客死，則齊、晉之罪也。當時以齊、晉納公，猶反手也。而齊之田氏，猶魯之季氏，齊君固不勝其臣也。晉之六卿，猶魯之三家，晉君固不勝其臣也。二君者，皆蔽於其臣，視魯君之顛沛失所恬不爲動。於是季氏之黨益固，而公無反國之期，此其所以客死于外也。

春秋集傳卷第十四

新安東山趙汸輯

定公

元年春。

元年何以不書正月？無君也。嗣君踰年，雖以故不行即位禮，猶必朝廟告朔以明授受。故史書其正月以謹始也。昭公薨于外，季孫以太子衍及務人爲不利於己，將廢之，而嗣君之位不以時定，魯於是曠年無君也。無君，故史不得書其正月，而王下屬於繫事之月如他年。此策書之大體，無待於筆削而義已明者也。蘇子由曰：「魯之先君雖或在外不以其道終，而未嘗有踰年而後至者，則是二百四十二年未嘗一日而無君也。而定公之元年，魯之統絶者，自正月至于六月而後續也。」

王三月，晉人執宋仲幾于京師。

正月，晉人執宋仲幾以歸。三月，歸于京師。則其曰晉人執宋仲幾于京師何？修《春秋》之特筆也。晉人合十國大夫城成周，可謂有功於王室矣。然尋盟狄泉，魏舒干位以涖政，是僭王官也。執宋仲幾，不請于天子而以歸，是京師晉也。故既削狄泉之盟，黜魏舒不序，而没晉人執宋大夫以歸之文，特書曰「晉人執宋仲幾于京師」，上以尊王室，下以全諸侯城成周之功。而宋大夫不受功，晉人專執，其罪皆不可掩矣。故凡外大夫見執恒不月，於是特月以異之。胡侍講曰：「此歸于京師矣，其不言歸之何？執之以歸，知其非而後歸于京師，不足言也。」

夏六月癸亥，公之喪至自乾侯。

公薨于外七月矣，至是始以喪至，何也？季孫疑於所立，將求利己者而與之國。蓋久而後定，始遣叔孫，不敢逆公喪以歸也。

戊辰，公即位。

癸亥，公之喪至自乾侯，何爲戊辰而定公始即位？《穀梁傳》曰：「殯然後即位也。」范甯氏曰：「諸侯五月而殯。今以君始死之禮治之，故六月而後即位也。凡公即位在正月者恒不日，夫子削之也。據日食必在朔，猶言日則即位，史無不書日者。此其日之何？異之也。季氏出其君，薨，又絕其冢嗣。定公得國於季孫，而不知爲之變，故日以異之。蓋不日以爲恒，則日以爲變也。」《穀梁傳》曰：「此其日何？屬也。」劉侍讀曰：「季孫廢太子衍及務人而立公子宋。喪至壞隤，公子宋先入，蓋受之季氏，非受之先君也。」

秋七月癸巳，葬我君昭公。

九月，大雩。

立煬宫。

《左氏傳》曰：「昭公出，季平子禱于煬宫。九月，立煬宫。」《公羊傳》曰：「非禮也。」胡侍講曰：「煬公，伯禽之子。喪事即遠，有進而無退。宫廟即遠，有毁而無立。」汪仲裕曰：「煬公至昭公已二十世。」萬孝恭氏曰：「煬公，考公之弟也。魯以弟繼兄，蓋始乎此。定公乃昭公之弟，季孫舍昭公之嫡嗣而立定公，恐人議己，於是立煬宫。其意若曰魯一生一及，乃國之舊制，非吾之私意也。」

冬十月，隕霜殺菽。

杜元凱曰：「周十月，今八月。隕霜殺菽，非常之災。」《穀梁傳》曰：「未可以殺而殺，舉重；可殺而不殺，舉輕。其曰菽，舉重也。」李堯俞曰：「菽之爲物，易長而難殺也。」

二年春，王正月。

夏五月壬辰，雉門及兩觀災。

雉門、兩觀，僭天子也。天子五門：臯、庫、雉、應、路。魯僭其三：庫、雉、路也。何休氏曰：「天子諸侯臺門，天子外闕兩觀，諸侯外闕一觀。」杜元凱曰：「雉門，公宫之南門。兩觀，闕也。」

秋，楚人伐吴。

楚書大夫將久矣，此囊瓦也，以其未嘗爲中國寇患，故其事蠻夷但書人。

冬十月，新作雉門及兩觀。

凡新及新作皆不月。據新延廄、新作南門。此以其僭王制，特月以異之。胡侍講曰：「譏僭王制而不能革也。」何休氏曰：「天災之當減損如諸侯制，而復僭天子之禮，故言新作。」

三年春，王正月，公如晉，至河乃復。
於是定公即位三年而朝晉。晉人亦卻之，以公爲季氏所立，不能爲有無也。
二月辛卯，邾子穿卒。
夏四月。
秋，葬邾莊公。
冬，仲孫何忌及邾子盟于拔。
不月，略之也。例在成元年。薛士龍曰：「魯大夫而盟諸侯，邾喪未期而爲盟會，交失之。」
四年春，王二月癸巳，陳侯吳卒。
三月，公會劉子、晉侯、宋公、蔡侯、衛侯、陳子、鄭伯、許男、曹伯、莒子、邾子、頓子、胡子、滕子、薛伯、杞伯、小邾子、齊國夏于召陵，侵楚。
凡公會、侵、伐恒不月。此以會王臣而攘夷狄，故月以謹之。據僖四年遂伐楚同書月。胡侍講曰：「蔡侯患楚，請師于晉。晉人請命于周，大合諸侯，天子之老在焉。乃以求貨，失諸侯，無功而還。書曰侵楚，陋矣！」吕大圭氏曰：「召陵之會，晉可以復伯而失其機也。夫蔡、陳、鄭、許、頓、胡，蓋服役於楚者也，而皆與於會，則病楚而歸晉也。晉自平丘以來，不能會諸侯二十四年矣。今上致劉子，下合十七國之君于召陵，齊桓之師不如是之盛也。而曰侵楚，是不足與有爲也。晉自是不復宗諸侯矣。」《陳氏傳》曰：「傳言劉文公合諸侯于召陵，❶謀伐楚也。晉之合諸侯，至平丘而止，則是役劉子爲之也。劉氏定内難，復辟于周，而楚納子朝，於是合十有八國之師伐楚，雖桓、文未有盛於此者也。以周之不競，而能合諸侯盛於桓、文，俄而劉子卒，君子蓋深悲之也。」

夏四月庚辰，蔡公孫姓帥師滅沈，以沈子嘉歸，殺之。

許、頓、胡、沈，皆從楚之小國也。三國皆從蔡歸晉，而沈獨不會召陵，畏楚故也。晉人既不能紬楚以信蔡，乃遷怒于小國，使蔡人甘心焉。夫以齊桓之伯而不能使楚毋滅江、黄，宜沈之不敢會中國也。其後楚卒滅頓、滅胡，則小國之從於侵楚者，晉亦不能全之也。從我者不能全之，不從者吾乃滅之，是召陵之會，諸侯徒以亡三小國而已，諸侯何賴焉？凡滅國不月，此以其君歸，故日以甚之。

五月，公及諸侯盟于皐鼬。

葵丘但言諸侯盟，平丘但言同盟，此何以稱公及？是會劉子之志，晉不復主盟，而劉子又不與盟故也。凡盟皆日，其不日，亦有别於有伯之盟也。《陳氏傳》曰：「有晉侯在，何以書公及諸侯盟？非晉主盟也。公會諸侯盟于薄、公會諸侯盟于宋，皆後至之文也。非後至也，而曰公及諸侯盟，則以魯主之也，是故書及。劉卷卒，諸侯無會同，於是諸侯有特相盟者矣。」

杞伯成卒于會。

---

❶「傳」，原作「傅」，今據夏鏜本、金曰鏞本、四庫本改。

六月，葬陳惠公。

高抑崇曰：「見陳侯背殯出會也。蓋君在殯，則辭會可也。雖不得已於晉令，而齊亦使國夏來爾。」

許遷于容城。

秋七月，公至自會。

劉卷卒。

王大夫不卒，此其卒之何？召陵之會，爲諸侯主，於是天子爲之來赴，故卒之而不稱爵也。

葬杞悼公。

楚人圍蔡。

晉士鞅、衛孔圉帥師伐鮮虞。

許翰氏曰：「謀楚而不能討，盟蔡而不能救，唯中山是伐。書卿帥師，著威勝不行於彊暴而行於小弱也。」

葬劉文公。

王大夫不葬，此何以葬？魯會之也。葬則何以舉謚稱公？王卿士有封國，得置臣屬，如諸侯也。

不月，禮不備也。

冬十有一月庚午，蔡侯以吴子及楚人戰于柏舉，楚師敗績。

凡師能左右之曰以。此其曰蔡侯以吴子何？志中國之無伯也。蔡爲楚所虐，請師于晉。晉人大合諸侯之師，涖以王官，不能絀楚而反爲蔡致寇。於是蔡人告急於吴，吴人因之收攘楚救蔡之功，則以中國無伯也。其不言救何？言以，則不得言救也。吴以號舉，君臣同辭，有自來矣。此其稱爵何？進之也。楚爲中國患久矣。城濮之役，欒貞子曰：「漢陽諸姬，楚實盡之。」而蔡始終受其荼毒已甚。然齊桓、晉文之盛而不能加兵於其國都，劉文公合諸侯于召陵而莫能救蔡。卒之能爲中國復讎討罪、攄神人之積憤者，❶吴也。是故特稱其爵，所謂夷而進於中國，則中國也。凡夷狄自相戰不月，據昭十七年楚及吴戰于長岸。略之，不使與中國同文也。於是特書日以詳之，蓋許蔡侯以復世讎，而吴之敗楚，亦不可與凌弱暴寡之師例論也。《公羊傳》曰：「吴何以稱子？夷狄而憂中國也。」《穀梁傳》曰：「吴信中國而攘夷狄，吴進矣。」胡侍講曰：「囊瓦以貪敗國，故特稱人。」

楚囊瓦出奔鄭。

外大夫出奔，非有關於一國之故不書。其書囊瓦何？危國亡師而後奔也。家鉉翁氏曰：「書瓦出奔，誅大臣敗國而以身免也。楚昭繼世，舉國事付之囊瓦，黷貨無厭，殺人不忌，以至内外離叛，莫有闘心，由是有入郢之禍。瓦不能死，而亟出奔，其罪不可勝誅矣。」

庚辰，吴入郢。

戰稱吴子矣，入郢曷爲稱吴？一役而再有事，從其恒稱也。凡入國曰國，入邑曰邑。此入楚矣，其

❶「人」，原重，今據四庫本删。

曰入郢何？修《春秋》之特筆也。楚之熊繹事周，至成王始以子男田封諸荆山。入春秋猶稱荆，僖公之時始稱楚。蓋荆其本號，楚乃僭王後自改之號也。《春秋》從其自號，始終稱楚無異辭。於是特書入郢，而不言入楚，以其僭王猾夏，不得與三代建國無辜見入者同文也。故凡夷狄入中國不月，其自相入則又不月，據成七吴入州來，定五、哀十三於越入吴。而此特書入以詳之。據宣十一楚子入陳討弑君者與此同，書日。使吴之君臣而有人焉，則乘此機，雖復文、武之境土，而興滅國、繼絶世，可也。惜乎吴無君臣，不足以居其功。而劉卷既卒，晉之志不在諸侯，無能起而收之者，《春秋》徒致意焉爾。

五年春，王三月辛亥朔，日有食之。

夏，歸粟于蔡。

此使人歸粟于蔡也，則何以不言其人？內大夫非卿，但志其事，策書之恒辭也。《公羊傳》曰：「孰歸之？諸侯歸之。曷爲不言諸侯歸之？離至不可得而序，故言我也。」《穀梁傳》曰：「諸侯無粟，諸侯相歸粟，正也。」高抑崇曰：「蔡與吴爲援而敗楚，故諸侯畏而歸之粟，非濟其難而賙其無也。」

於越入吴。

於越、勾吴，皆蠻夷之號也。《春秋》不曰勾吴而曰於越何也？武王封太伯之後周章於吴，則吴其國名也，故得稱吴。越雖禹之苗裔，而始封於會稽，則越非其封國，故以其自號舉之也。范甯氏曰：「於越，夷言也，《春秋》則其所以自稱者書之。」按《汲冢竹書》有東越、於越。

六月丙申，季孫意如卒。

秋七月壬子，叔孫不敢卒。

冬，晉士鞅帥師圍鮮虞。

六年春，王正月癸亥，鄭游速帥師滅許，以許男斯歸。

其日何？滅國以君歸，故異之也。張主一曰：「許畏鄭，至西邊以依楚。於是楚困於吴，鄭遂滅之。哀公之世，許復見者，楚又存之也。」

二月，公侵鄭。

《陳氏傳》曰：「自宣之季年，凡伐不言公，魯無君將者八十年矣。至是而書侵鄭，則以公山不狃、侯犯、陽虎之專也。故曰政逮於大夫四世矣，故夫三桓之子孫微矣。」趙鵬飛曰：「魯自舍軍之後，軍皆隸三家，公無一旅之衆。今意如死，定公復自將而侵鄭。其後侵齊、會晉、圍成，皆以師行。」

公至自侵鄭。

内侵伐不至，此何以致？予公之爲晉討也。周儋翩率王子朝之徒因鄭人，將以作亂于周。鄭於是乎伐周六邑，而晉使魯討之。其興師非一國之私矣。蓋不致以爲恒，則致以明義也。

夏，季孫斯、仲孫何忌如晉。

《左氏傳》曰：「季桓子如晉，獻鄭俘也。陽虎彊使孟懿子往報夫人之幣，晉人兼享之。」高抑崇曰：「一卿將命，可兼他事。今每事一卿，故累數之，見二卿陽虎所制也。」

秋，晉人執宋行人樂祁犂。

晉曷爲執樂祁犂？祁犂如晉，趙簡子逆而飲之酒，獻楊楯六十於簡子。范獻子怨其主於趙氏，又有納焉，乃譖諸晉侯而執之。書曰行人，使人也。胡侍講曰：「稱人以執，非伯討也。使范、趙方睦，皆有獻焉，則弗執之矣。執異國行人，出於列卿私意，威福之柄移矣。」張主一曰：「諸侯唯宋事晉，懼討而遣使。善逆以懷之，猶懼不來，而大夫瀆貨争權，卒使來者見執，叛者得志。晉之亂政亟行，伯統所由絶也。」

冬，城中城。

杜元凱曰：「公爲晉侵鄭，故懼而城之。」

季孫斯、仲孫忌帥師圍鄆。❶

杜元凱曰：「何忌不言何，闕文。鄆貳於齊，故圍之。」

七年春，王正月。

夏四月。

秋，齊侯、鄭伯盟于鹹。

齊、鄭何以盟？結叛晉也。不月，以其關於諸侯之合散也。是年于沙、八年曲濮義同。《左氏傳》曰：

---

❶「仲孫忌」，原作「仲孫何忌」，今據金曰鏞本、四庫本删。

「盟鹹，徵會于衛。」杜元凱曰：「鹹，衛地。」《陳氏傳》曰：「此特相盟也。特相盟，自齊桓以來未之有也，是其再見。其再見何？諸侯無主盟矣。是故石門志諸侯之合也，鹹志諸侯之判也。」

齊人執衛行人北宫結以侵衛。

齊侯、衛侯盟于沙。

《左氏傳》曰：「衛侯欲叛晉，諸大夫不可。使北宫結如齊，而私於齊侯曰：『執結以侵我。』齊侯從之，乃盟于瑣。」杜元凱曰：「瑣，即沙也。」黄震氏曰：「齊景乘鄭之怨晉，而摟鄭與盟；又乘衛欲叛晉，僞執其行人以侵衛，假求平之迹而竊與衛盟。時景公即位幾五十年，歷晉平、晉昭、晉頃，未嘗敢争諸侯。今見晉定庸弱，六卿擅政，耄年妄作，凡再盟而得二國，適開禍端耳。」

大雩。

齊國夏帥師伐我西鄙。

許翰氏曰：「東諸侯唯魯事晉，故齊伐之。景公乘晉之衰，不思務德以懷諸侯，而欲以力經營，是知時之或可，而不知己之不可者也。」

九月，大雩。

一時再雩，旱甚也。

冬十月。

八年春，王正月，公侵齊。

公至自侵齊。

二月，公侵齊。

三月，公至自侵齊。

內侵伐恒不致，再侵齊何以致？ 齊景公結諸侯以叛晉，而魯未從，故國夏伐我，而公再侵齊以報之。以其重於叛盟主，非一國之私，故皆書至以別之。

曹伯露卒。

夏，齊國夏帥師伐我西鄙。

公會晉師于瓦。

此晉士鞅、趙鞅、荀寅救我，則其不書救何？ 杜元凱曰：「齊師已去，公逆會之，未入竟也。」胡侍講曰：「棐林之會，不言趙盾而言晉師；瓦之會，言晉師而不言士鞅，皆以師于重也。」《陳氏傳》曰：「鞌之戰，公會晉師于上鄍，不書，諱之也。四卿並將，而禽鄭自師逆公。三家之張，成於此矣，故諱之也。於是齊師伐我，晉師救我，公會晉師，勿諱可也。」

公至自瓦。

公會外大夫恒不致。禮，卿不會公侯。故不書至，惡其伉也。會師則致，重師也。

秋七月戊辰，陳侯柳卒。

晉士鞅帥師侵鄭，遂侵衛。

《陳氏傳》曰：「此其言遂何？ 晉始伐與國也。 於襄之二十三年，齊始叛晉，取朝歌。 去年，鄭始叛晉，盟齊于鹹。 衛始叛晉，盟齊于沙。 於是，侵鄭、衛。 又明年，及齊平。 雖魯亦叛晉矣。 故悉書之也。」汪仲裕曰：「於齊始伐盟主，書伐衛，遂伐晉；於晉始討與國，書侵鄭，遂侵衛。 齊則伐而晉則侵，見晉伯既衰之甚也。 是故成十五年，楚子侵鄭，遂侵衛，不書。 十六年，知武子以諸侯之師侵陳，遂侵蔡，亦不書。 必若鄭、衛叛晉，晉以師兩侵之而後書遂焉，以著諸侯之不復從晉也。」

葬曹靖公。

九月，葬陳懷公。

季孫斯、仲孫何忌帥師侵衛。

杜元凱曰：「爲晉討衛也。」

冬，衛侯、鄭伯盟于曲濮。

趙鵬飛曰：「鄭、衛雖受兵，而叛晉益堅，故爲曲濮之盟，不復事晉也。」

從祀先公。

此禘也。 義不在用禘，故不稱禘。 曰從祀先公，則其爲禘可知矣。《公羊傳》曰：「從祀者何？ 順祀也。 文公逆祀，定公順祀。」杜元凱曰：「先公，閔公、僖公也。 將正二公之位次，所順非一親，故通言先公。」《左氏傳》曰：「陽虎欲去三桓，以季寤更季氏，以叔孫輒更叔孫氏，己更孟氏。 冬十一月，順祀先公而祈焉。 辛卯，禘于僖公。」劉侍讀曰：「從祀先公，正也。 所以從祀先公，則非正矣。 陽虎將作亂而恐不得民心，故爲小正以售其大不正，立小義以遂其大不義。謂季氏以臣而凌君，猶僖公以子而先父。故先正逆祀，以微見其意。其事則順矣，其情則逆，《春秋》弗與也。凡禘日，甚則不日。此以家臣祈亂，故又不月以異之。」

盜竊寶玉大弓。

《公羊傳》曰：「盜者孰謂？謂陽虎也。陽虎者，季氏之宰，則微者也，惡乎得國寶而竊之？陽虎專季氏，季氏專魯國。」《穀梁傳》曰：「寶玉者，封圭也。大弓者，武王之戎弓也。周公受賜，藏之魯。」杜元凱曰：「家臣賤，名氏不見，故曰盜。」蘇子由曰：「陽虎將殺季孫斯，不勝而出，取寶玉大弓於公宫以行。寶玉大弓，魯之分器也。南蒯以費叛，昭十二。陽虎以鄆、讙、龜陰叛，侯犯以郈叛，十年。皆以賤不書。其書竊寶玉大弓何也？分器重於地也。分器重於地者，賤貨而貴命也。」《陳氏傳》曰：「陽虎欲去三桓，是以陪臣廢置大夫也。虎，陪臣也，欲廢置三卿，而追正宗廟之禮。已而弗勝，取周公之分器以出，魯莫之禁者。書曰『從祀先公』『盜竊寶玉大弓』，魯無人之辭也。是故陪臣叛皆不書，書陽虎，是治陪臣也。夫子之作《春秋》，治至於陪臣，斯極矣！」

九年春，王正月。

夏四月戊申，鄭伯蠆卒。

得寶玉大弓。

《左氏傳》曰：「陽虎歸寶玉大弓。」然則曷爲不書歸？陪臣賤，名氏不登于策書。盜竊可也，曰盜歸可乎？故書得寶玉大弓，以分器爲重而已。《公羊傳》曰：「國寶也，喪之書，得之書。」《穀梁傳》曰：「惡得之？陽虎以解衆也。」

六月，葬鄭獻公。

秋，齊侯、衛侯次于五氏。

外次，必有關於天下之故而後書。此其書次何？齊景公不度德量力，結鄭、衛以叛晉，欲伐之而代興。經既不忍書伐晉，故五氏、垂葭、渠蒢之次屢書之，乃伯業之所由衰也。《左氏傳》曰：「齊侯伐晉夷儀。衛侯如五氏。」杜元凱曰：「五氏，晉地。齊侯在五氏，衛侯往助之。不書伐，諱伐盟主也。」《陳氏傳》曰：「外書次，自厥貉以來未之有也，於是再見。其再見何？中國無伯也。齊、衛伐盟主，則其不書伐何？《春秋》重絶晉也。於襄之二十三年，嘗書齊伐晉，至是而不書何？齊始叛晉，諸侯猶有盟主也。前年，鄭叛晉，盟齊于鹹。衛叛晉，盟齊于沙。明年，及齊平，魯亦叛晉。則諸侯無盟主矣。有盟主，非美事也；無盟主，非細故也。是故《春秋》重絶晉也。」

秦伯卒。

冬，葬秦哀公。

十年春，王三月，及齊平。

夏，公會齊侯于夾谷。

魯始叛晉而從齊也。齊侯將伐晉，既得鄭、衛，而後伐魯。公再侵齊，齊亦再伐魯，而公會晉師于瓦，季孫斯、仲孫何忌侵衛。東諸侯于魯重於叛晉。齊不得魯，則晉不可伐，故齊之所欲得者，莫急於魯也。晉士鞅侵鄭，遂侵衛，而盟于曲濮，次于五氏，二國益堅於從齊。於是魯亦及齊平，而會于夾谷，則魯亦叛晉矣。

公至自夾谷。

公會諸侯嘗不致，此其致之何？以叛盟主而會齊侯，故特書至以異之。

晉趙鞅帥師圍衛。

《左氏傳》曰：「晉人討衛之叛故，曰『由涉佗、成何』。於是執涉佗以求成於衛。衛人不許，晉人遂殺涉佗。」甚矣晉之不競也！許翰氏曰：「使晉有以報齊，則衛可無用兵而服也。今圍衛而不能服，則徒足以堅齊之從而已矣。」

齊人來歸鄆、讙、龜陰田。

齊人曷爲來歸田？結叛晉也。魯之事晉，自文、襄以來未之有改也。於是齊將伐晉，而魯人事晉益堅。齊侯伐魯以求成，晉輒出師救之。晉與魯相表裏，則齊非惟不可得志於晉，而亦不可得志於魯也。乃以好與魯平，而亟來歸魯田之入于齊者，庶乎魯人以事晉者而事齊也。既而叔孫州仇如齊，公會齊侯盟于黃，則魯亦決於叛晉而從齊矣。然則《傳》曰「孔子行乎季孫，三月不違，齊人爲是來歸之」者何也？孟子曰：「孔子於季桓子，見行可之仕也。」行可云者，行有適可而不保其往之謂也。齊人奚畏焉？當是時，陽虎既去，而南蒯、侯犯、公山不狃之難未息。季孫之用夫子，非爲興魯也。彼齊人固知孔子於魯非有三年淹者，故歸女樂以沮之。則鄆、讙、龜陰之田不爲孔子而來歸明矣。孔子嘗曰：「苟有用我者，期月而已可也。」非行可之謂也。學者乃欲以相定公、會夾谷、歸侵田實其言，則其知聖人也微矣。叛晉，惡名也，人以利結之，則孔子之相是會、親受事焉何也？晉之失諸侯有自來矣。魯之從齊，猶在鄭、衞之後，非得已也。使齊侯能脩桓公之業以尊天子、安中國，則豈唯魯從之？將天下諸侯莫不從之。惜乎！齊景無足望也。是時魯卿方有陪臣之難，而夾谷之會不可已也。於是以孔子相是會，聖人何容心焉？鄆，齊所取以歸昭公者也；讙，陽虎所挾以奔齊者也；龜陰，則我龜山之陰。是三者皆魯地之見侵於齊者，於是齊人以之來歸，我何愧焉？斯受之而已矣。《陳氏傳》曰：「未有言歸田言來歸，必自外至者也。據鄭來歸祊、齊來歸衞寶之類。鄆、讙、龜陰田言來歸，以是爲齊人之願也。」

秋，叔孫州仇、仲孫何忌帥師圍郈。

叔孫州仇、仲孫何忌帥師圍郈。

胡侍講曰：「侯犯以郈叛不書，書圍郈，則叛可知矣。再書二卿圍郈，則彊亦可知矣。三家知傾公室以自張，而不知家隸之擬其後也。天子失道，征伐自諸侯出，而後大夫彊；諸侯失道，征伐自大夫出，而後家臣彊。其逆彌甚，其失彌遠。故曰『自諸侯出，十世希不失矣；自大夫出，五世希不失矣；陪臣執國命，三世希不失矣』。《春秋》據事直書，深切著明矣。」

宋樂大心出奔曹。

《左氏傳》曰：「宋公使樂大心盟于晉。辭，僞有疾。子明言於公曰：『右師不肯適晉，將作亂也。』乃逐桐門右師。」

宋公子地出奔陳。

冬，齊侯、衛侯、鄭游速會于安甫。❶

叔孫州仇如齊。

宋公之弟辰暨仲佗、石彄出奔陳。

暨猶及也。仲佗、石彄，宋大夫也。公弟與大夫不可累數，故曰暨。胡侍講曰：「傳言宋公子地有白馬四，公以與向魋。地怒，抶魋奪之。魋懼，將走。公泣之。母弟辰曰：『子爲君禮，不過出竟，君必止子。』地出奔陳，公弗止。辰爲之請，勿聽。辰曰：『是我迋吾兄也。吾以國人出，君誰與處？』書曰『宋公之弟辰暨仲佗、石彄出奔陳』，見宋公以嬖魋故而失二弟，無親親之恩。辰以兄故帥其大夫出奔，無尊君之義。又以見仲佗、石彄見脅於辰，不能自立，無大臣之節也。」

十有一年春，宋公之弟辰及仲佗、石彄、公子地自陳入于蕭以叛。

夏四月。

秋，宋樂大心自曹入于蕭。

❶「衛侯」，原脱，今據金曰鏛本、四庫本補。

胡侍講曰：「四卿入蕭以叛，而大心從之，其叛可知矣。故但曰入于蕭。書自陳、自曹者，結鄰國以入叛，陳與曹之罪亦著矣。」劉侍讀曰：「事君者，可貧、可賤、可殺，而不可使爲亂。君親無將，將而誅焉，況據邑以伐其君者乎？其罪一施之。」

冬，及鄭平。

《左氏傳》曰：「始叛晉也。」其不月，據凡平皆月。以魯與諸侯之合散繫焉，故異之也。

叔還如鄭涖盟。

吴先生曰：「及鄭平者我欲之，故鄭卿不來盟，而我卿往涖盟也。」家鉉翁氏曰：「魯既與晉絶，去年及齊平，今又及鄭平。❶既背晉，不得不樹黨以自固焉耳。」

十有二年春，薛伯定卒。

夏，葬薛襄公。

叔孫州仇帥師墮郈。

墮，壞也。郈，叔孫氏之邑也。州仇曷爲自墮其邑？除家臣之患也。家臣爲患之日久矣。陽虎作難，囚季孫，居鄆陽關以爲政，三家幾不免焉。侯犯以郈叛，叔孫與仲孫帥師圍郈，不克。再圍之，侯犯以郈奔齊。齊人乃致郈，而侯犯猶在齊也。時邑宰數叛，魯卿患之。孔子方仕於朝，而仲由爲

---

❶「鄭」，原作「齊」，今據四庫本改。

季氏宰，建墮三都之議，以絶陪臣之禍。故叔孫首帥師墮郈，郈易墮也。

衛公孟彄帥師伐曹。

季孫斯、仲孫何忌帥師墮費。

費，季孫氏之邑也。斯曷爲自墮其邑？除家臣之患也。南蒯者，費宰也，不見禮於季氏，欲出季氏而歸其室於公，已以費爲公臣，懼不克，以費叛如齊。昭十二年。齊人致費。十四年。公山不狃者，亦費宰也，不得志於季氏。叔孫輒者，叔孫氏之庶子也，無寵於叔孫氏。皆欲因陽虎以去三桓。陽虎既敗，入于讙、陽關以叛，奔齊，而公山不狃、叔孫輒猶在費也。於是叔孫墮郈，季氏亦墮費。費人習於南蒯、不狃之亂，從二子襲魯，公與季氏幾不免焉。既敗費人於姑蔑，二子奔齊，遂墮費，而無復陪臣之禍矣。故二卿帥師墮費，費未易墮也。

秋，大雩。

冬十月癸亥，公會齊侯盟于黄。

十有一月丙寅朔，日有食之。

公至自黄。

公會盟諸侯嘗不致，以卒叛晉而爲是盟，故致之。

十有二月，公圍成。

成，孟孫氏之邑也。公曷爲自圍成？孟孫氏不肯墮成也。三家者患同而情異。成宰公斂處父者，孟氏家隸之良也。陽虎之宵軍齊師、戒都車，皆將爲三子不利，賴處父發其姦以免。陽虎伐孟氏，處父帥成人與陽氏戰而敗之。二家之臣方竊邑以爲其主機穽，而處父獨以其邑爲孟氏保障。此孟孫所以不肯墮成也。孟孫不肯墮成，而公自圍成。用建墮三都之議定於公朝而不但私建於季氏也。用建將以弱私家張公室而不但除陪臣之患也。除陪臣之患，❶三家之願也，故孟孫與季孫同帥師以墮費。張公室，非三家之願也，故孟孫不肯墮成。公親圍之而不克，蓋三家專魯之日久，非一朝之可正也。胡侍講曰：「孔子爲魯司寇而不能墮成，何也？圍成之明年，孔子由大司寇攝相事，據《史記》在十四年。則圍成之時，仲尼未得魯國之政也。及齊人饋女樂而孔子遂行矣。使聖人得志行乎魯國以及期月，則不待兵革而自墮矣。」

公至自圍成。

公圍其邑不致。據昭公圍成。此何以致？彊臣據邑叛君如敵國，故致之。高抑崇曰：「天子命行乎天下，諸侯命行乎一國，故天子未嘗有親伐諸侯者，諸侯亦未嘗有親伐其國之邑者，以其令之則從也。天下無王而諸侯擅命，故有王伐鄭之事。陪臣擅國而權在私家，故有公圍成之事。公以圍成至者，著公之弱，不能墮成也。」

十有三年，齊侯、衛侯次于垂葭。

---

❶ 「除」，原脱，今據夏鏜本、四庫本補。

《左氏傳》曰：「齊侯、衛侯次于垂葭，使師伐晉。」

夏，築蛇淵囿。

高抑崇曰：「魯國之囿一而已。成築鹿囿，昭築郎囿，定築蛇淵囿。何囿之多也！」

大蒐于比蒲。

高抑崇曰：「魯既叛晉，而三家日懼人之圖己，故數蒐焉。」

衛公孟彄帥師伐曹。

高抑崇曰：「衛比伐曹，曹不叛晉故也。靈公志在軍旅之事，而不知以禮爲國，故亟戰如此。」

秋，晉趙鞅入于晉陽以叛。

冬，晉荀寅、士吉射入于朝歌以叛。

范、中行氏伐趙氏，鞅奔晉陽。荀躒、韓、魏伐范、中行氏，寅、吉射奔朝歌，則曷爲皆以叛書？晉人皆以叛告也。趙鞅以邯鄲午不歸衛貢五百家殺午，而邯鄲叛。故范、中行氏起而伐之。鞅奔晉陽。荀躒言於晉侯曰：「三臣始禍，而獨逐鞅，刑已不鈞矣。請皆逐之。」然則討鞅有君命矣。是以荀躒又請於公而討二氏。二氏伐公，國人助公伐之，則皆以叛討矣。故其奔也，皆以叛告諸侯。胡侍講曰：「晉主夏盟，威服天下。及大夫專政，賄賂公行，諸侯叛於外，大夫叛於內，故臧哀伯曰：❶『國

❶「臧」，原作「滅」，今據四庫本改。

家之敗，由官邪也。官之失德，寵賂章也。』晉卿始禍，緣衛貢也。欒祈見執，獻楊楯也。蔡侯從吳，荀吴貨也。昭公弗納，范鞅賂也。而晉室不復能主盟矣。故爲國以義不以利。」

晉趙鞅歸于晉。

鞅叛而言歸，韓、魏請而復之也。韓、魏惡荀、范而善鞅，故復鞅，使同敵荀、范也。胡侍講曰：「三子之叛，其罪一也。鞅以有援故得入，寅、吉射以無助故終叛。《春秋》書鞅歸于晉，以明晉侯縱釋有罪，無政刑矣，其能國乎？」《陳氏傳》曰：「歸不言自，鞅無所自也。歸，易辭也。欒盈、魚石猶言入，至鞅而後言歸，則晉無人之辭也。此韓、趙、魏分晉之本也。」

薛弒其君比。

十有四年春，衛公叔戌來奔。衛趙陽出奔宋。

衛逐其大夫，用南子之譖也。衛靈公夫人南子有淫行。公叔戌，衛世臣也，❶謀去夫人之黨。夫人愬於公曰：「戌將爲亂。」公爲逐戌與其黨趙陽、北宮結，南子之故也。衛侯嬖南子，縱其淫泆而不之禁，於是一言而出三大夫，此衛亂之所從始也。

二月辛巳，楚公子結、陳公孫佗人帥師滅頓，以頓子牂歸。

頓嘗會諸侯于召陵故也。凡滅國以其君歸日，雖夷狄滅中國猶日。據夷狄自相滅以君歸不月。重其變

❶「衛」，原作「齊」，今據四庫本改。

也。《左氏傳》曰：「頓子牂欲事晉背楚而絶陳好。二月，楚滅頓。」

夏，衛北宫結來奔。

五月，於越敗吴于檇李。吴子光卒。

國君戰而亡曰滅，必死於陳者也。非死於陳者，亦必詳其所以。吴子遏門于巢卒，見其傷於門巢也。於越敗吴于檇李，吴子光卒，見其傷於檇李之敗也。凡夷狄交相敗不書。據襄十三年楚人敗吴師，十四年楚伐吴、吴人敗之之類。此爲吴子光以敗卒而書。吴、越深謀報復而越卒亡吴於是始，故詳之也。外相敗恒日，據僖三十三晉及姜戎敗秦。此其不日何？略夷狄也。

公會齊侯、衛侯于牽。

《左氏傳》曰：「晉人圍朝歌。公會齊侯、衛侯，謀救范、中行氏。❶」杜元凱曰：「齊、魯叛晉，故助范、中行也。」

公至自會。

秋，齊侯、宋公會于洮。

《左氏傳》曰：「范氏故也。」

天王使石尚來歸脤。

---

❶ 「救」，原作「殺」，今據四庫本改。

杜元凱曰：「石，氏。尚，名。天子之士也。脤，祭社之肉。盛以脤器以賜同姓諸侯，親兄弟之國，與之共福。」《穀梁傳》曰：「脤者何？祭肉也。生曰脤，熟曰膰。」《周禮·大宗伯》：「以脤膰之禮親兄弟之國。」《大行人》：「歸脤以交諸侯之福。」凡王使來錫命、歸賵、歸含、來救，皆月。此其不月何？歸脤乃周官舊典，故不月以別之。

衛世子蒯聵出奔宋。

衛侯出其世子，夫人之故也。夫人行惡聞於鄰國，世子羞之，蓋以謂夫人。夫人惡之，反愬於公曰：「蒯聵將殺余。」公爲出世子而盡逐其黨。夫人嬖故也。靈公以夫人故，既出其大夫，又出其世子，致國本不定。終《春秋》，衛亂未已，靈公爲之也。然則傳言大子與戲陽速謀殺少君，速許而弗爲，以致事覺出奔者非歟？戲陽速蓋迎合夫人之意而爲是言以免禍耳。劉侍讀曰：「蒯聵所羞者，以夫人名惡也。如殺其母，爲惡愈甚，反不知可羞乎？且殺夫人，蒯聵獨得全乎？蓋蒯聵聞野人之歌而慙，則以謂夫人。夫人惡其斥己淫，則言太子將殺予以誣之耳。又宋，南子家也。蒯聵欲殺南子而敗走其家乎？」胡侍講曰：「世子，國本也。以寵南子故，不能保世子而使之去國。以得罪南子故，不能安其身而出奔。《春秋》書之，兩著其罪。」

衛公孟彄出奔鄭。

彄比歲帥師，則衛之正卿也。至是亦以世子之黨見逐。則夫人與其黨益得以自恣而無忌矣。

宋公之弟辰自蕭來奔。

大蒐于比蒲。

張主一曰：「蒐而邾子來會公，則公親蒐矣。」孫莘老曰：「《春秋》田狩之事，公行者必書公。公矢魚于棠，公狩于郎，政猶自公出也。自蒐于紅，政在三桓。雖公自行，皆曰大蒐，而不曰公，見公不得爲政也。」

邾子來會公。

杜元凱曰：「會公于比蒲也。」來而不用朝禮，故曰會。據莊二十三年蕭叔朝公。

城莒父及霄。

杜元凱曰：「公叛晉助范氏，故懼而城二邑。此年不書冬，史闕文。」

十有五年春，王正月，邾子來朝。

鼷鼠食郊牛，牛死，改卜牛。

《公羊傳》曰：「不言其所食，漫也。」范甯氏曰：「食非一處也。」

二月辛丑，楚子滅胡，以胡子豹歸。

胡嘗會諸侯于召陵故也。以其君歸，故日。家鉉翁氏曰：「召陵之會，頓、胡之君皆在，曰以侵楚也。是後楚有吴患，不能報。去年滅頓，今年滅胡，所以報怨也。」《左氏傳》曰：「吴之入楚也，胡子盡俘楚邑之近胡者。楚既定，又不事楚，曰『存亡有命』。」胡侍講曰：「胡子豹乘楚之約，❶盡俘其邑之近

❶「約」，四庫本作「患」。

胡者，所謂國必自滅而人滅之也。國君造命不可委命者，既以爲有命而又貪生忍辱，不死于社稷，則是不知命矣。」

夏五月辛亥，郊。

《穀梁傳》曰：「五月郊，不時也。」汪仲裕曰：「正月改卜牛，若在滌三月，則當以四月郊。於今郊於五月，蓋卜以四月郊而不吉，又卜五月，凶，必龜從而郊也。但書改卜牛，不書卜郊者，卜郊不從則書之以譏其瀆；卜而從則但書郊之過時以譏其慢耳。」

壬申，公薨于高寢。

杜元凱曰：「高寢，宮名。不於路寢，失其所。」《穀梁傳》曰：「高寢非正也。」

鄭罕達帥師伐宋。

杜元凱曰：「宋公子地奔鄭，鄭人爲之伐宋，欲取地以處之。❶」哀十二年《左氏傳》曰「宋平、元之族自蕭奔鄭，❷鄭人爲之城嵒、戈、錫」是也。

齊侯、衛侯次于蘧蒢。

《左氏傳》曰：「謀救宋也。」

---

❶ 「取」上，原衍「地」字，今據四庫本删。

❷ 「蕭」，原作「肅」，今據四庫本改。

郲子來奔喪。

諸侯無奔諸侯之喪者。郲子來奔喪何？示服也。郲始强，世有惡於魯，而常恃晉以爲重。至是衰微而晉亦不競，故躬爲非禮以示服從，庶免侵伐之禍也。何休氏曰：「天子崩，諸侯奔喪會葬。」

秋七月壬申，姒氏卒。

姒氏者何？定公之適夫人也。何以知其爲適夫人？定姒從夫謚，而終定、哀之世他無定夫人喪，則其爲定公適夫人明矣。然則何以不稱夫人？吴先生曰：「哀未成君，而魯臣不以夫人之禮喪其母也。僖、宣、襄、昭四妾母，群臣皆逢君之意而尊之。定、哀之際，君弱臣强，嗣君之母，先君之適夫人也，乃敢蔑其君而卑其母焉。甚矣魯道之衰也！」

八月庚辰朔，日有食之。

九月，滕子來會葬。

家鉉翁氏曰：「周衰，小國以事王朝之禮事大國。魯君嘗奔齊、晉之喪矣，故郲、滕二君來奔喪會葬。書之，著其失也。」

丁巳，葬我君定公。雨，不克葬。戊午，日下昃，乃克葬。

《左氏傳》曰：「雨，不克襄事，禮也。」

辛巳，葬定姒。

小君者，夫人之别號。既不喪以夫人之禮，而不稱夫人薨，故葬亦不稱小君也。杜元凱曰：「反哭於寢，故書葬。」

冬，城漆。

杜元凱曰：「漆，邾庶其邑。」張主一曰：「城漆，謀伐邾也。定公之喪，邾子來奔，事魯謹矣。哀公初立，魯人不務善鄰，而以土地之故勞民啓怨。二年取其田，七年俘其君，卒使吴人乘間以伐其國，齊人問罪而取讙、闡。三家謀國不忠之罪也。」

春秋集傳卷第十五

新安東山趙汸輯

哀公

元年春，王正月，公即位。

楚子、陳侯、隨侯、許男圍蔡。

《左氏傳》曰：「報柏舉也。」杜元凱曰：「定六年，鄭滅許。此復見者，蓋楚存之。」

鼷鼠食郊牛，改卜牛。

夏四月辛巳，郊。

高抑崇曰：「魯不當郊。天既示變以警之，而改卜牛，是違天也。雖牛，❶猶非郊時，況公斬然在哀經之中，乃行天子之禮以見上帝，可乎？」

秋，齊侯、衛侯伐晉。

❶ 「牛」上，四庫本有「改卜」。

傳言欲救范氏。師及齊、衛伐晉，則何以不書師？爲内諱伐盟主也。《陳氏傳》曰：「伐夷儀不書，書次五氏。伐河内不書，書次垂葭。《春秋》誠有不忍書也。必於是而後書，春秋蓋將終焉。是故春秋之初，諸侯無王者，齊、鄭、宋、魯、衛爲之也。春秋之季，諸侯無伯者，亦齊、鄭、宋、魯、衛爲之也。」黄震氏曰：「齊景欲抑晉以代興，圖回數年乃助其叛臣范氏而伐之。行之不以正，可羞也已。」許翰氏曰：「晉爲伯主而諸侯伐之，《春秋》特書以著中國之無伯也。王道既盡，伯統復亡，春秋之變至是而窮矣。」

冬，仲孫何忌帥師伐邾。

二年春，王二月，季孫斯、叔孫州仇、仲孫何忌帥師伐邾，取漷東田及沂西田。

癸巳，叔孫州仇、仲孫何忌及邾子盟于句繹。

吾大夫及諸侯盟恒不月，此其日之何？伐其國而要之盟，故異之也。《左氏傳》曰：「伐邾，將伐絞。邾人愛其土，故賂以漷沂之田而受盟。」何休氏曰：「再出大夫名氏者，季孫不與盟也。」《陳氏傳》曰：「自是内外盟皆不書，不足書也。是故鄫衍盟吴不書，七年。萊門盟吴不書，八年。甚者會于鄖，雖三國盟亦不書。」十二年。杜二説皆非是。

夏四月丙子，衛侯元卒。

滕子來朝。

晉趙鞅帥師納衛世子蒯聵于戚。

自蒯聵出奔，傳言靈公嘗再欲命立公子郢矣，而郢固辭。靈公卒，夫人欲立之，郢終辭，且曰：「亡人之子輒在。」乃立輒。則廢蒯聵而立輒未嘗有靈公之命也。蒯聵初不過以疑似之迹出奔以待父之察尔，輒爲蒯聵子，豈不知之？見其父奔逃于外而遂以爲罪人。及靈公薨，國人援己以立，而遽立于其位，則輒之無父可知矣。江熙氏曰：「稱世子，明正也。」孫明復曰：「其言納于戚者，爲輒所拒，不得入于衛也。輒貪國叛父，逆人理以滅性，故孔子於蒯聵出入皆正其世子之名。」胡侍講曰：「蒯聵出奔，靈公未嘗有命廢之，則蒯聵爲未絶。故稱世子者，所以深罪輒之見立不辭而拒其父也。冉有謂子貢曰：『夫子爲衛君乎？』子貢曰：『諾。吾將問之。』入曰：『伯夷、叔齊何人也？』曰：『古之賢人也。』曰：『怨乎？』曰：『求仁而得仁，又何怨？』出曰：『夫子不爲也。』伯夷以父命爲尊，叔齊以天倫爲重，仲尼以爲求仁得仁者也。然則爲輒者宜奈何？宜辭於國，曰：『若以父爲有罪，將從王父之命，則有社稷之鎮公子在，我焉得爲君！以爲無罪，則國乃世子之國也，天下豈有無父之國哉，而使我子立乎其位？』如此，則言順而事成矣。若輒利其位以拒父，則衛之臣子舍爵禄而去之可也。焉有父子争國而可爲者乎？」《陳氏傳》曰：「後十二年而蒯聵自戚入于衛，衛侯輒來奔，則是輒拒父也。屬辭比事，則輒萬世不可掩矣。」

秋八月甲戌，晋趙鞅帥師及鄭罕達帥師戰于鐵，鄭師敗績。

孫明復曰：「皆言帥師，其衆敵也。」黄震氏曰：「鄭既叛晋從齊，故轉粟以餉范氏，助范氏以抗晋也。趙鞅者，范氏之仇也，故帥師禦之。」

冬十月，葬衛靈公。

十有一月，蔡遷于州來。

許請遷于楚不月，蔡請遷于吴則其書月何？蔡既以吴入郢復其世仇，❶其依吴以避楚，非得已也，故得與邢、衛同書月。

蔡殺其大夫公子駟。

《左氏傳》曰：「吴洩庸如蔡納聘，而稍納師。師畢入，衆知之。蔡侯告大夫，殺公子駟以説。冬，蔡遷于州來。」杜元凱曰：「元年，蔡請遷于吴。中悔，故吴人因聘襲之。蔡殺駟以説吴，言不時遷，駟爲之也。」胡侍講曰：「楚既降蔡，使疆于江、汝，蔡人聽命而還師矣，於是請遷于吴而復自悔，其謀之不臧甚矣！及吴將襲，蔡乃追罪於執政，其誰之咎也？」

三年春，齊國夏、衛石曼姑帥師圍戚。

戚，衛邑也。齊大夫主兵以圍衛邑而不繫之衛，何也？修《春秋》之特筆也。時衛世子蒯聵在戚，輒據國以拒父，而齊卿又爲出師助衛人圍之，則是齊人助子圍父也。昔者楚取宋彭城以居宋之叛臣，晉爲宋合諸侯之師以圍之。其圍也，雖有宋人，猶必繫彭城於宋。晉取鄭虎牢以偪鄭，而鄭不服，諸侯以伯令戍之，猶必繫虎牢于鄭。此以齊卿主兵，乃獨不繫戚於衛者，以蒯聵在戚，而輒不當

❶「吴入」，原作「入吴」，今據四庫本乙正。

有國，父不可圍，齊人不當黨逆故也。是故蒯聵出入皆稱世子。雖魯史舊文，夫子實因之正名，而於圍戚特不繫衛以異之也。學者以鄭世子忽、宋彭城、鄭虎牢三特筆比而觀之，則筆削之情見矣。高抑崇曰：「齊與晉爲仇。若蒯聵入，則衛從晉矣。此齊所以助輒也。」許翰氏曰：「晉以君臣稱兵，而齊爲臣伐君。衛以父子争國，而齊助子圍父。以是命於諸侯，君子是以知齊之不足以伯而將有亂也。」

夏四月甲午，地震。

五月辛卯，桓宫、僖宫災。

《公羊傳》曰：「不言及，據雉門兩觀言及。敵也。」《穀梁傳》曰：「言及則祖有尊卑矣。由我言之，則一也。」孫莘老曰：「桓公，哀公之十世祖也。僖公，哀公之七世祖也。諸侯五廟而十世、七世之廟存焉，非禮矣。」劉侍讀曰：「桓、僖宫曷爲不毁？三家者，出於桓，立於僖，以是爲悦者也。」

季孫斯、叔孫州仇帥師城啓陽。

杜元凱曰：「魯懼晉，故比年四城。」趙鵬飛曰：「晉越齊、衛而後至魯，魯何虞而備晉？啓陽在今沂州，地近邾。元年伐邾取田，疑邾伐我，故備之。」許翰氏曰：「所城近敵，故帥師也。地震、廟災，變異弗圖；而取田、城邑，兵役相繼，可謂不畏天命矣。中失而外鍵，本亡而末務，此魯之季世也。」

宋樂髡帥師伐曹。

薛士龍曰：「討樂大心之亂也。」

秋七月丙子，季孫斯卒。

蔡人放其大夫公孫獵于吴。

杜元凱曰：「公子駟之黨也。」

冬十月癸卯，秦伯卒。

叔孫州仇、仲孫何忌帥師圍邾。

四年春，王二月庚戌，盜殺蔡侯申。

此公孫翩弑其君也，曷爲書盜？蔡人諱公孫弑君而赴以盜也。於是國人殺翩，則何爲不書？不以討賊告也。夫盜，有司之所詰，而不以君臣之禮治也。蔡人殺弑君者而不以討賊告，則既赴以盜故也。是以初爲弑君諱而已，其不誠莫大焉。夫子因而見蔡之無臣子也。

蔡公孫辰出奔吴。

《陳氏傳》曰：「書『公薨，夫人姜氏孫于邾』，『公子慶父出奔莒』，則夫人、慶父與聞乎殺矣。書『盜殺蔡侯申』，『蔡公孫辰出奔吴』，則辰與聞乎殺矣。」

葬秦惠公。

宋人執小邾子。

夏，蔡殺其大夫公孫姓、公孫霍。

杜元凱曰：「皆弑君黨。」

晉人執戎蠻子赤歸于楚。

此陰地大夫也，則其曰晉人何？ 有當國者之命也。 趙孟之謀國如此，宜晉之不競也。 黄震氏曰：「晉人執夷狄之君而歸之楚，是晉爲楚役也。」家鉉翁氏曰：「戎蠻雖邇于楚，亦嘗服屬諸夏。 楚乘其亂誘其君而殺之，戎於是自拔歸晉。 晉人苟畏楚，拒而弗納可也，聽其去而適他國亦可也，乃詐而執之以歸于楚，是以事京師者而事夷狄矣。」

城西郛。

六月辛丑，亳社災。

范甯氏曰：「亳即殷。 武王克殷，班其社於諸侯以爲亡國之戒。」❶《記》曰：「喪國之社屋之，不受天陽。」唯其有屋，所以災也。

秋八月甲寅，滕子結卒。

冬十有二月，葬蔡昭公。

葬滕頃公。

五年春，城毗。

夏，齊侯伐宋。

❶ 「戒」，原作「戎」，今據夏鏜本、四庫本改。

王貫道曰：「齊方挾諸侯以伐晉，而宋人伐曹，執小邾子，欲争伯也。故齊侯伐宋。」

晉趙鞅帥師伐衛。

《左氏傳》曰：「范氏之故也。」

秋九月癸酉，齊侯杵臼卒。

冬，叔還如齊。閏月，葬齊景公。

六年春，城邾瑕。

高抑崇曰：「瑕，邾邑，而魯遽城之，見魯之迫邾也。」汪仲裕曰：「魯有負瑕，故稱邾以别之。」

晉趙鞅帥師伐鮮虞。

《左氏傳》曰：「治范氏之亂也。」杜元凱曰：「四年，鮮虞納荀寅于柏人，故治其亂。」

吴伐陳。

《左氏傳》曰：「吴之入楚也，使召陳懷公。逢滑曰：『晉，盟主也。以晉辭吴，若何？』陳侯從之。及夫差克越，乃脩先君之怨，侵陳。春，吴伐陳，復脩舊怨也。」張主一曰：「夫差黷兵脩怨於中國，自取滅亡之道也。」

夏，齊國夏及高張來奔。

許翰氏曰：「陳乞將立陽生，乃以詐謀逐高、國。高、國奔而後陳乞弒君之謀得肆矣。」《陳氏傳》曰：「『齊殺其大夫高厚』，『齊崔杼弒其君光』，『齊國夏及高張來奔』，『齊陳乞弒其君荼』，聖人垂誡深矣。」

叔還會吴于柤。

趙鵬飛曰：「吴既伐陳，魯懼兵之及我，故叔還往會之。」

秋七月庚寅，楚子軫卒。

齊陽生入于齊。

齊陳乞弑其君荼。

陽生使朱毛弑荼，則曷爲書陳乞首惡？始謀廢立者，陳乞也。苟非陳乞，則陽生不能篡立，而荼亦不至於見弑矣。孫莘老曰：「陽生入齊，而陳乞弑君，則是陽生與聞乎故也。不以陽生首惡者，陽生之入，陳乞召之。荼之弑，陳乞爲之。加陽生以弑君之罪，則乞廢立之迹不明也。」何休氏曰：「乞爲首惡，故書弑其君。陽生實篡，故曰入于齊。兩舉其罪也。」《陳氏傳》曰：「衛侯入于夷儀，衛甯喜弑其君剽，則喜爲衛侯弑也。齊陽生入于齊，齊陳乞弑其君荼，則乞爲陽生弑也。曷爲不以罪齊無知者罪陽生？於是齊政由陳氏矣，彼陽生者，亡公子而已。乞不有無君之心，則陽生爲僇矣。」家鉉翁氏曰：「陽生於諸子爲長，景公出長立幼，以是召亂。」《穀梁傳》曰：「陽生正，荼不正。不正，則其曰君何也？荼雖不正，已受命矣。」

冬，仲孫何忌帥師伐邾。

宋向巢帥師伐曹。

七年春，宋皇瑗帥師伐鄭。

《左氏傳》曰：「鄭叛晉故也。」

晉魏曼多帥師侵衛。

《左氏傳》曰：「衛不服也。」高抑崇曰：「衛輒拒父至今六年矣，猶未納也。晉人不以此致討，而以范、中行氏故加兵於衛，何哉？」

夏，公會吴于鄫。

秋，公伐邾。八月己酉，入邾，以邾子益來。

薛士龍曰：「伐邾本三家之謀，而公親之，不得已也。公内迫於三家，三家歸過於公也。」蘇子由曰：「其不書滅何也？邾大夫茅夷鴻保於茅，請救於吴。明年，吴爲之伐魯，復邾子故也。」杜元凱曰：「他國言歸，於魯言來，内外之辭也。」

宋人圍曹。

冬，鄭駟弘帥師救曹。

《陳氏傳》曰：「書救曹何？曹卒滅於宋也。自魯救晉，凡晉、楚之救皆不書六十年矣。其再見何？以中國無伯，而諸侯自相救也。諸侯自相救猶可也，吴救陳，諸夏亦幾於亡矣。」

八年春，王正月，宋公入曹，以曹伯陽歸。

此滅矣，何以不言滅？不以滅告也。凡滅國而弗有其地者不以滅告。滅國而弗有其地，必有能興復之者也。故狄入衛，不言滅；吴入郢，不言滅；公入邾，以邾子益來，不言滅。於是宋公入曹，以曹伯陽歸，而鄭方救曹侵宋，宋人猶未敢言滅曹而有其地也，故不以滅告。然而曹遂亡而不救，則以中國無伯，而曹無申包胥、茅夷鴻之臣故也。

吴伐我。

蘇子由曰：「不言四鄙而直言伐我，兵加于國都也。於是爲城下之盟而還。不書，諱之也。」汪仲裕曰：「我入邾，故吴爲邾伐我。反己自咎可也。」

夏，齊人取讙及闡。

外取邑不書，此何以書？取諸我也。《公羊傳》曰：「爲以邾子益來也。」孫明復曰：「邾子益，齊甥也。」

歸邾子益于邾。

《左氏傳》曰：「齊侯使如吴請師，將以伐我。乃歸邾子。」

秋七月。

冬十有二月癸亥，杞伯過卒。

齊人歸讙及闡。

《左氏傳》曰：「秋，及齊平。臧賓如如齊涖盟。齊閭丘明來涖盟。十二月，齊人歸讙及闡。」然則交涖盟何以不書？皆非卿也。非卿，名氏不登于策，魯史舊章也。

九年春，王三月，葬杞僖公。

宋皇瑗帥師取鄭師于雍丘。

《穀梁傳》曰：「取，易辭也。以師而易取，鄭病矣。」趙伯循曰：「取，悉俘之也。」許翰氏曰：「鄭以不義深入敵境而圍其邑，此固喪師之道也。」

夏，楚人伐陳。

《左氏傳》曰：「陳即吴故也。」

秋，宋公伐鄭。

冬十月。

十年春，王二月，邾子益來奔。

吴人討邾，奉太子革爲政，故邾子來奔。

公會吴伐齊。

《左氏傳》曰：「九年，齊侯使辭師于吴。吴子曰：『昔歲寡人聞命，今又革之，不知所從，將進受命於君。』冬，吴子使來儆師伐齊。十年春，公會吴子、邾子、郯子伐齊南鄙，師于息。」❶杜元凱曰：「書會，不與謀也。」

❶「息」，四庫本作「鄎」。

三月戊戌，齊陽生卒。

弑而書卒，從赴也。義同鄭伯髡頑、楚子麇。

夏，宋人伐鄭。

汪仲裕曰：「鄭雖不義，宋覆其師而盡取之，亦云憯矣。而比歲凡三伐鄭，十三年鄭人復取宋師，亦其取之也。」

晉趙鞅帥師侵齊。

高抑崇曰：「齊帥諸侯以貳晉，可以討矣。然趙鞅乘其有喪而加兵焉，異乎士匄矣。」

五月，公至自伐齊。

凡會伐而書至恒不月。據桓十六至伐鄭、宣七至伐來。此其月之何？以會蠻夷伐中國，故月以異之。

高抑崇曰：「齊接魯境，既聞其喪，即遂班師可也。所以久不歸者，公之進退制在吴也。」

葬齊悼公。

衛公孟彄自齊歸于衛。

杜元凱曰：「書歸，齊納之也。」

薛伯夷卒。

秋，葬薛惠公。

冬，楚公子結帥師伐陳。

吴救陳。

楚比歲伐陳，争陳於吴也，故吴救陳。吴非能以存中國爲義者，利陳之私於我而已。《陳氏傳》曰：「自魯救晉，凡救皆不書矣。鄭救曹，則中國無伯，諸侯自相救也。中國無伯，諸侯自相救，《春秋》憫焉而特書之。吴救陳，諸夏幾於亡矣。《春秋》之所甚懼也。」

十有一年春，齊國書帥師伐我。

杜元凱曰：「不書敗，勝負不殊也。」

夏，陳轅頗出奔鄭。

五月，公會吴伐齊。

會戰而但言伐，何也？公不與戰也。會伐一義也，戰一義也。薛士龍曰：「吴自入郢之後，久不能見公也。六年伐陳，吾叔還會之于柤，公又會之于鄫。吴以邾故伐我，而齊取讙、闡，由是齊、魯始睽。齊歸二邑，我不之賓，因與吴合而伐齊，故有國書之報。於是卒會吴而勝齊。吴之威加於中夏，魯有力焉。《春秋》再書公會伐，有以見之也。」

甲戌，齊國書帥師及吴戰于艾陵，齊師敗績，獲齊國書。

於是將戰，吴子呼叔孫，賜之甲、劍、鈹，則魯與戰矣。其不以與戰之辭言之何也？諸侯以兵屬夷狄皆不序也。既書公會吴伐齊，而戰則從其恒辭。魯人屈於强夷而求伸於中國，其罪不可掩矣。

秋七月辛酉，滕子虞母卒。

冬十有一月，葬滕隱公。

衛世叔齊出奔宋。

高抑崇曰：「《春秋》書内外大夫出奔者凡六十，蓋君之股肱，故重而書之。然春秋之末，何其出奔之多也！是時政在大夫，各欲自專，始則相猜相忌，終乃相攻相逐也。」

十有二年春，用田賦。

加賦也。據傳，仲尼曰：「以丘亦足矣。」則以丘賦者，周制也。今改用田賦，是加賦也。其制則不得而詳知矣。何休氏曰：「田謂一井之田，賦者斂取其財物也。用田賦，言以田爲率也。不言井者，城郭里巷亦有井，嫌悉賦之。禮，税民田不過什一，軍賦十六井不過一乘。哀公外慕强吴，空盡國儲，❶故復用田賦也。」杜元凱曰：「一丘十六井。丘賦之法，因其土財，通出馬一疋，牛三頭，是常賦之法。今欲別其田及家財，各爲一賦，故言用田賦也。」鄭康成曰：「見古者不以田爲賦，而今用田爲賦也。」

夏五月甲辰，孟子卒。

《左氏傳》曰：「昭公取於吴，故不書姓。死不赴，故不稱夫人。不及哭，故不言葬小君。」胡侍講曰：「禮，娶妻不取同姓，買妾不知其姓則卜之。厚男女之别也。綴之以姓而弗别，合之以食而弗殊，雖

❶「盡」，原作「畫」，今據《春秋公羊傳注疏》改。

百世而婚姻不通，周道然也。昭公不謹於禮，欲結好强吴，乃取同姓以混男女之别，禮之本喪矣。」吴先生曰：「不書薨、葬，亦以見魯人不以夫人之禮喪之也。昭公，君也，且出之而葬不備，況夫人乎！」

公會吴于橐皋。

秋，公會衛侯、宋皇瑗于鄖。

宋向巢帥師伐鄭。

冬十有二月，螽。

杜元凱曰：「周十二月，今十月。是歲應置閏而失不置。雖書十二月，實今九月之初。尚温，故得有螽。至明年，復十二月螽，實亦十一月也。」趙鵬飛曰：「《春秋》書螽十有八，皆在夏、秋。獨哀公之世再書螽，皆在閉蟄之後。此恒燠之證也。燠而螽生，災異兩興也。」黄震氏曰：「蝗蝻在地，冬雪乃深入。今冬燠而有螽，將蔓延爲來歲之災矣。」

十有三年春，鄭罕達帥師取宋師于嵒。

夏，許男成卒。

公會晉侯及吴子于黄池。

夷狄舉號，君臣同辭，故柤之會書會吴，傳以爲壽夢也。此其稱吴子何？始接以諸侯之禮也。吴僭王猾夏，其與諸侯交接，往往禮文不典，是以中國之君皆自爲會而後殊會之。故雖吾君之大夫與之特會，亦一切以號舉而已。黄池，晉、吴兩主之會，然其盟而争先歃也，卒先晉人。又子服景伯對吴人之辭有曰「執事以伯召諸侯」，蓋吴至是始竊侯伯之禮以與諸侯接，而魯史亦假子爵以稱之也。此盟矣，何以不書？單平公與會矣。何以不志？《陳氏傳》曰：「吴、晉之盟，《春秋》終諱之，不以吴、晉同主盟也。公會晉侯及吴子，雖兩主之之辭，而《春秋》終不以吴、晉同主盟也。單平公不書，不忍書也。」

楚公子申帥師伐陳。

於越入吴。

薛士龍曰：「吴子忘不共戴天之讎，争中國諸侯於外，而越卒入吴。所謂無遠慮有近憂矣。」胡侍講曰：「吴嘗破越，遂有輕楚之心。既破楚，又有驕齊之志。既勝齊師，復與晉人争長。自謂莫之敵也，而越已入其國都矣。吴侵中國而越滅之，越又不監而楚滅之，楚又不監而秦滅之，秦又不監而漢滅之。曾子曰：『戒之戒之！出乎尔者，反乎尔者也。』」

秋，公至自會。

公會吴、楚恒不致，此以會晉侯，❶故致之。

晉魏曼多帥師侵衛。

---

❶「晉」，原脱，今據四庫本補。

葬許元公。

九月，螽。

冬十有一月，有星孛于東方。

杜元凱曰：「平旦衆星皆没而孛乃見，故不言所在之次。」凡星變無不書，而《春秋》所書星變者四，皆爲天下紀異也。莊公七年，「四月辛卯夜，恒星不見，夜中，星隕如雨」。是時諸侯無王而伯者興，雖曰假尊王以示義，而天下大權由此實歸齊、晉，人情絶望於周矣。故夫子於莊公之篇初序齊桓伯功，而莊王、僖王崩葬特削不書，此天下一大變也。文公十四年，「孛入北斗」。是時晉君少，不在諸侯，而楚圖北方，中國罷於戰伐，齊商人弑其君，執天子之使，諸侯不爲之變，王室益以微矣。故夫子於晉靈會盟不序諸侯，而楚君將稱君於是始。是年頃王崩葬復削不書，又一大變也。昭公十七年，「有星孛于大辰」。平丘而後，晉不復能主夏盟。子朝之亂，諸侯無勤王之師，而春秋治在夷狄矣。哀公之時，東方諸侯制於吴、越，天下將變爲戰國，而春秋終焉。以其時考之，皆非常之異也。

盜殺陳夏區夫。

十有二月，螽。

十有四年春，西狩獲麟。

《春秋》曷爲止於獲麟？《春秋》固作於獲麟也。獲麟則何以作《春秋》？麟爲聖人出也。昔者有聖人受命，則天必爲出嘉瑞以應之，麟、鳳、龜、龍皆是物也。是故庖犧氏王而河出圖，大禹興而洛出書，文王作而鳳鳴于岐山，皆天之所命也。當周之衰，天下大亂，孔子生有聖德而不得其位，諸侯未有能用之者，固嘗歎曰：「鳳鳥不至，河不出圖，吾已矣夫！」猶有待之辭也。於是西狩獲麟，而夫子老矣，乃即魯史作《春秋》，以當瑞應。絶筆獲麟，文止於所感，明不敢廢天命也。故王仲淹曰：「《春秋》其以天道終乎！」程子曰：「終麟，感之始也。」觀西狩之獲而知天瑞之應。聖人先天後天而天且弗違，《春秋》之終不外此也。杜元凱曰：「所感而起，固所以爲終也。」《公羊傳》曰：「麟者，仁獸也。有王者則至，無王者則不至。有以告曰：『有麏而角者。』孔子曰：『孰爲來哉！孰爲來哉！』君子曷爲爲《春秋》？撥亂世，反之正，莫近諸《春秋》。制《春秋》之義以俟後聖，以君子之爲，亦有樂乎此也。」

金居敬跋❶

《春秋趙氏集傳》十五卷，《屬辭》十五卷，《左氏傳補注》十卷，《師説》三卷，皆居敬所校定。始，資中黄先生以六經復古之説設教九江，嘗謂近代大儒繼出，而後朱子四書之教大行。然《周易》《春秋》二經實夫子手筆，聖人精神心術所存，必盡得其不傳之旨，然後孔門之教乃備。每患二經學者各以才識所及求之，苟非其人，雖問弗答。其所告語亦皆引而不發，姑使自思。是以及門之士鮮能信從領會者，而當世君子亦莫克知之，唯臨川吴文正公獨敬異焉。趙先生始就外傳受四書，即多疑問，師答以初學毋過求意。殊不釋，夜歸別室，取《朱子大全集》《語類》等書讀之。如是者數年，覺所疑漸解，慨然有負笈四方之意，乃往九江見黄先生稟學焉，盡得其所舉六經疑義千餘條以歸。所輯《春秋師説》蓋始於此。嘗往淳安質諸教授夏公，夏公殊不謂然，乃爲言其先君子安正先生爲學本末甚悉。久之，先生復念黄先生高年，平生精力所到，一旦不傳，可惜也。復如九江，黄公乃授以學《春秋》之要。居二歲，請受《易》，得口授六十四卦卦辭大義。後，夏公教授洪都，先生再往見焉。夏公問《易》象、《春秋》書法如何，先生以所聞對。夏公猶以枉用心力爲戒，特出其夏氏先天《易》書，曰：「此義易一大象

❶ 此題爲校點者所拟。

也。」又曰：「吾先人遺書，當悉付子矣。」先生敬起謝之，然於二經舊説訪求考索未嘗少後也。遂如臨川見學士雍郡虞公。公與黄先生有世契，一見首問黄公起居。先生閒日爲言黄先生著書大意與夏公所以不然者。時江西憲私試請題，虞公即擬策問：江右先賢名節文章經學及朱陸二氏立教所以異同。先生識其意，即具對。卒言劉侍讀有功聖經，及舉朱子去短集長之説。虞公大善之，授館於家，以所藏書資其玩索。袁公誠夫，吴文正公高第弟子也。集其師説爲《四書日録》，義多與朱子異，求先生校正其書。先生悉擿其新意，極論得失。袁公多所更定。至論《春秋》，則確守師説不變。先生亦以所得未完，非口舌可辨，自是絶不與人談。嘗以爲《春秋》名家數十，求其論筆削有據依，無出陳氏右者。遂合杜氏考之，悉悟傳注得失之由，而後筆削義例觸類貫通，縱横錯綜各有條理。此《左氏傳補注》所由作也。既歸故山，始集諸家説有合於經者爲《春秋傳》。又恐學者梏於舊聞，因陋就簡，於交互之義未能遽悉，乃離經析義，分爲八類，辨而釋之，名曰《春秋屬辭》。蓋《集傳》以明聖人經世之志，《屬辭》乃詳著筆削之權。二書相爲表裏，而《春秋》本旨焕然復明，然後知六經失傳之旨未嘗不可更通。黄先生有志而未就者，庶可以無憾。惜乎書成而黄先生與諸公皆謝世久矣。雖然，習實生常，雖賢者不能自免。黄先生力排衆説，創爲復古之論，使人思而得之，其見卓矣。使非先生蚤有立志，公聽並觀，潛思默識，自任不回，則亦豈能卒就其業也哉！

當先生避地古朗山時，居敬與妻姪倪尚誼實從。山在星谿上游，高寒深阻，人跡幾絶。故雖疾病隱約而覃思之功日益超詣，有不自知其所以然者。因得竊聞纂述之意與先難後獲之由，乃備述其説于末簡，庶有志是經者毋忽焉。其夏氏先天《易》說，先生嘗以質諸虞公。虞公復以得於前輩者授之，於是遂契先天内外之旨，而後天上下經卦序未易知也。嘗得廬陵蕭漢中氏《易》說，以八卦分體論上下經所由分與《序卦》之意，如示諸掌。然上無徵於羲皇成卦之序，下無考於三聖《彖》《象》之辭，則猶有未然者。及《春秋》本旨既明，乃悟文王據羲皇之圖以爲後天卦序，采夏商之《易》以成一代之經，蓋與孔子因魯史作《春秋》無異。然後知黄先生所謂「《周易》《春秋》經旨廢失之由有相似者」蓋如此。故以《思古吟》等篇及行狀附于《師説》之後，庶幾方來學者有所感發云爾。學生金居敬謹識。

春秋集傳後序

東山趙先生著《春秋集傳》《屬辭》《左氏註解》共若干卷。《屬辭》《左氏解》，汪左丞刻之東山書院，惟《集傳》無聞。弘治間，墩篁先生嘗遍求不獲。正德戊辰，予偶知是書藏于程文富氏，屢借鈔不獲。嘉靖戊子，提學御史東阿劉君按徽，下令求是書，予語有司，就文富氏索之，而後是書始出。然則斯文之顯晦固有時邪？劉君以原本藏之學宫。休邑劉判簿時濟恐其抄録日久，不免魯魚亥豕之訛，屬夏司訓鎧重加挍訂，捐俸刻之，俾與《屬辭》並行于世。嗚呼！《春秋》者，聖人之刑書也。夫子生丁季世，有德無位，於是假魯史以修經，褒善貶惡，垂法萬世。故曰：「知我者其惟《春秋》乎！罪我者其惟《春秋》乎！」東山先生，聖人之徒也。憤胡元之亂甚於春秋，築居東山。《集傳》諸書之作，固吾夫子修經之意也。中嘗一出，與左丞起兵保捍鄉井，十有餘年，一郡晏然。此吾夫子相魯會齊夾谷卻萊兵之時也。先生其善學夫子者乎！世人讀先生之書與先生之文者，知其問學不在宋潛溪諸公下，而不知先生平生慷慨大節亦自卓卓如是。予忝先生郡人，兩登東山，徘徊竟日，恨生也晚，不得供灑掃之役。判簿君以刻書之故相諗，遂不辭而爲之序。先生九原有知，當不以予爲妄也。嘉靖十一年壬辰秋七月朔，後學東峯汪玄錫書。

倪尚誼跋[1]

《春秋集傳》，有序，東山先生所著。初藁始於至正戊子，一再删削，迄丁酉歲成編。既而復著《屬辭》，義精例密，乃知《集傳》初藁更須討論，而序文中所列史法經義猶有未至。且謂《屬辭》時推筆削之權，而《集傳》大明經世之志。必二書相表裏，而後《春秋》之旨方完。歲在壬寅，重著《集傳》。方草創至昭公二十七年，乃疾疢難危，閣筆未續，序文亦不及改。洪武己酉仲冬，先生遽謝世矣。尚誼受教門牆頗久，獲窺先生著述精思妙契之勤。嘗俾其校對編抄，間有千慮一得，先生不以其愚妄，或俯從是正者有之。竊惟先生於是經，所謂「一生精力盡於此」者，誠足以破聚訟未決之疑，而發千載不傳之祕。顧乃功虧一簣，《集傳》未及成書，所幸初藁具全，其義例之精有《屬辭》可據。尚誼雖至愚極暗，然執經館下，厥有自來。是以不避僭踰，始自昭公二十八年，訖于獲麟，并序中條陳義例一節，輒加校定。其全書有訛誤疏遺者，就用考正。庶幾與《屬辭》歸一而前後詳略相因。固知畫虎不成，難逃譏誚，然義例文辭悉據先生成説，特施檃括而已，初未敢以億見傅會其間也。謹遵治命分爲一十五卷。既脱藁，藏之東山精舍，以俟君子脩飭焉。學生倪尚誼謹識。

[1] 題爲校點者所加。

「《儒藏》精華編選刊」選目

經部

周易鄭注
漢魏二十一家易注
周易注
周易正義
周易口義（與《洪範口義》合册）*
温公易説（與《司馬氏書儀》《孝經注解》《家範》合册）
漢上易傳
誠齋先生易傳
易學啓蒙
周易本義
楊氏易傳
易學啓蒙通釋
周易本義附録纂注
周易啓蒙翼傳
易纂言
周易本義通釋
易經蒙引
周易述
周易述補（江藩）（與李林松《周易述補》合册）
周易述補（李林松）
易漢學
御纂周易折中
周易虞氏義
雕菰樓易學
周易集解纂疏
周易姚氏學
尚書正義
鄭氏古文尚書
洪範口義
書傳（與《書疑》《尚書表注》合册）
書疑
尚書表注
書纂言
尚書全解（全二册）
尚書要義

讀書叢説
書傳大全（全二册）
古文尚書攷（與《九經古義》合册）
尚書集注音疏（全二册）
尚書後案
毛詩注疏
詩本義
吕氏家塾讀詩記
慈湖詩傳
詩經世本古義（全四册）
毛詩稽古編
毛詩説
毛詩後箋（全二册）
詩毛氏傳疏（全三册）
詩三家義集疏（全三册）
儀禮注疏

儀禮集釋（全二册）
儀禮圖
儀禮鄭註句讀
儀禮章句
儀禮正義（全六册）
禮記正義
禮記集説（衛湜）
禮記集説（陳澔）（全二册）
禮記集解
禮書
五禮通考
禮經釋例
禮經學
司馬氏書儀
春秋左傳正義
左氏傳説

左氏傳續説
左傳杜解補正
春秋左氏傳賈服注輯述
春秋左氏傳舊注疏證（全四册）
春秋左傳讀（全二册）
公羊義疏
春秋穀梁傳注疏
春秋集傳纂例
春秋權衡（與《七經小傳》合册）
春秋集注
春秋經解
春秋胡氏傳
春秋尊王發微（與《孫明復先生小集》合册）
春秋本義
春秋集傳

春秋集傳大全（全三册）
孝經注解
孝經大全
白虎通德論
七經小傳
九經古義
經典釋文
群經平議（全二册）
新學僞經考
論語集解（正平版）
論語義疏
論語注疏
論語全解
論語學案
孟子注疏
孟子正義（全二册）

四書集編（全二册）
四書纂疏（全三册）
四書集註大全（全三册）
四書蒙引（全二册）
四書近指
四書訓義
四書賸言
四書改錯
四書説
廣雅疏證（全三册）
説文解字注

史部

逸周書
國語正義（全二册）
貞觀政要

歷代名臣奏議
御選明臣奏議（全二册）
孔子編年
孟子編年
陳文節公年譜
慈湖先生年譜
宋名臣言行録
伊洛淵源録
道命録
考亭淵源録
道南源委
聖學宗傳
元儒考略
理學宗傳
明儒學案
宋元學案

四先生年譜
洛學編
儒林宗派
程子年譜
學統
伊洛淵源續録
豫章先賢九家年譜
閩中理學淵源考（全三册）
清儒學案
經義考
文史通義

子部

孔子家語（與《曾子注释》合册）
曾子注釋
孔叢子

新書
鹽鐵論
新序
説苑
太玄經
論衡
昌言
傅子
大學衍義
大學衍義補
朱子語類
龜山先生語録
胡子知言（與《五峰集》合册）
木鐘集
西山先生真文忠公讀書記
性理大全書（全四册）

居業録
困知記
思辨録輯要
家範
小學集註
曾文正公家訓
勸學篇
仁學
習學記言序目
日知録集釋（全三册）

集部

蔡中郎集
李文公集
孫明復先生小集
直講李先生文集

歐陽脩全集
伊川擊壤集
元公周先生濂溪集
張載全集
温國文正公文集
公是集（全二册）
游定夫先生集
和靖尹先生文集
豫章羅先生文集
梁溪先生文集
斐然集（全二册）
五峰集
文定集
渭南文集
誠齋集（全四册）
晦庵先生朱文公文集

東萊吕太史集
止齋先生文集
攻媿先生文集
象山先生全集（全二册）
陳亮集（全二册）
絜齋集
文山先生文集
勉齋先生黄文肅公文集
北溪先生大全文集（全二册）
西山先生真文忠公文集
鶴山先生大全文集
閑閑老人滏水文集
郝文忠公陵川文集
仁山金先生文集
静修劉先生文集
雲峰胡先生文集

許白雲先生文集
吴文正集（全三册）
道園學古録　道園遺稿
師山先生文集
曹月川先生遺書
康齋先生文集
敬齋集
涇野先生文集（全三册）
重鐫心齋王先生全集
雙江聶先生文集
歐陽南野先生文集（全二册）
念菴羅先生文集（全二册）
正學堂稿
敬和堂集
涇皋藏稿
馮少墟集

高子遺書
劉蕺山先生集（全二册）
霜紅龕集
南雷文定
桴亭先生文集
西河文集（全六册）
曝書亭集
三魚堂文集外集
紀文達公遺集
考槃集文録
復初齋文集
述學
揅經室集（全三册）
劉禮部集
籀廎述林
左盦集

出土文獻

郭店楚墓竹簡十二種校釋
上海博物館藏楚竹書十九種校釋（全二册）
秦漢簡帛木牘十種校釋
武威漢簡儀禮校釋

*合册及分册信息僅限已出版文獻。